무한상상, **인터페이스**

무한상상, 인터페이스

INTERFACE CULTURE: HOW NEW
TECHNOLOGY TRANSFORMS THE WAY
WE CREATE AND COMMUNICATE

스티븐 존슨 지음 · 류제성 옮김

현실문화연구

무한상상, 인터페이스

지은이 스티븐 존슨

옮긴이 류제성

스티븐 존슨 Steven Johnson: 문화 웹진 〈Feed〉의 공동 설립자이자 편집장 (www.feedmag.com). 브라운 대학교에서 기호학을, 콜럼비아 대학교에서 영문학을 공부했다. 현재 맨해튼에 거주하고 있다. 인터넷 및 인터페이스 문화에 대한 권위 있는 연구자로서, 뉴스위크에서 선정한 "인터넷에서 가장 중요한 50인"에 선정된 바 있다.

류제성: 홍익대학교 산업디자인과를 졸업하고 영국의 RCA(Royal College of Art)에서 CRD (Computer Related Design) 전공으로 석사학위를 받았다. ㈜대우전자 디자인 연구소, 미국 Microsoft Corporation (Hardware Group UI Team), 캐나다 Design Vision 등에서 근무하였으며, 현재 모토로라 코리아㈜ Pan-Pacific UI Design Leader, 홍익대학교 산업미술대학원 겸임교수로 재직 중이다.

펴낸곳 현실문화연구

펴낸이 김수기

현실문화연구 기획위원 김진송 박영숙 엄혁 윤석남 이교동 조봉진

편집 송연승 조윤주

편집디자인 강수돌

영업 박성경

총무 이명혜

첫 번째 찍은 날 2003년 3월 27일

등록번호 제22-1533호

등록일자 1999년 4월 23일

주소 서울시 종로구 체부동 141-2

전화 02-723-2961

팩스 02-723-2962

값 14,000원

ISBN 89-87057-71-2

일러두기

† : 원저에서 저자가 괄호 안에 부연설명한 내용을 편의상 본문 밖에 두었습니다.

* : 독자의 이해를 돕기 위해 역주를 붙였습니다.

차 례

전기의 속도로 세계를 보다

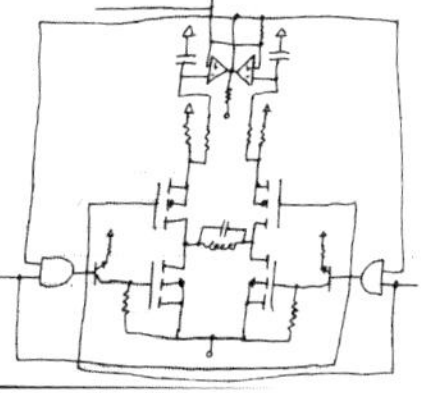 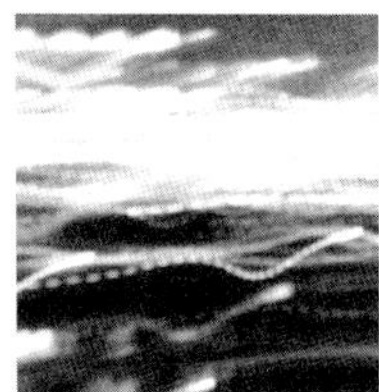

전기시대의 신속성과 무한함을 긍정적으로 수용할 때, 모든 문제들이 위대한 도약 속에서 순식간에 해결될 것이다. 이런 수정 작업은 경주용 자동차나 수류탄을 소재로 시를 쓴 이탈리아의 미래파 시인들로부터 AT&T 통신회사의 "미래의 당신은 You will"이라고 하는 예언적인 광고에 이르기까지 지난 백 년 동안 줄기차게 이어온 것이다.

이 책은 테크놀로지를 문화의 일부로 보거나 아니면 이 둘을 완전히 동일한 것으로 봐야 한다고 말한다. 사실 기술과 문화는 원시시대부터 공존해왔다. 원시시대의 동굴벽화를 그린 화가를 예술가라 할 것인가, 기술자라 할 것인가? 역사상 대부분의 예술가가 동시에 기술자였던 것처럼, 이들 동굴벽화의 화가들도 예술가인 동시에 기술자였다. 하지만 우리는 습관적으로 이 두 분야를 '현대'라는 바다로 흐르는 두 개의 강으로 생각해왔다. 그래서 우리는 예술가와 기술자들도 서로 별개의 영역에 속해 있다고 여겼다. 비록 인간의 뇌가 예술을 위한 쪽과 과학을 위한 쪽으로 나뉘어 있다고들 하지만, 현재는 이와 다르게 생각하는 것이 대세다. 20세기에 들어오면서 이런 식의 구분은, 진화론에서 사람과 유인원이 유전적으로 별개라고 구분한 것과 마찬가지로 그른 것으로 판명되었다. 이 점은 예술과 과학이 발전함에 따라 더욱 분명해지기 시작했다.

이 책이 이러한 상황을 다루는 첫 번째 책은 아니다. 사실 이 책의 내용은, 최근에 와서야 한 분야로 자리잡기 시작한 흐름의 일부라고 말할 수 있다. 주위를 둘러보면 이런 징후를 쉽게 찾아볼 수 있다. 잡지 『와이어드』에는 '기술문화'라는 단어가 심심찮게 등장하고 있다. 문학 분야에서도 예전에는 좋은 글을 쓰기 위해 파리로 갔으나 이제는 실리콘 밸리에서 자료를 찾는다. 뉴욕의 저작물 중개업자 존 브로크만은 복합 이론가들과 멀티미디어 학자들이 주도하는 '제3의 문화'가 존재한다고 말했다. 앤서니 로빈스 같은 권위 있는 학자는 '기술'이야말로 자아 성취를 이룩하는 길잡이가 된다고 공공연하게 말한다. 또한 픽사 같은 컴퓨터 애니메이션 회사는 영화 전체를 컴퓨터로 만들어냈다. 시사 평론가들은 너나 할 것 없이 기술세계와 문화세계가 서로 충돌하고 있다고 말하지만, 이제 이런 내용은 특별한 뉴스거리도 아니다. 레오나르도 다 빈치와 토마스 에디슨의 경우를 보면 창조적 사고방식과 기술적 사고방식이 오랫동안 공존해왔다는 것을 알 수 있다. 기술문화의 선도자들은 인터넷이 "불의 발견 이래 가장 위대한 발명"이라고 외치느라 바빠서 과거를 돌아보는 데에 소홀했던 것은 아닐까! 디지털 세계에 전원이 연결되고 스위치가 켜지고 스피커가 연결된 단계까지 이르렀는지는 모르겠지만, 지난 역사에 대해서는 귀 기울이지 않는 것 같다.

기술과 예술의 융합은 참으로 재미난 것이다. 이런 융합은 최초의 동굴벽화 화가 때부터 지금까지 계속돼왔지만, 단지 우리가 알아차리지 못했을 뿐이다. 소설가 제임스 조이스는 1922년 『율리시즈』를 출판하면서 출판에 혁명적인 방법을 도입했다. 이런 점에서 보면 예술가였던 제임스 조이스와 기술자였던 구텐베르그는 서로 다를 바 없다. 그 당시 사람들은 잘 몰랐었지만, 문학가이며 고도의 숙련된 기술자였던 조이스는 기존의 인쇄기를 고쳐서 이전과는 전혀 다른 방법으로 책을 만들었다. 당대인들은 그를 예술가라고(혹자는 음란서적 출판인이라고) 했지만, 요즘 시각에서 본다면 그는 충분히 컴퓨터 프로그래머가 될 수도 있었을 것이다. 왜냐하면 그는 인쇄기용 코드를 창안해냈기 때문이다. 조이스는 구텐베르그가 만든 인쇄기라는 하드웨어를 위해 소프트웨어를 만들어낸 것이다. 구텐베르그의 경우도 마찬가지다. 구텐베르그가 책을 인쇄하면서 당시의 원고를 손질한 것 또한 『율리시즈』

에 나오는 몰리 블룸의 마지막 독백만큼이나 심오한 창조 행위였다. 위의 두 가지 혁신은 모두 놀라운 상상의 도약으로부터 온 것이며 우리가 세상을 보는 법을 바꾸어놓았다. 조이스는 구텐베르그가 발명한 기계를 혁신적인 프로그램으로 개선했고, 구텐베르그는 원고를 수정하여 일종의 변주곡을 만들어낸 것이다. 그들은 둘 다 예술가임과 동시에 기술자였다. 단지 그들 사이에 놓인 400년이라는 시간적인 차이 때문에 그 동안 이같은 공통점을 연관시키지 못했을 뿐이다.

이처럼 그들을 연관시키는 것이 왜 오늘날에 와서야 가능해졌는가? 간단히 대답하자면 속도 때문이다. 기술은 천천히 그리고 단계적으로 진보해왔다. 수세기 동안 책이 대중매체로 먼저 자리를 잡았고, 다음 이백 년 동안 신문의 발전이 있었다. 이후 삼십여 년간 영화의 시대가 온 후 라디오가 그 자리를 이어받았다. 그 다음은 텔레비전과 퍼스널 컴퓨터의 순서로 이어졌다. 이같은 혁신이 이루어지면서 각 단계 사이의 간격은 점점 좁혀졌고 희미해졌다. 백 년 단위로 진보한 책이나 신문의 경우에는(천 년 단위였던 동굴벽화는 말할 것도 없고) 그 간격이 별 의미가 없었지만, 이후 발전 단계의 기간이 단축되면서 사람들은 자신이 살아 있는 동안에도 변화를 겪게 됐다. 루소는 책이 지배하는 시대에 일생을 보냈다. 프로이드는 전신電信이 활발했던 시대에 태어나 TV가 막 등장할 때까지 살았다. 이런 변화 속에서 에이젠슈타인 감독의 〈전함 포템킨(1925)〉처럼 그런 변화 단계 사이의 불연속을 뛰어넘는 지혜로움을 발휘하는 경우도 있었다.† 미디어의 수단이 한 가지밖에 없을 때는 비교할 상대가 없기 때문에 그 영향력을 측정할 수 없었다. 하지만 20세기 들어 수많은 미디어 수단이 등장하면서 처음으로 내용과 형식, 메시지와 전달 수단, 예술과 기법 사이의 관계를 생각하기 시작했다.

† 에이젠슈타인 또한 유명한 예술가이자 기술자였다.

이같은 사실은 잘 알려지지는 않았지만 맥루한이 『미디어의 이해 (1964)』에서 밝힌 바 있다. 이 책은 급진적인 선언들로 가득 차 있다. 그 중 가장 시사적이면서 어려운 주장은 책의 거의 끝 부분에 나온다.

지금까지 인류 문화의 어떤 시기에도 발명과 기술에 관계된 정신적 인 측면이 제대로 이해되었던 적이 없다. 오늘날에 와서야 전기의 속도로 전달되는 정보 덕분에 변화와 발전과정의 윤곽을 파악할 수 있게 되었다. 마치 저속촬영 영화에서 식물이 자라는 것을 보듯이, 우리가 사는 세계의 과거와 현재를 볼 수 있게 된 것이다. 전기의 속도야말로 근본적인 것을 이해할 수 있도록 깨우쳐주는 것이다.

'영화'를 주제로 한 책은 수백 권에 달하고 맥루한의 저서는 그 하나에 불과하다. 하지만 맥루한이 무엇에 대해 언급하려고 했는지는 짚고 넘어갈 필요가 있다. 그가 "미디어는 메시지다" 같은 슬로건을 만들어내고, 『미디어의 이해』 같은 책을 쓰게 된 것은 순전히 오늘날 빠르게 발전하는 기술 진보 때문이다. 우리는 미디어의 발전과 변화를 직접 경험하고 있으며, 이런 미디어의 변화에 따라 우리들의 사고방식마저 변하고 있다. TV 시대에 태어난 우리들은 이제는 갑자기 월드와이드웹 이라는 새로운 미디어에 길들여지게 되었다. 이런 변화는 놀랍고도 짜릿하면서 또한 우리에게 새로운 것을 깨닫게 한다. 우리는 TV의 매력 에 사로잡혀 살면서, 글보다는 그림이 우월하다고 생각하고, 역사적인 성찰보다는 현재의 사건을 선호하는, 수동적인 TV의 영향에 길들여진 사고방식을 제2의 천성으로 받아들이는 것 같다. 우리가 다른 미디어 를 경험하게 될 때에만 TV가 끼친 영향을 알아차리게 되는 것이다. 이 런 패러다임의 변화가 몇 세기에 한 번씩 오는 것이라면, 당대의 패러 다임을 초월하여 앞을 내다볼 수 있는 사람은 진정한 통찰력을 가진 사

람이거나 정신이상자여야만 할 것이다. 물론 맥루한은 그 양쪽 성향을
둘 다 조금씩 갖춘 사람이었다.

러다이트*나 소비사회를 거부했던 1960년대의 자연 회귀 운동 등
을 생각하면, 기술적 변화가 지난 이백 년 동안 모든 문화적 갈등의 근
원이었다는 것을 알 수 있다. 맥루한은 20세기 후반의 가장 비정치적인
사상가였다. 하지만 기술의 발전에 인간을 계몽시키는 힘이 있다는 그
의 사상은 마치 마르크스의 사상(특히『자본론』2, 3권에서의)처럼 들
린다. 마르크스는 산업사회를 꼭 부정적이지만은 않은 의미로 "혁명 완
수를 위한 무정부 상태"라고 했다. 맥루한은 전기의 속도를 "인과관계
의 이해"[1]로 보았고, 마르크스는 산업사회를 노동자 계급의 봉기를 촉
발시키는 힘으로 보았다. 현기증이 날 정도로 끊임없이 밀려오는 기술
의 변화 그리고 사회조직에 미치는 이차적 영향은 결국 지속될 수 없는
것 같다. 자본주의 체제는 스스로 미친 수도승임을 폭로하며 결국 위기
상황에 빠질 것 같아 보인다. 하지만 변화의 속도 때문에 역사와 무관
한 것으로 여겼던 문화를 '역사적으로' 생각할 수 있게 되었다. 현재를
초월하여 앞을 내다볼 수 있게 되었고, 이렇게 함으로써 우리도 모르게
구원의 가능성을 발견하게 될 것이다. 마르크스는 자본에 의해 더 빠른
혁신이 이루어질수록, 급변하는 시간 속에서 사는 사람들은 더욱 더 견
딜 수 없게 될 것이라고 주장했다. 새로운 혁명의 도래를 TV에서 보게
되진 않겠지만, 혁명은 TV를 탄생시켰던 새로운 것을 추구하는 강렬하
고 끊임없는 욕구를 통해 실현될 것이다.

서구 자본주의가 시민 폭동을 예방할 수 있었던 것은 노동조합을
'허용하는' 위대한 수정을 했기 때문이라고 노동사학자들은 말한다.
20세기에는 눈에 띄지 않는 또 다른 수정이 진행 중이다. 즉, 기술의

발전 때문에 지구 온난화나 인구 폭발 같은 대재앙이 발생하게 될 것이라는 생각으로부터, 기술 발전이야말로 다양한 생활방식을 선택할 수 있게 해주며 새로운 감각을 갖게 해준다는 쪽으로 달리 생각하게 된 것이다. 우리는 변화에 대해 친근감을 갖게 되었으며, 광고나 정치인들도 변화에 관심을 갖게 되었다. 전기시대의 신속성과 무한함을 긍정적으로 수용할 때, 모든 문제들이 위대한 도약 속에서 순식간에 해결될 것이다. 이런 수정 작업은 경주용 자동차나 수류탄을 소재로 시를 쓴 이탈리아의 미래파 시인들로부터 AT&T 통신회사의 "미래의 당신은 You will"이라고 하는 예언적인 광고에 이르기까지 지난 백 년 동안 줄기차게 이어온 것이다. 20세기 기계들의 거대한 충격으로부터 깨달음을 얻은 맥루한 같은 사람들은 이런 전위적인 시나 광고와 더불어 시대의 응원단원이자 회의론자 역할을 하고 있는 것이다. 그는 빠른 기술 진보가 반드시 우리에게 만족을 가져다주지는 못하겠지만 적어도 기술 자체를 이해하도록 도울 것이라고 주장했다. 바로 이것이 '전기의 속도' 가 제시한 위대한 유산이다.

우리는 예술과 기술의 융합을 인터페이스 디자인이라 한다. 인터페이스 문화라는 이 책의 주제는 이런 식으로 가속화된 지혜의 산물이다. 미디어는 빠르고 다양하게 발전하고 있다. 마치 과학 실험과 동시에 창작 세미나를 하는 것처럼 그 미디어의 발명자와 사용자를 구분하기 힘든 시대에 우리는 살고 있다. 인터페이스 미디어 세계에서 활동하는 예술가치고 기술자 아닌 사람이 없다. 과거에도 마찬가지였다. 단지 우리가 그 동안 대학 캠퍼스, 박물관 또는 책에서 마치 무슨 의무라도 되는 것처럼 문화와 기술을 분리해왔을 뿐이다. 인터페이스 문화 종사자들은 이같은 제멋대로의 구분에 신경 쓰지 않는다. 그들이 담당하는 오늘날의 미디어는 너무나 빨리 스스로 새로운 것을 발명해가기 때문에, 창조자와 프로그래머를 구분하는 잘못을 저지를 겨를조차 없다. 인터페이서, 사이버펑크, 웹 마스터 들은 예술가이자 기술자인 새로운 존재들이다. 그리고 그들은 우리의 디지털 기계를 대표하고 다듬어지지 않은 정보를 해석해내야 하는 막중한 임무를 띠게 되었다.

그같은 결합은 잘 알려지지는 않았지만 과거에도 있었다. 발자크는 구텐베르그의 인쇄 기술에 사로잡혀 있었던 소설가인 동시에 출판업자였다.[†] 최초의 영화배우는, 수줍어서 얼굴을 붉히며 어색한 표정을 짓던 기술자의 가족들이었다. 하지만 우리는 소설가와 기술자, 화가와 프로그래머를 마치 권투시합 심판이 선수들을 떼어놓듯이 스펙트럼의 양쪽 끝으로 떼어놓았다. 그 동안 일정한 거리를 유지시키기 위해 많은 노력을 했지만, 더 이상은 어려울 것이다. 새로운 세상이 도래하고 있는 것이다.

마지막으로 이 책에 대한 몇 가지 견해와 주의할 점을 밝힌다. 이 책은 디지털 엘리트와 그들을 비판하는 신러다이트주의자들에 식상한 독자들을 염두에 두고 있다. 현내의 인터페이스를 통한 지적 해방과 그 기술로 인한 불길하고 어두운 면, 이 두 가지를 동시에 강조하면서 가능한 한 독단이나 논쟁 없이 쓰려고 노력하였다. 이 책은 기술 찬미와 기술 혐오라는 두 종교에 대한 비종교적인 반응에서 출발한다. 나는 이 책에서 가장 근본적인 차원에서 데스크탑 컴퓨터의 메타포와 고딕 성당이 병존하고, 컴퓨터 하이퍼텍스트가 빅토리아 시대 소설과 어깨를 나란히 할 수 있게 서로를 연결하고 결합시키고자 한다. 맥루한이 전기의 속도에서 깨달음을 찾았듯이, 전통문화와 디지털문화의 결합은 축

[†] 그의 위대한 소설 『잃어버린 환상(1819~1823)』은 원료인 종이를 새로운 방법으로 만들어내려는 야심 찬 인쇄소 경영자 이야기를 담고 있다.

하할 일이지 충격적인 사건이 아니다. 하긴 양쪽의 극단주의자들은 당황할지도 모른다. 신러다이트주의자들은 느리지만 더욱 집중된 지식을 전달해주는 책을 컴퓨터 때문에 외면하게 된다고 한다. 반면에 기술 이상주의자들은 전통 미디어의 한계를 뛰어넘어야 한다고 한다. 옳고 그름에 대한 결론도 없이 양측 모두 자신들이 평가한 방식으로 혁명을 납득시키려 하고 있다. 이 책은 서로 간의 단절이나 과거에 대한 부정이 아닌, 연속과 승계를 다루고 있다.

이 책은 새로운 형태의 비평이자 그 사례다. 하지만 그렇기 때문에 일부 독자들을 잘못된 길로 인도할지도 모른다. 이 책에서는 현대의 인터페이스 디자인을 디킨스의 소설, 오손 웰스의 영화, 렘 쿨하스*의 건축물 등과 문화적으로 동등하게 볼 것이다. 다시 말해 현대 인터페이스 디자인은 단지 하이테크 박람회 같은 곳에 나오는 상품 품평 정도가 아니고, 창조적이며 사회적으로나 역사적으로 매우 중요한 의미를 갖는 작품이란 뜻이다. 첫 번째 장「비트매핑: 기억의 궁전에서 인터페이스로」에서는 오늘날의 정보 공간의 기원에 대해 논하고, 향후 데이터 필터가 어떤 식으로 변할지를 최근의 텔레비전 프로그래밍을 통해 살펴본다. 그 다음 장들은 각기 현대 인터페이스의 다섯 가지 구성요소들을 다루며, 그것들과 과거 아날로그 문화의 관련성, 그들의 미래 가능성을 다룬다.「데스크탑: 고딕 성당 vs. 데스크탑의 공간적 메타포」에서는 사무실에 비유한 컴퓨터 화면 같은 제한된 공간에서 사회 생활을 표현하는 것의 어려움을 살펴본다.「윈도우: 인터페이스의 역사를 가르다」에서는 정보의 올바른 사용에 대한 기준이 관점에 따라 심리적, 윤리적, 법적으로 어떻게 변하는지를 다룬다.「링크: 단서를 따라 의미를 만들라, 디킨스의 속삭임」에서는 월드와이드웹의 하이퍼텍스트와 빅토리아 시대의 소설을 비교해본다.「텍스트: 세익스피어를 연구하는 컴퓨터 학자」에서는 컴퓨터를 사용한 문서 작업을 알아보고 컴퓨터가 어떻게 셰익스피어를 연구하는 학자가 될 수 있는지를 설명한다. 「에이전트: 나, 당신의 충실한 비서가 되겠어요」는 지적 소프트웨어를 자세히 살펴보고 미래의 인터페이스가 우리의 문화적 취향을 어떻게 바꾸어놓을지를 고찰할 것이다. 결론인 「상상할 수 있는 무한함: 우리가 생각하는 대로」에서는 향후 십 년간 등장할 새로운 인터페이스 분야에 대해 광범위한 평을 시도할 것이다.

각 장마다 기술적인 해설, 역사적인 배경, 문화적인 유사성 사이의 균형을 유지하려고 노력했다. 이들 세 가지 내용이 서로 얽혀 있지만, 독자들이 별다른 혼동 없이 이해할 수 있으리라 믿는다. 또한 그래픽 인터페이스의 성공에 대한 멋진 숨은 이야기 몇 편을, 역사책처럼 지루하지 않고 생동감 있게 전달하려고 했다. 기술적인 설명은 전문가나 초보자 모두가 지루하거나 난해하게 느끼지 않도록 노력했다. 컴퓨터에 익숙한 독자들도 이미 알고 있는 것들에 대한 해설에서 뜻밖의 사실을 발견하게 되길 바란다. 문화비평가로서, 우리가 평소 당연하게 여기는 것들에 대해 다시 한 번 생각할 수 있도록 해주는 것 역시 중요한 역할이라고 생각하기 때문이다.

물론 문화적 관점에서 본 기술이란 주제는 매우 다양하고 또 필자에 따라 여러 방향으로 전개할 수 있다. 그런데 최근의 하이테크 동향에 밝은 독자들은 상업적으로 큰 성공을 거둔 제품에 대한 언급보다는, 성공하지 못한 기술에 지면을 할애한 것을 발견하게 될 것이다. 이런 사실은 대중적인 성공을 거둔 것들보다는 획기적인 발상의 전환을 가져온 것에 더 비중을 두었기에 비롯된 어쩔 수 없는 결과다. 이런 점은 예술성과 대중성을 동시에 가진 문학작품이 나오기 어려운 것과 마찬가지다. 문화사에서 볼 때 예술적 측면과 상업적인 측면에서 동시에 성공을 거둔 경우는 별로 없었다. 이런 드문 성공의 사례로는 빅토리아 시대의 디킨스 소설, 1950년대의 히치콕 감독의 영화, 비틀즈 음악 중 「러버 소울(1965)」 앨범 이후의 작품 등을 겨우 손꼽을 수 있다. 하지만 다행스럽게도 현대 인터페이스의 역사를 살펴보면 대중성과 창조적 혁신이 공존하는 경우가 많았다. 대중적인 형식이면서도 최첨단을 지향하는 경우와, 선구자적 역할을 하면서도 수백만 사용자의 관심을 끌었던 경우가 있었던 것이다. 이같은 경우는 달과 태양이 교차하면서 생기는 일식 같이 우리가 다시 경험하기 어려운 아주 중요한 현대문화의 거대한 일식 현상이라고 할 수 있다. 우리가 운좋게도 이런 교차 현상을 접하게 된다면 당연히 진지하게 살펴보아야 할 것이고, 바로 이런 점이 이 책에서 시도하고자 하는 바다.

뉴욕 시에서
1997년 4월

1. 기억의 궁전에서 인터페이스로

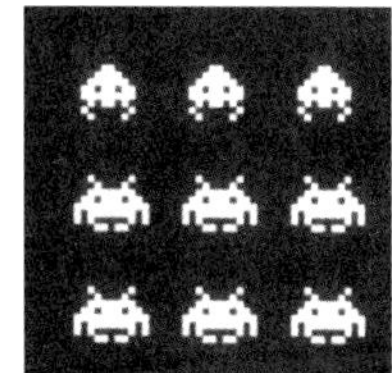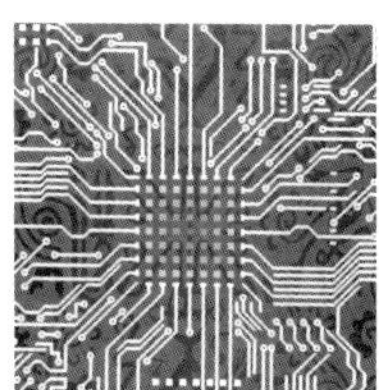

기원 전 6세기에 태어난 그리스의 시인 시모니데스는 수사학지들이 '기억의 궁전' 이라 명명했넌 방법을 생각해낸 것으로 유명하다. 이것이 바로 최초의 정보 공간이었다. 그는 이야기 전개를 건축물로, 이야기 속의 추상적인 개념들을 널찍하고 치밀하게 장식된 상상의 집으로 생각했다. 시모니데스의 방법은 시각적 기억이 문자 기억보다 훨씬 오래간다는 점에 착안한 것이었다.

1968년 가을, 더그 엥겔바트*라는 한 평범한 중년 남자가 샌프란시스코 시민회관에서 수학자, 취미 생활자, 히피 차림을 한 사람들을 청중으로 모아놓고 역사를 바꿀 새로운 상품을 보여주고 있었다.

그처럼 중요한 사건에는 어울리지 않는 무대였다. 청중들로 봐서는 TV 프로그램 〈스타 트랙〉 컨벤션, 아니면 코폴라 감독의 영화 〈도청(1974)〉에 나오는 '보안 전문가' 나 사립탐정의 초라한 시사회 장면을 생각나게 했다. 엥겔바트 본인의 모습도 비텐베르그 성당 문에 종교개혁 선언문을 못 박던 루터의 개혁자적 모습과는 영 거리가 멀었다. 하지만 백 년 후의 역사학자들은 벤저민 프랭클린이 연날리기 실험으로 번개의 전기적 속성을 알아낸 사건이나, 벨이 우연히 와슨과 전화 통화를 하게 된 사건을 오늘날 우리가 평가하는 것과 마찬가지로, 그 행사를 역사성 중요하고 비중 있는 사건으로 평가할 것이다. 이날 엥겔바트가 진행한 약 삼십 분간의 상품 시사회에서 우리는 처음 공개적으로 정보 공간을 보았고, 우리 삶은 아직도 그 영향력 아래에 놓여 있다.

정보 공간이라는 개념은 수천 년 동안 존재해왔다. 하지만 엥겔바트 이전에는 단지 아이디어에 불과했다. 아이디어만이라도 얼마나 대단한 것인가? 기원 전 6세기에 태어난 그리스의 시인 시모니데스[2]는 수사학자들이 '기억의 궁전' 이라 명명했던 방법을 생각해낸 것으로 유명하다. 이것이 바로 최초의 정보 공간이었다. 그는 이야기 전개를 건축물로, 이야기 속의 추상적인 개념들을 널찍하고 치밀하게 장식된 상상의 집으로 생각했다. 시모니데스의 방법은 시각적 기억이 문자 기억보다 훨씬 오래간다는 점에 착안한 것이었다. 우리가 이름보다 얼굴을 더 오래 기억하고, 몇 달 전에 읽은 책 어느 페이지의 왼편 위쪽에 어떤 인용문이 있었다는 사실은 기억하지만 그 인용이 무엇이었는가 하는 사실은 기억하지 못하는 것이 바로 이 때문이다. 시모니데스는 이야기를 건물로 상상하는 방법을 통해 공간 기억술의 잠재적 가능성을 개척해냈다. 이야기라는 건물에서 각각의 방들은 새로운 사건을 전개시키고, 새로운 방향으로 논쟁을 이끌어가게 된다. 이야기에서 형용사를 겹쳐놓거나 멋있는 장식이 필요할 경우에는 각 방들을 좀더 꾸미는 것으로 생각했다. 이야기를 전개해나가는 것은 바로 기억의 궁전에 있는 방들을 돌아다니는 것과 마찬가지였던 셈이다.

'기억의 궁전'은 수천 년 동안 수사학의 필수적인 도구로 남아 있었다. 조너선 스펜스는 『마테오 리치의 기억의 궁전』에서 17세기 마테오 리치 신부가 중국인들을 개종시키기 위해 성경을 공간적으로 해석하는 방법을 활용한 것에 대해 서술하고 있다. 마테오 리치 신부는 다른 선교사들이 전염병의 발병이 하느님의 심판이라고 설교하는 것과 달리, 자신의 놀라운 암기력이 바로 믿음의 증거이며 구원의 열쇠로 받아들여지길 원했다. 중국 사람들도 자신의 신성한 기억의 건물로 들어가 믿음으로 향하는 길을 따라가면 천국으로 들어갈 수 있다는 것이었다. 리치 신부가 한 것처럼 어떤 풍경을 상상하는 방법은 그 시대에는 전혀 특별한 것이 아니었다. 그리고 이미 그 영향은 수사학의 학문적 영역을 훨씬 넘어 널리 퍼져 있었다. 스펜스는 "과거에 '천국과 지옥을 기억'하는 방법으로 이와 같은 기억 체계를 사용했던 점을 염두에 두면, 지오토의 그림이나 단테의 『신곡』 제1부 「지옥(1307~1321)」의 상세한 구조를 쉽게 이해할 수 있으며, 이런 기법은 16세기의 많은 책에서 심심찮게 쓰였다."라고 말한다.[2]

이에 비견될 만한 경우를 오늘날에도 발견할 수 있다. 그 동안 '기호 분석학자'와 '지식 노동자'들에게 활용되어온 유서 깊은 그 '기억의 궁전' 기법이 현대의 복잡한 컴퓨터 명령어의 문제점을 해결하기 위해 재등장한 것이다. 엥겔바트 시대의 컴퓨터는 재현 기술 면에서 전혀 세련되지 못했다. 당시 컴퓨터의 공통 언어는 이진법 코드와 축약된 명령어, 펀치카드에 어설프게 입력된 데이터, 타자기로 찍은 출력물 같은 것이었다. 몇몇 선구자들 중에서 이반 서덜랜드 같은 사람은 큼지막한 화소들이 나오는 스크린에 단순한 도형을 그리는 실험을 했다. 〈스케치패드(1963)〉라는 서덜랜드의 프로그램의 영향을 받아 후에 나온 것들이 〈맥페인트〉나 〈포토샵〉 같은 디자인 프로그램들이다. 〈스케치패드〉는 결국 오늘날에 와서 이런 인상적인 프로그램들의 기원이 된 것으로 평가받지만, 당시에는 컴퓨터가 스크린에 그림을 그리게 할 수 없을까, 컴퓨터가 단순히 화면에 기호를 나타내는 것 이상을 하게 할 수 없을까, 라는 질문을 제기한 것에 불과했디. '모든' 디지털 정보를 시각언어로 바꾸는 보다 의미 있는 역할을 한 것은 아니었다. 이런 문제점을 이십 년에 걸친 탐구 끝에 달성해낸 사람이 바로 엥겔바트였다.

엥겔바트의 탐구는 그가 제2차 세계대전이 끝난 후 미국으로 돌아가기를 기다리던 중 우연히 보게 된 「우리가 생각하는 대로」라는 짧은 논문에서 시작되었다. MIT 공학교수이자 과학자인 바네바 부시가 쓴 이 글은, 오늘날 웹 서퍼들이 하는 것처럼 방대한 데이터의 저장소를 헤치고 다닐 수 있게 해주는, 〈메멕스 1945〉라는 이론적 정보 처리 장치 개념을 제시했다.† 엥겔바트는 이후 컴퓨터 업계에서 이런저런 일을 하면서도 이에 대한 생각을 떨쳐버릴 수가 없었다. 앞서 묘사했던 것처럼 샌프란시스코의 전설적인 시사회에서 보여준 것이야말로, 부시의 이론에 머물렀던 메멕스 장치를 기능적으로 실현한 최초의 실용적인 상품이었다. 엥겔바트는 많은 선구자적인 일을 해냈지만, 그 중에서 특히 샌프란시스코 시사회 하나만으로도 현대 인터페이스의 아버지라는 평가를 받을 자격이 있다.

그러면 도대체 인터페이스란 무엇인가? 쉽게 말해 이것은 문자 그대로 컴퓨터와 사용자 사이의 대화를 가능하게 해주는 소프트웨어를 말한다. 인터페이스란 양쪽을 서로 이해하게 하는 매개체로, 일종의 번역기 역할을 한다. 인터페이스가 매개해주는 양쪽의 관계란 물질적인 것을 뜻하는 것이 아닌, 의미나 표현 같은 '의미론적인' 것을 말한다. 하이퍼텍스트의 1인자인 테드 넬슨*은 디지털 컴퓨터를 "문학 기계"[3]라 부른다. 컴퓨터는 기호나 신호에 의해 작동된다. 하지만 우리는 가장 기초적인 형태의 것이라도 이런 기호나 신호로 된 언어를 거의 이해할 수 없다. 컴퓨터는 전기신호가 켜지고 꺼지면서 1과 0을 나타내는 방법으로 생각(생각한다는 말이 맞는지는 모르겠지만)한다. 반면에 사람은 단어, 개념, 이미지, 소리, 연상으로 생각한다. 컴퓨터가 연속적인 0과 1만을 처리한다면 이는 아주 비효율적인 계산기에 불과하다. 디지털 혁명이라는 마술이 가능하게 되려면 사용자가 이해할 수 있는 말로 컴퓨터가 '자신을 나타낼' 수 있어야만 한다.

이런 의미에서 '컴퓨터'란 명칭은 잘못된 것이다. 왜냐하면 여기

† 부시에 대해서는 4장 「링크: 단서를 따라 의미를 만들라. 디킨스의 속삭임」에서 다시 다루기로 한다.

*1965년 개발한 재너두 Xanadu에서 하이퍼텍스트라는 용어를 최초로 사용한 인물

서 말하는 진짜 혁신은 단순한 계산 능력이 아니기 때문이다.[†] 컴퓨터가 기술적으로 획기적이면서 결정적으로 중요한 점은, 원인이 주어지면 결과가 나오는 방적기나 자동차 같은 기계들과 달리, 기호를 주고받고 재현할 수 있는 기계라는 점이다. 이런 측면에서 컴퓨터를 피상적으로 구텐베르그의 인쇄기나 영화 촬영기와 닮았다고 할 수 있을지도 모른다. 그러나 다른 점은 인쇄기나 촬영기는 최종 결과물로만 재현한다는 것이다. 이러한 기계들은 종이 위에 글을 인쇄하거나 필름에 이미지를 기록한다는 점에서 재현적이지만, 그 중간 과정은 전적으로 기계적이다. 반면에 컴퓨터는 처음부터 철저하게 상징적인 시스템이다. 컴퓨터의 전기 신호는 0과 1을 나타내고, 그 0과 1은 간단한 수리적 명령을 나타내며, 결국 이같은 수리적 명령이 문장이나 이미지, 스프레드시트나 전자우편 메시지로 나타낸다. 디지털 컴퓨터의 막강한 힘은 바로 스스로를 나타낼 수 있는 이러한 능력에서 비롯된다.

컴퓨터가 스스로를 나타내는 방법은 주로 메타포의 형식이다. 일련의 0과 1은 (그 자체가 사람이 이해하지 못하는 일종의 언어지만) 가상의 사무실 책상과 그 위에 놓인 가상의 폴더라는 메타포로 바뀌게 된다. 이러한 메타포들이 현대 그래픽 인터페이스의 핵심 언어인 것이다. 그래픽 인터페이스는 하나의 언어라기에는 비교적 단순하다. 그렇기 때문에 대부분의 PC 사용자들은 인터페이스 디자인을 제대로 된 예술로 격상시키는 것이 과장이라고 생각할 것이다. '인터페이스'라는 말 자체가, 달콤하지만 진부한 표현인 "사용자 친화성"이라는 구호나 화려한 색깔의 아이콘과 휴지통으로 이루어진 만화 같은 이미지를 연상시키는 것은 사실이다. 이런 연상을 하게 되는 것만 보아도, 1970년대에 제록스 팔로알토 연구소 Xerox PARC 에서 최초로 개발되어 애플사의 매킨토시 컴퓨터에 의해 대중화된 그래픽 유저 인터페이스 혹은 줄여서 GUI가 오늘날 대성공을 거두었다는 것을 알 수 있다. 이와 같은 GUI가 널리 채택됨으로써 사람과 컴퓨터가 상호작용하는 방법이 극적으로 변하게 되었다. 또한 이전의 '명령어' 체계 인터페이스의 어려운 어법 때문에 소외됐던 사람들 사이에서 컴퓨터 사용 인구가 비약적으로 증가하게 되었다. 1960년대에 엥겔바트가 처음 선보인 시각적 메타포야말로 디지털 혁명을 대중화하는 데 다른 어떤 소프트웨어보다 크게 기여한 것이다.

물론 새롭게 등장한 멋진 기계들을 위한 메타포의 역사는 길고도 뚜렷하게 전개되어왔다. 오랫동안 새로운 기술은 과거의 친숙한 기술을 바탕으로 만들어졌다. 이런 새 기술은 기계를 생명체에 빗대어 묘사해왔다. 디킨스는 그의 소설에서 맨체스터의 공장이 "뱀 같은 연기"와 "코끼리를 닮은 머리"[4]를 가진 증기기관으로 가득 찬 기계의 정글이라고 묘사했다. 소설가 대커리가 영국의 철도 시스템을 정치라는 몸의 혈관으로 봤는가 하면, 소로는 "저 악마 같은 철마"가 미국의 모습을 갈갈이 찢어놓을 것이라고 했다. '컴퓨터'라는 명칭도 차원 낮은 기술에서 유래됐는데, 원래는 계산자나 긴 자릿수의 나눗셈을 잘하는 노동자를 일컫는 말이었다.

하이테크high-tech 기술 혁신이 있을 때마다 이처럼 이미 존재하는 사물을 연상하여 새로운 것을 묘사해왔는데, 이런 전통으로 인해 예상하지 않았던 결과가 생겨나게 된다. 위에서 언급했던 것 같이 신기술을 로우테크low-tech나 생명체로 은유하여 표현한 사람들은 기계시대에 뒤처진 러다이트주의자들이나 고리타분한 사람들, 아니면 시인이나 소설

가처럼 신기술을 제대로 소화해내지 못하고 그 동안 존재해온 사물과
비교해서 이해하려는 사람들이었다. 그런데 오늘날에 와서는 이런 은
유 작업을 기술자들이 직접 하고 있다. 그래픽 인터페이스 시대에는 뛰
어난 하이테크 기술자들이 어셈블리 언어*로 프로그램하여 휴지통이나
사무실 책상의 서류철을 연상하게 하는 시각적 메타포를 만들어낸다.
빅토리아 시대의 소설은 제철소나 방직공장 주변 신도시 지역의 삶을
알 수 있게 해주었고, 1950년대의 텔레비전은 자동차의 발달과 함께
형성된 새로운 교외 지역의 삶을 소개했으며, 인터페이스는 보이지 않
는 0과 1로 가득한 세계를 이해할 수 있게 해주었다. 현대 생활에서 이
보다 더 중요하고 사회적으로 더 폭넓은 영향을 미친 창조적인 업적은
없었다고 해도 과언이 아니다.

　　일부 독자들은 이런 주장이 너무 과장된 것이라 생각할 수도 있다.
그래픽 인터페이스가 혁신적인 것으로 밝혀졌다 할지라도, 그것은 여
전히 『황폐한 저택(1853)』 같은 소설을 써내는 것으로부터 사업계획서
를 작성할 수 있게 해주는 소프트웨어를 디자인하는 것이나 원그래프
를 그리는 것을 용이하게 해주는 정도의 도약일 뿐이다. 하지만 매킨토
시의 인터페이스 덕분에 미국이 가장 위대한 소설을 손쉽게 쓸 수 있었
다 해도, 이것이 소프트웨어와 문학이 같은 문화 범주에 속한다는 것을
의미하지는 않는다. 그렇다면 왜 인터페이스에 대해 이같은 대담한 주
장을 하는 것일까?

　　인터넷의 등장이 중요한 것은 바로 이 때문이다. (맥이나 윈도우
즈 같은) 1세대 그래픽 인터페이스들은 화면에 나타나는 것들이 비교
적 단순하기 때문에 우리가 말한 ‘고급 예술’ 이라는 인식과 맞지 않는
것처럼 보인다. 일상적인 용도면에서 PC는 파일 저장, 계산기, 또는 고

급 타자기 기능을 한다. 그렇지만 효율적인 인터페이스 디자인은 사용자가 PC를 이용하여 문서나 응용 프로그램을 다룰 수 있게 하고, 또 팩스나 전자우편을 통해 바깥 세계와 대화할 수도 있게 한다. 인터페이스가 단순하다는 것은 컴퓨터가 제공하는 도구가 단순하다는 것이다. 그러나 최근 몇 년 사이에 새로운 도구가 등장하고 있으며, 그 도구는 컴퓨터와 컴퓨터의 사회적 역할에 대한 기본 가정을 바꾸게 될 것이다.[†] 더 많은 컴퓨터들이 글로벌 정보 네트워크에 연결됨에 따라 우리가 접하는 데이터 공간이나 이런 모든 복잡한 네트워크를 머리 속으로 '상상하는 것'—사회학자 케빈 린치가 말했던 "인식적 지도cognitively map"[5)]를 마음 속으로 그려보는 것—이 매우 어려워지고 있다.

이 모든 정보들을 제대로 표현하기 위해 19세기의 대도시를 배경으로 한 걸작 소설 같은 복잡하고 의미 있는 새로운 시각언어가 필요할 것이다. 최근 태동하고 있는 새로운 형태의 인터페이스 디자인은 이미 종래의 2차원적인 데스크탑 메타포를 넘어 도시 광장, 쇼핑 몰, 개인 비서, 거실 등의 은유 같은, 보다 완전한 디지털 환경으로 발전해가고 있다. 정보 영역이 엄청나게 커짐에 따라 이를 표현하는 메타포 또한 더 커지고 복잡해질 것이다. 21세기 사람들의 집회장은 결국 가상공간으로 옮겨갈 것이다. 하지만 이것이 실현되기 위해서는 우선 인터페이스를 디자인하는 사람들이 이를 위한 디지털 환경의 메타포를 새로운 형태로 설계해야 할 것이다.

여기에는 어떤 기준으로 인터페이스를 판단해야 하는가, 라는 또 하나의 문제가 발생하게 된다. 인터페이스라는 미디어가 결국 순수 예술과 같이 광범위하고 복잡해진다면 우리에겐 이를 묘사할 수 있는 새롭고 적절한 언어가 필요하게 될 것이다. 이런 새로운 언어 중 일부는 새로운 기술과 함께 독자적으로 생겨날 것이지만, 대부분은 예술이나 건축, 영화나 소설과 같은 이미 존재하고 있는 전통으로부터 많은 것을 빌어올 것이다. 몇몇 디지털 시대의 혁명가들은 이처럼 과거에서 도용하는 행위가 아날로그 시대적 발상에 아직도 젖어 있다는 한계이자 그 숨길 수 없는 증거라 볼 것이다. 그렇지만 급진적이고 획기적인 변화야말로 문화사적인 관점에서 볼 때는 오히려 비정상적인 현상이라고 할 수 있다. 과거와 미래의 상호작용은 창조적 과정을 방해하는 것이 아니라 더욱 촉진시킨다. 인터페이스 디자이너들은 르네상스 시대의 원근법 발명이나 프랭크 게리의 건축물로부터 배울 점이 많다. 따라서 현대의 인터페이스 비평가들은 이런 것들에 대한 비평가 역할을 했던 과거의 해석학파로부터 배울 점이 많다. 인터페이스라는 새로운 미디어를 묘사하기 위한 새로운 언어가 필요할 때, 과거로부터 이에 적합한 용어를 빌려 쓸 수 있는 것이다.

오늘날 인터페이스 디자인의 중요성을 어떻게 이해해야 하는가? 인터페이스 디자인의 중요성은 다음과 같은 역설적인 측면을 갖고 있다. 우리가 살고 있는 사회는 점점 더 가상공간에서 일어나는 사건의 영향을 받고 있음에도 불구하고, 가상공간 자체는 사실상 우리가 인식할 수도, 볼 수도 없는 공간이다. 0과 1이 나열되어 있는 세계에 우리가 접근할 수 있는 유일한 방법은 컴퓨터 인터페이스라는 연결통로를 통해서만 가능하다. 인터페이스 디자인이라는 이름 없는 중개인을 통해서만 현대의 가장 동적이고 혁신적인 영역에 접근할 수 있다는 뜻이다. 이런 새로운 온라인 공동체를 어떤 방법으로 인식할 것인가 하는 문제는 분명히 사회적, 정치적으로 중요한 문제다. 디킨스 같은 빅토리아 시대 작가들은 산업사회의 기술 혁명에 관심을 갖고, 소설이라는 지도를 통해 새로 등장한 영역들과 그에 따른 사회적 관계들을 비판했다.

21세기의 컴퓨터가 만들어낸 가상도시들로 우리를 안내하는 가이드도 이와 같은 역할을 할 것이다. 이제는 소설이 아닌 인터페이스라는 중개인이 그 역할을 맡을 것이다.

엥겔바트는 정보에 대한 안내를 해주는 가이드 역할이 꼭 필요할 것이라는 사실을 인식한 최초의 인물이었다. 그는 앞서 말한 1968년의 시 사회에서 이런 가이드가 앞으로 어떤 역할을 할 것인가에 대한 비전을 제시했다. 이 비전이야말로 현대 인터페이스의 청사진이라고 볼 수 있다. 다른 기술적 혁명의 경우와 마찬가지로 엥겔바트의 정보 공간은 여러 중요한 구성요소들이 각각 꼭 필요한 역할을 하고 있는 집합체다. 첫째로는 '비트매핑'이라는 아주 훌륭한 아이디어가 있다.[†] 비트매핑이란, 말 그대로 지도와 컴퓨터의 이진법 코드가 결합하여 정보라는 새로운 세계의 안내자 역할을 한다는 뜻이다. 컴퓨터 스크린의 각 픽셀에는 메모리가 조금씩 할당되어 있다. 단순한 흑백 스크린에서는 이 할당된 조그만 메모리 공간이 컴퓨터 내부에서 0 또는 1을 나타내는 한 개의 비트다. 픽셀에 불이 들어오면 이 1비트의 값은 1이고, 픽셀의 불이 꺼지면 0이다. 컴퓨터는 스크린을 이와 같은 픽셀들이 가로 세로로 꽉 차 있는 2차원적 공간으로 인식한다. 처음으로 데이터가 물리적 공간을 갖게 되었다. 전자가 컴퓨터 프로세서를 통해 왔다갔다 하면서 시각적인 이미지가 스크린에 나타나는, 물리적인 '동시에' 가상적인 공간이 생긴 것이다.

　일단 데이터가 공간적 속성을 갖게 된 후에 이것으로 무엇을 할 것인가? 엥겔바트의 위대한 기술 혁신은 '직접 조작'이라는 원칙을 도입

† 이 아이디어는 이후 제록스의 팔로알토 연구소에서 기술적으로 더욱 정교하게 발전되었다.

하고 있다. 텍스트 문서를 윈도우나 아이콘으로 나타낼 수 있다고 해
도, 이미지들을 마음대로 조작할 수 없다면 아무 소용이 없다. 마치 1
초에 프레임이 몇 개밖에 들어 있지 않은 영화처럼 사실과 동떨어진 어
색한 이미지로 이루어진 환상에 불과하다. 이미지로 표현된 정보 공간
이 제대로 작동하려면 여기서부터는 우리가 직접 나서서 챙겨야 하는
데, 이것이 바로 직접 조작이다. 키보드로 모호한 명령어를 치는 것이
아니라, 사용자가 단순히 스크린에 나타난 이미지를 가리킨 후 그 내용
을 열거나 이리저리 옮기게 된다. 그래서 컴퓨터에게 어떤 특정한 작업
(예를 들어 "이 파일을 여시오")을 수행하도록 명령을 내리는 것이 아
니라 마치 사용자가 직접 그 작업을 수행하는 것 같이 된다. 이런 의미
에서 직접 조작이라고 하지만, 사실은 그래픽 인터페이스가 사용자와
컴퓨터 정보를 연결시켜주는 또 하나의 중간 단계로 끼어들게 된다는
점에서 역설적이라고 할 수 있다. 실제로는 중간 단계가 추가된 것이지
만 직접 손을 대는 것 같은 조작 덕분에 정보에 더욱 가까워진 느낌이
든다. 컴퓨터에게 어떤 작업을 하도록 명령을 내리는 대신에 우리가 직
접 데이터를 갖고 특정 작업을 행하는 것처럼 느낀다는 말이다.

　　물론 직접 조작이 가능하기 위해서는 새로운 도구가 필요했다. 엥
겔바트는 두 가지의 훌륭한 도구를 소개했다. 우선 기존의 QWERTY
자판*을 대체할 수 있는 아주 기발한 '단축키' 시스템이었다. 이 시스
템에서는 자판의 키 몇 개를 동시에 누름으로써 각각의 기호를 나타낼
수 있었다. 이 시스템은 특히 이 방식에 최적화된 소프트웨어와 함께
사용할 때 기존의 키보드보다 놀랄 만큼 빠른 속도를 낼 수 있었다. 그
러나 안타깝게도 이 방식은 사용자들이 많은 노력을 들여서 타이프 치
는 법을 새로 배워야 한다는 단점 때문에 대중의 관심을 끄는 데 실패
하였다. 하지만 엥겔바트가 그날 소개한 또 하나의 입력 도구는 십 년

* 우리가 일반적으로 사용하는 컴
퓨터 표준 자판

31

이 걸리기는 했지만 결국 시장에서 상품성을 인정받게 되었는데, 그는 이 도구를 '마우스'라고 이름 붙였다.

엥겔바트의 마우스도 현재의 마우스와 마찬가지로 데이터 공간에서 사용자의 대리인 역할을 했다. 엥겔바트는 손동작과 스크린 위의 포인터를 일치시켜주는 소프트웨어를 이용해 모니터 상의 윈도우나 아이콘을 클릭하여 파일을 열거나 닫고, 정보 공간을 재정리할 수 있게 했다. 스크린에서 움직이는 포인터는 사용자의 가상유령이나 마찬가지였다. 마우스를 1, 2인치 오른쪽으로 움직이면 스크린의 포인터도 움직이는 이같은 시각적 피드백 덕택에 사용자는 즉각성과 직접성을 경험할 수 있게 되었다. 이런 직접적인 연결이 없었더라면 컴퓨터 사용은 우리와 무관한 이미지를 계속 내보내는 텔레비전을 보는 것 같았을 것이다. 마우스 덕분에 우리는 정보 공간이라는 세계에 들어가서 그 안의 정보들을 조작할 수 있게 되었고, 이런 의미에서 마우스는 단순한 지시 도구 이상으로 중요한 것이었다.

이날 엥겔바트가 보여준 비트맵으로 구성된 정보 공간, 직접 조작 그리고 마우스의 빈틈없는 통합은 청중들에게 적잖은 충격을 주었다. 그들은 전에도 그런 것을 본 적이 없었고 그에 필적할 만한 것을 보는데에도 몇 년을 더 기다려야 했다. 정보 공간이라는 새로운 세계가 갑자기 우리 눈앞에 등장했고, 컴퓨터의 미래가 새로운 방향으로 변하게 된 순간이었다. 하워드 라인골드는 이 사건에 대해 『사고를 위한 도구(1985)』에서 아래와 같이 묘사하고 있다.

마치 새 차의 큰 유리창을 통해 보게 된 바깥 풍경이 그 동안 보아온 나무나 바다와는 완전히 다른 풍경으로 보이는 것과 같은 경험이다. 우리의 눈에 비치는 새로운 풍경은 단어, 숫자, 그래프, 이미지, 개념, 문장, 주장, 관계, 공식, 도표, 증명, 문학작품, 비평 등과 같은 사물들로 가득 찬 정보 공간이다. 처음엔 현기증이 날 것 같다. 더그 엥겔바트의 표현을 빌자면 그 동안 연필이나 인쇄물로 정보를 처리해왔던 낡은 방식에서 인간의 생각을 통한 정보 처리 방식과 동일한, 새로운 시스템으로 갑자기 대체된 것이다.[6]

정보 공간이라는 새로운 개념은 기술적 진보이자 동시에 심오한 창조 행위였다. 그것은 우리가 컴퓨터를 사용하는 방식을 변화시켰을 뿐만 아니라, 컴퓨터를 상상하는 우리의 방식을 바꿨다. 서양문화는 수세기 동안 기술 진보를 통해 신체적 한계를 초월할 수 있는 의족이나 망원경 같은 인공기관이 등장할 것으로 기대해왔다. 산업혁명 시대의 예찬론자들은 면 방직공들의 손가락이 기적적으로 길어진 것 같다는 비유로 찬사를 보낸 반면, 디킨스나 에밀 졸라 같은 작가들은 기계화 때문에 직공들이 일자리를 잃게 되었다고 격렬하게 비판했다. 이런 전통은 20세기에도 계속되었다. 프랑스의 소설가 셀린느는 소설『밤으로의 긴 여로』에서 인간을 대신하여 돌아가는 1935년경의 포드 자동차 공장의 시끄러운 기계들을 다음과 같은 유명한 구절로 묘사히었다.

거대한 건물 안의 모든 것이 떨렸다. 창문이며 바닥이며 모든 쇳덩어리들이며, 집 전체가 꼭대기에서 바닥까지 모두 떨렸고, 우리도 같이 떨렸다. 우리들 자신이 기계가 된 듯했다. 엄청난 소음은 우리의 머리와 내장을 죄는 것 같았고, 그 충격은 심지어 눈까지 올라와 빠르고 끊임없는 충격을 주었다.[7]

물론 기계를 인공기관처럼 묘사한 것이 항상 어두운 내용에 관한 것만은 아니었다. 미래파 시인 마리네티는 '인간 어뢰정'이라고 이름 붙인 새로운 혼성물에 대해 열광적이었는데, 심지어는 이처럼 무기와 인간을 결합시키는 것이 시인의 사명이라고까지 찬미하였다. 그는 『미래주의자의 요리책』이라는 저서에서 시인의 사명에 대해 이렇게 강력하게 주장하고 있다. "우리는 인간의 육신과 모터의 금속 사이에 존재하는 적대감을 직관을 동원하여 정복하고야 말 것이다."[8] 맥루한도 20세기의 전기 기술을 인간 신경중추의 확장이라고 끊임없이 언급하였다. 심지어는 바네바 부시도 안경이 우리의 시력을 증대시켜주는 것처럼 그의 메멕스 장치가 인간의 기억력을 '증대' 시켜주는 도구라고 말했다.

엥겔바트는 스승으로 여긴 부시에 대한 존경심으로 전 생애에 걸쳐 '증대' 라는 말을 사용한 것 같다. 그가 1968년에 발표한 비트맵으로 이루어진 데이터 공간은 기계를 인공기관으로 보는 세계관을 최초로 극복하는 것이었다. 처음으로 기계는 인간의 몸에 부속된 것이 아닌, 환경이자 탐색되는 공간으로 이해되기 시작했다. 우리는 이 새로운 세계에 들어가서 길을 잃을 수도 있고, 어떤 사물을 우연히 만날 수도 있게 되었다. MIT의 윌리엄 미첼이 1995년에 발표한 『비트의 도시』에서 말한 것처럼[9], 이것은 기계라기보다는 풍경과 같다. 르네상스의 예술가들이 우연히 원근법을 발견하게 된 이래 처음으로 공간 개념이 기술에 의해 극적으로 변하게 된 것이다. 오늘날의 가상공간, 서핑, 네비게이팅, 웹, 데스크탑, 윈도우, 드래그, 드롭, 포인트 앤 클릭 등과 같은 하이테크 용어들은 이같은 기술적 혁신의 산물이다. 이런 용어들은 처음부터 끝까지 모두 정보 공간과 관련된 것들이다. 엥겔바트가 처음 시연한 후 고작 몇십 년 만에 여기까지 온 것을 보면, 앞으로 이런 메타포가 얼마나 더 발전할지 모르는 일이다.

우리는 엥겔바트의 정보 공간 덕분에 모두 비트맵주의자가 되었다. 지난 수세기 동안 시인들과 발명가들은 기계들을 우리 몸의 확장, 증대 혹은 보충물로 속단해왔다. 이같은 전통은 엥겔바트의 정보 공간에 의해 물러갔다. 인터페이스가 발전할 수 있는 계기가 마련된 것이다. 산업혁명 시대는 우리에게 인공 수족과 인간 어뢰정이라는 혼성물을 소개해주었다. 엥겔바트는 우리에게 함께할 만한 기계를 소개한 최초의 인물이고, 우리는 지금에 와서야 그 선물이 얼마나 중요한 것인지를 깨닫기 시작했다.

이런 수준의 상상의 전환은 결코 진공상태에서 일어나는 것이 아니다. 반드시 다른 분야에 횡적인 파급효과를 가져오는, 예기치 않은 결과를 이끌기 마련이다. 자동차는 도시의 중심부를 오늘날의 위성도시나 '주변' 도시 쪽으로 밀어내면서 도시가 발전해가는 모습을 변화시켰다. 19세기 후반의 소설을 심리학적으로 고찰하는 과정은 정신분석학의 길을 열어주었으며, 정신분석학은 전후의 자조 self-help 운동, 대중심리학 운동이 발생할 수 있는 토대를 마련했다. 인터페이스는 이미 컴퓨터를 사용하는 방식을 변화시켜왔고, 앞으로도 계속 변화시킬 것이며, 또한 현대 생활의 다른 분야들을 전혀 예상치 못한 방향으로 바꿀 것이 틀림없다. 이 책에서는 인터페이스 디자인이라는 새 미디어가 컴퓨터와 동떨어진 현대 생활의 광범위한 분야에까지도 영향을 미치는, 말하자면 낯선 외유外遊 같은 현상에 대해서도 설명하고 있다.

이와 같은 횡적 파급효과의 가장 생생한 예는 스스로를 대상으로 삼는 1990년대의 텔레비전 프로그램 편성에서 찾아볼 수 있을 것이다.

시트콤, 주간 드라마, 토크 쇼 등과 같은 부류의 프로그램들이 전통적인 내러티브에 관습적으로 치중하고 있을 때, 다른 미디어에서 소재를 구하는 '메타' 쇼*metashows*들이 문화적인 중요성 측면에서뿐만 아니라 그 다양성 측면에서도 최근 각광을 받고 있다. 이런 쇼들은 스토리 전달처럼 진부한 형식의 프로그램이 아니라 전적으로 TV라는 미디어 자체를 '들여다보는' 것을 목적으로 한다. 어떻게 보면 기생충처럼 숙주에 붙어서 스스로를 복제해가는 모습의 이런 쇼들이야말로 현대 텔레비전 프로그램들을 진정으로 혁신하는 것들이다. 겉으로만 봐서는 1990년대 TV의 기생 프로그램들은 인터페이스 디자인의 비트맵과 아무런 관련이 없는 것처럼 보이지만, 좀더 시각을 넓게 하여 큰 의미의 메타형태 측면에서 생각해보면 엥겔바트의 정보 공간과 밀접한 관계를 맺고 있는 것을 알 수 있다.

40년 전만 해도 이와 같은 기생형태를 취하고 있는 것들은 『리더스 다이제스트』, 『TV가이드』, 할리우드 스타나 가수들을 다루는 팬 잡지 등 그 종류를 손가락으로 꼽을 수 있을 정도였다. 이 외에는 모두 매스미디어 바깥 사람들의 이야기를 다루고 있었다. 이런 추세는 18세기에 들어 귀족이나 왕족 이야기가 더 이상 관심을 끌지 못했던 것처럼 매스미디어 바깥 세상 사람들의 이야기가 점점 멀어져 전혀 관심을 끌지 못하게 될 때까지 계속되었다. 상업자본주의 시대를 연 기술 변화로 인해 그 동안의 귀족적이고 도덕적 내용의 연극들은 사라지게 되었고, 고아나 악당이나 평범한 여주인공들 이야기를 다루는 새롭고 거친 사실주의 소설들이 등장하게 되었다. 이와 마찬가지로 20세기의 전기 기술로 인해 과거의 스토리 중심의 TV 쇼들은 사라져버리거나 완성품 조립 과정의 중간 단계 수준으로 위축되었고, 문화라는 더 큰 생태계에 새로운 생명체들이 등장하게 된 것이다.

그런데 이런 새로운 생명체는 반복하고, 주석을 달고, 분해하고, 분석하고, 견본을 만들지만 스스로 이야기를 만들지는 않는다. 이런 것들이 다루는 내용은 모두 스토리 중심의 보통 쇼로 다시 반영이 되고, 이런 보통 쇼에서 또 새로운 기생 프로그램이 등장한다. 기생 프로그램과 스토리 중심의 보통 쇼와의 관계는 영화비평가와 영화의 관계와 비슷하다. 다른 점은 이런 새로운 형태의 프로그램들은 고급문화에서 저급문화까지, 대중적인 것에서부터 독립적이고 전문적인 것까지 온갖 것들을 전부 다룬다는 점이다. 지난 십 년간 이런 종류에서 발생한 프로그램들을 보면, MTV의 Zoo TV, 페이퍼 타이거 텔레비전, E 채널, 코미디 센트럴의 데일리 뉴스, 음악 전문 채널 VH-1의 팝업 비디오 등이 있다. 맨해튼 지역의 유선방송 쇼의 절반 정도는 골수 시청자들이 선정한 '금주의 장면'으로 채워지고 있다. 시청자들이 지난 며칠 동안 TV에서 본 것을 자기 표현의 수단으로 사용하는 것이다. 〈하드 카피〉, 〈엑스트라〉, 〈커런트 어페어〉 등의 타블로이드 '뉴스' 쇼들은 정기적으로 일반 매체에서 뉴스거리를 만들어낸다. 바이퍼 룸*에서 비틀거리면 나오는 믹 재거의 모습이나, 플로리다 팜비치의 고급스런 워드 가를 산책하는 이바나 트럼프*의 모습 같은 것들이 이런 쇼의 좋은 소재가 된다. 예전에는 어떤 사건을 꾸며내기라도 하려면 기자회견이라도 열어야 했지만, 이제는 카메라에 찍히기만 하면 된다.

이 새로운 장르에서 수준 높은 것은 별로 없을지 모르지만 종류와 다양성과 양은 엄청나다. 여러 증거로 봐서 이들 메타형태의 프로그램은 이야기 중심의 경쟁 프로그램들에 비해 훨씬 빠른 속도로 발전하고 있음이 틀림없다. 시트콤이 과거 십 년 동안 이런 변형 프로그램들로부터 몇 가지 수법을 배우기는 했지만—예를 들면 〈사인펠드〉의 "헛소동" 에피소드나 〈심슨 가족〉에 나오는 초현실적인 풍경 같은 것들—15년 전

* 배우 조니 뎁이 운영하는 할리우드의 나이트클럽

* 부동산 재벌 도널드 트럼프의 전 부인

에 방송되었던 코미디 쇼와 달라진 점이라고는 등장인물들의 의상이 조금 바뀐 정도라 해도 그다지 틀리지는 않다. 〈엘렌〉 같은 시트콤은 레스비언 이야기가 독특하다손 치더라도 근본적인 구성은 1981년의 〈택시〉와 거의 비슷하고, 〈로잔〉은 〈신혼부부들〉을 이름만 바꾸어 모방한 것에 불과하다. 시트콤이 시들어간 반면, TV라는 미디어 자체를 대상으로 삼는 '논평' 위주의 쇼가 인기를 끌게 되었다. 이십 년 전만 해도 '메타' 장르라는 것은 TV에 존재하지도 않았다. 1970년대에 〈비비스와 버트헤드〉 같은 프로그램이 있었는가? 아니면 사건을 깊숙이 파헤치는 CNN의 〈믿을 만한 정보원〉이나 코미디 센트럴의 〈미스터리 과학극장〉, E 채널의 〈토크 수프〉 같은 것이 있었는가? 아니, E 채널에서 방송하는 쇼 중 어느 하나라도 1970년대에 비슷한 것이 있었는가?

텔레비전의 이야기를 중심으로 하는 프로그램은 지난 20년 동안 별로 큰 진전이 없었다. 그렇기 때문에 오늘날의 〈멜로우즈 플레이스〉가 과거의 〈다이내스티〉와 비슷해 보이고, 아치 벙커*가 사반세기가 지난 지금도 어색해 보이지 않는 것이다. 이에 반해 텔레비전 쇼를 대상으로 삼고 거기서 파생된 쇼들은 엄청난 발전을 보여왔다. 하지만 비평가들 대부분은 이러한 메타형태의 프로그램들이 성장하는 것을 비정상적이고 부정적인 것으로 본다. 그들은 마치 미국의 아동교육자 윌리엄 베네트나 비평가 데이비드 덴비 같은 사람들이 텔레비전의 폭력물을 언급할 때와 비슷한 의미로, 메타형태 프로그램에 대해 유행병이라는 단어를 사용한다. 비평가들이 이런 반응을 보이는 이유는 쇼를 대상으로 하는 쇼가 생겨나는 것을 미디어 공간이 썩어가는 병적인 증상으로 여기기 때문이다.

비평가들이 이런 식으로 매스미디어를 비판하는 데에는 모순된 점이 있다. 이런 점은 닉슨과 케네디 대통령 선거 TV 토론(닉슨이 분장만 했더라면!)을 보고 또 보는 비평가들이나 케네디 대통령의 암살이 담긴 자프루더 필름에 매달려 음모론을 주장하는 이들의 모습에서 볼 수 있다. 쉽게 말하면 미디어 세계를 지옥 같다고 비판하면서도 거기서 유용한 점을 찾는 것이다. 오늘날의 선거 과정에 이미지 메이커나 정치가들의 이미지를 관리해주는 스핀 닥터, 사운드 바이트* 같은 사람들이 깊이 개입하고 있으며, 또 후보자들이 그들의 입법 활동 경력보다는 얼마나 달변인가 하는 점으로 선택된다는 것을 아무도 나서서 인정하려 하지 않는다. 그렇지만 오늘날의 이미지 창조 작업은 단순히 친절하면서 미디어가 덜 개입된 미국의 이미지, 즉 과거로의 공허한 향수를 불러일으키는 것에 그쳐서는 안 된다. 나이 먹은 비평가들은 텔레비전의 악영향 때문에 정치인들이 가두유세를 하거나 아이들의 볼에 키스를 하는 등의 장면들이 점점 없어지고, 요즘은 끊임없이 악수하는 장면만 보인다고 말한다. 그렇지만 사회에 일어나는 모든 장면을 보여주는 것이야말로 새로운 기생형태의 TV 프로그램들이 맡은 임무다. 옆에서 "임금님은 벌거숭이"라고 수군대는 대신에 이들 새로운 프로그램들은 스스로 옷을 벗어젖히고 나선 것이다. 임금님이 허세를 부리고 있다고 폭로하는 데 이보나 더 좋은 방법이 있겠는가?

스토리 중심에서 평론 중심으로(숙주에서 기생으로) 변해가는 것이 단순히 포스트모더니즘의 추세 때문만은 아니라는 사실을 밝히고 넘어가야 할 것 같다. 과거 몇 년 동안 텔레비전 쇼의 비중이 이와 같은 메타형태의 평론 프로그램으로 옮겨가게 된 이유가 프랑스의 정신분석가들이 말하듯 '실제'적인 것을 포기했기 때문은 아니다. 인간이 섹스나 죽음, 세금 같은 것에서 완전히 자유로울 수 없는 것처럼 이런 기생 쇼들은 자신들이 파생되어 나온 매스미디어와 떨어져서 존재할 수 없

39

다. 오늘날의 정보 공간은 우리 '실생활'의 일부가 되었고, 정보 공간을 대상으로 코멘트를 하는 것은 날씨에 대해 말하는 것처럼 자연스럽게 되었다. 전통적으로 미디어 평론계—다니엘 부어스틴의 저서『이미지(1962)』가 이런 면에서 고전적이고 전형적인 예다—에서는, TV 프로그램이 TV 프로그램 자체를 소재로 삼는 추세를 우리 모습이 전후로 끊임없이 반사되어 결국에는 작아져 사라져버리는 것 같은, 일종의 거울 방 효과로 본다. 더그 러쉬코프[*]는 자신의 저서『미디어 바이러스(1994)』에서 다음과 같이 언급하고 있다. "그런 의미에서 텔레비전 시대 이전에 성장한 철학자들은 미디어나 심지어 기술까지도 자연적인 것과는 동떨어진 영역에 속한 것으로 본다. 미디어는 단지 실생활에서 일어나는 것들을 보여주거나 설명할 뿐이라는 것이다. 그런 사람들은 미디어라는 것이 그 자체로 실제 존재하는 것이며, 자체의 필요와 의제를 갖고 있다는 사실을 이해하지 못한다."[10]

이미지 사회의 나이 든 비평가들은 흡혈귀 콤플렉스를 갖고 있다. 그들은 스스로를 비평의 대상으로 삼으려 하지 않는다. 하지만 텔레비전 시대에 자란 사람들에게는 (특히 유선방송 시대에 성장한) 매스미디어가 지닌 거울 방과 같은 속성을 부정한다는 건 중력의 법칙을 부정하는 것처럼 말이 안 되는 일이다.[†] 기생형태의 프로그램이 성장함에 따라 현대의 삶에서 미디어의 역할은 점점 더 자연스러운 것으로 받아들여지게 되었다. 오늘날 우리가 이미지에만 집착하는 것은 현실에 대한 관심이 없어졌기 때문이 아니라, 이미지와 현실을 구분했던 것이 이제는 아무 의미가 없어질 정도로 이미지가 현실에 엄청난 영향을 미치는 세상이 되었기 때문이다. 사실 미디어를 부정하거나 인정하는 사례는 오랫동안 존재해왔다. 새로운 기술이 등장하게 되면 처음에는 비현실적이라고 생각되지만, 시간이 흐르면서 당연한 것으로 받아들여지게 된다. 19세기 초기에 등장한 증기기관 동력 공장에 대해 비평한 사람들—영국에는 디킨스나 칼라일, 미국에서는 허먼 멜빌 같은 인물들이 있다—은 기계라는 괴물 같은 인공물뿐 아니라 노동환경의 불결함에 충격을 받았다.† 하지만 시간이 흐르면서 생소함과 비현실적이라는 느낌은 결국 사라져버린다. 정보 시대의 막이 오르면서 이처럼 생소했던 과거의 인공물들이 서구 세계에서는 이미 제2의 본성처럼 되어버렸고, 그렇기 때문에 일상생활에서 들리는 모든 소음이 이제는 텔레비전 이미지의 환상보다 더 '사실'이 되었다.

20세기 노동운동의 기초가 산업노동에 있었던 것과 마찬가지로, 새로운 기생형태의 프로그램들도 사실적이고, 활기차고, 일상생활의 필수불가결한 일부가 된, 동시대 텔레비전의 이미지를 취하고 있다. 이런 일상생활의 특별한 영역이 '이야기'로는 잘 설명될 수가 없다. 19세기 사회의 실상—조지 엘리엇이 "인내와 노동을 완전히 깨닫는 것"[11]이라고 그의 소설 『미들마치(1971~1972)』에서 묘사했다—을 제대로 그려내기 위해서는 삼부작 소설 정도의 자세한 묘사가 필요했었다. 엘리엇이 묘사했던 "나도 모르게 가슴이 벅차게 되는 삶"과 같은 삶은 20세기 말의 미디어 세계에서도 그대로 남아 있다. 하지만 오늘날의 가슴 벅찬 삶은, 비토리아 시대의 소설로는 말할 것도 없고 수준은 높지만 개성이라고는 전혀 없는 요즘의 할리우드 영화로도 제대로 표현해낼 수 없다. 소설 대신에 우리는 주석을 달고, 잡담을 하고, 집요하게 반복한다. 우리는 모두가 집 안에 앉아 매스미디어의 주목을 받는 것들에 대해 비판을 하거나, 아니면 비판하는 프로그램을 보면서 열광하는 비평가다. 말하자면 우리들 스스로가 비비스와 버트헤드고, 정치평론가이고, 미디어 전문가이며, 동시에 〈미스터리 과학극장〉에 등장하는 로봇이다.

메타형태는 기존 문화에 대한 불만이 과격하게 분출하는 단계로까지 가지 않고 풍자로 나타나는 온건한 형태라고 말할 수 있다. 『X 세대』의 비평가 러쉬코프 같은 사람은, 무관심이야말로 매스미디어를 내부로부터 파괴해가는 일종의 무성의한 타도 행위라고 한다. 물론 많은 기생형태의 프로그램들이 풍자 위주이지만, 자세히 살펴보면 의외로 진짜 조롱이나 비웃음만을 일삼는 프로그램들은 그렇게 많지 않다. 집에 있는 대중을 해방시킨다는 것이 아무리 솔깃한 일이라고 해도, 〈비비스와 버트헤드〉 같은 프로그램이 매스미디어의 주류를 흡수해버릴 거라고는 상상할 수 없다. 역설적으로 이런 쇼들이야말로 시청자들을 완전히 수동적인 텔레비전 광으로 만들어버린다고 말할 수 있다. 예를 들면 이제는 우리 스스로 퓨지스의 뮤직 비디오 혹은 정보 전달용 광고나 재방송을 보고 비평하지 않고, TV 만화에 나오는 비비스와 버트헤드 같은 두 명의 불평분자가 우리 대신에 비평을 해준다는 얘기다. 상호작용이라고는 떠들지만 실상은 이런 것이다!

기생형태 프로그램들의 성격을 잘 규정하는 것은 거울 방 효과도 아니고, 비판적인 풍자도 아니다. 정보에 대한 여과장치(즉 데이터를 이해하기 쉽게 해주는 데이터)가 필요하게 되었기 때문에 이런 변형된 기생 프로그램들이 등장하게 됐다는 설명이 이들의 성격을 가장 잘 포괄적으로 말해준다. 기생형태는 정보의 양이 많아서 우리가 처리할 수 있는 정도를 초과할 때 번성한다. 말하자면 메타형태는 신호가 너무 많아 소음이 되는 상황, 그리고 정보 공간이 너무 상세하고 복잡해져서 혼자서는 검색하기 힘들어지는 시점에서 생긴다. 이런 상황에 다다르게 되면 압축형태, 풍자형태, 통역형태, 샘플링형태, 번역형태 등의 온갖 메타형태들이 나타나게 된다. 이런 메타형태들은 미디어라는 공간 속을 방향감각 없이 헤매는 사람들이 많아지는 상황, 다시 말해서 정보의 양이 너무 많아지는 상황이 생기기 때문에 존재하게 되고, 바로 이런 점에서 현대 인터페이스와 관련되는 것이다.

과거에는 소설을 통해 산업사회를 이해할 수 있었으나, 현재에는 정보가 넘쳐나는 미로와 같이 복잡한 새로운 현실을 메타형태를 통해 이해할 수 있다. 메타형태들은 완충장치, 번역가, 관광안내인 역할을 한다. 이런 것들이 소설과 다른 점은 스토리를 평가하고, 해석하고, 관련된 특징을 더욱 계발시킨다는 점이다. 산업혁명 시대의 소설들은 원인과 결과 사이의 관계를 규명해주었고, 새로 생겨나는 도시들 사이를 연결해주었으며, 갈 곳 없는 노동자 계급을 시들어가는 귀족들이나 무관심한 방관자들이나 식민지의 약탈자들과 연결시키는 방법 등의 스토리를 통해 당대 독자들이 변화하는 문화에 적응할 수 있게 해주었다. 이렇게 꽉 짜여지고 서로 빈틈없이 얽혀 있는 내용의 당시 소설들은, 불과 오십 년만에 변해버린 문화와 독자를 다시 연결하고 융합할 수 있게 해주는 수단이었다. 소설은 이런 질문에 대한 대답이었다. "이렇게 이해하기 힘든 새로운 사회의 실상을 모두 이해시켜주는 것은 무엇일까?" 이에 대한 대답은 이야기 형식으로 나타났다. 반면에 기생형태는 다음과 같은 질문에 대한 반응이다. "이 정보가 의미하는 것이 도대체 무엇인가? 어떤 정보가 믿을 만한 것인가? 이 정보와 나의 세계관과는 무슨 연관이 있는가?" 이에 대한 반응은 은유, 설명, 번역, 풍자 같은 것들의 복합된 형식으로 나타났다. 이런 형태는 너무나 새롭기 때문에 한마디로 설명할 수 없는 것이다.

여기서 우리는 이런 프로그램들을 평가하는 미적 취향, 특징, 기준 같

은 문제에 직면하게 된다. 산업혁명기의 소설과 정보화 시대의 메타형태는 그 역할이 비슷하지만, 『위대한 유산(1860~1861)』과 〈미스터리 과학극장〉, 『제르미날(1885)』과 〈토크 수프〉 사이에는 확실한 질적인 차이가 있다. 하지만 이런 두 가지의 형태들은 모두 시대적인 혼란기에 등장했고, 또 이런 혼란에 대한 상징적인 개선책이나 해결책, 즉 혼란에 대한 일종의 멀미약 역할을 하는 점에서는 같다. 여기까지는 고차원적인 것과 저차원적인 것 사이에 별 차이가 없지만, 서로가 제시하는 해결책을 통한 결과물은 다른 형태로 나타난다. 『미들마치』의 사회적 복잡성과 〈미스터리 과학극장〉 같은 싸구려를 구분하지 못하는 문화비평은 유럽 백인 남성의 작품만을 가치 있게 평가하는 비평만큼이나 태만하고 근시안적이다. 물론 〈비비스와 버트헤드〉 같은 싸구려 TV 프로그램을 위대한 고전과 동일한 등급으로 다루지 않고도 서로 간의 유사점을 논할 수는 있다. 또한 열성적인 팝송 팬들이 주장하듯이 셰익스피어가 그 시대의 MTV였다고 하는 것이 틀렸다고는 할 수 없다. 하지만 그렇다고 해서 그 반대가 성립하는 것은 아니다.[†] 정말로 MTV가 우리 시대의 셰익스피어라고 생각하는 사람이 있다면, 그 사람은 케이블 TV 선을 몇 달 동안 끊고 사실을 제대로 파악할 수 있는 시간을 가져야 할 것이다.

　　팝 예언자들의 설교에도 불구하고 기생형태가 대부분 평범하다고 해서 서구문화가 퇴보하거나 아메리카 정신이 막을 내리고 있는 것은 아니다. 기생형태의 쇼들이 대부분 어리석고 일차원적이며 무대를 향해 야유를 하는 술주정꾼과 별 차이가 없다고 해도, 단지 그런 이유로 대중 엔터테인먼트를 조롱할 수는 없다. 설사 일반적인 문화의 척도로 볼 때 메타형태들이 우리의 기대에 못 미치게 되더라도(성급한 이야기긴 해도 현재까지의 결과를 보면 그렇게 될 가능성이 많아 보이지만)

오히려 이런 것이 미디어 형식 발전 과정의 정상적인 양식일 수도 있다. 메타형태는 그 매개체로서의 능력을 초과하는 상징적 임무를 띠고 있기 때문에 실망스럽게 보일 수도 있다. 이들 새로운 기생형태는 그냥 기생형태로만 남아 있다. 왜냐하면 한마디로 이들은 시대에 비해 너무나 '진보적'이기 때문이다. 이런 기생형태들은 마치 코르셋과 레이스로 꽉 쥔 입체파 그림 속 인물의 몸처럼 과거라는 갑갑한 옷을 입고, 텔레비전 화면을 통해서 미래를 암시하고 들여다볼 수 있게 해준다. 그들이야말로 앞으로 등장할 기술의 환상 같은 것이다.

이런 얘기도 사실은 이미 다 알려진 것이다. 어떤 견해나 장르가 새로운 것으로 바뀌는 중요한 전환기에 기존의 형식은 새로 등장하는 형태의 리듬이나 매너리즘에 접근해보려고 필사적으로 노력하게 된다. 이것은 마치 해바라기가 햇빛을 향해 기우는 것처럼 근본적으로 어쩔 수 없는 현상이다. 기존의 미디어는 마치 누에고치처럼 새로운 이미지로 재탄생하려고 노력하지만, 기존의 전통이 그와 같은 극적인 변화를 허락하지 않는다. 밀튼의 종교적 작품인 『실낙원(1667)』에 나오는 기세 좋고 사람 잘 홀리는 사탄 애기를 해보자. 왕정복고 시대의 영국의 종교적 혼란을 암시하는 내용으로 가득한 이 작품은 그 형식에서 낭시의 기독교 서사시 형태를 그대로 따르고 있지만, 사탄이라는 등상인물은 미래, 즉 오늘날의 성격을 띠고 있다. 2세기 후에 시인 셸리는 밀튼의 사탄이야말로 그 동안 우리들의 인기를 끌어온 많은 악당들 중에서도 그야말로 최초의 "대반항아"라고 묘사했다. 엄격한 도덕이 지배하는 작품에서는 그러한 악당이 등장할 여지가 없기 때문에 밀튼의 작품 속에 등장하는 사탄은 너무나도 동떨어지게 느껴진 것이다. 그러나 이런 악당 캐릭터는 전혀 다른 장르, 즉 도덕적으로 모호한 주인공, 협잡꾼, 사기꾼, 버르장머리 없는 젊은이 등이 등장하는 19세기의 소설에서 새로운 보금자리를 찾게 되었다. 밀튼의 루시퍼는 스탕달의 줄리앙 소렐*이나 플로베르의 프레드릭 모로* 같이 사악하고 타락했으며, 동시에 열정적이고 섹시하기까지 한, 잊혀졌던 악당 캐릭터의 원조다. 햄릿이 오늘날 자기반성의 상실에 죄의식을 갖는 캐릭터의 원조격이라면, 밀튼의 사탄은 금지된 것에 대한 유혹이라는 또 다른 현대 악의 원조인 셈이다. 밀튼의 사탄은 문학에서 그와 같은 악당 캐릭터를 바르게 평가할 수 있는 새로운 형식이 나타나게 되는 시대를 훨씬 앞서서 탄생한 것이었다.

여기서 우리는 전환기의 어떤 메시지는 자신을 전달해주는 미디어보다 더 빠르게 진화한다는 원칙이 작용하고 있음을 알 수 있다. 이런 과정을 통해 그 당시에는 아직 발아 상태에 있는 새로운 미디어를 예견하게 된다. 라디오의 발전사를 보면 이와 똑같은 양식을 발견할 수 있다. 텔레비전이 RCA사에서의 연구 개발 단계를 거쳐 시판되기 시작하던 1930년대와 40년대에 라디오 프로는 라디오라는 미디어에 전혀 어울리지 않는 형식을 집중적으로 실험했었다. 바로 〈라디오 극장〉이라는, 연극의 대사만 전달하는 형식으로, 배우·세트·의상·연기 없이 단지 목소리, 배경음악, 간간이 나오는 음향효과 그리고 광고 같은 것이 전부였다. 당대의 할리우드 영화감독 웰스, 카프라, 휴스턴 등이 새로운 영상을 창조해냈음을 감안할 때 이런 라디오 프로를 듣는 사람이 실제로 있었다는 사실 자체가 놀랍다. 또한 이 시기를 라디오의 '황금시대'라고까지 불렀던 사실은 더욱 놀랍다. 〈그림자〉나 〈잭 베니 쇼〉같은 라디오 프로의 고전들은, 지금 생각해보면 잘 만들어진 라디오 쇼라기보다는 TV의 대사를 라디오라는 제한된 공간에 구겨 넣은 졸작 TV 프로였던 것 같다. 이런 쇼들은 앞서 말했던 것처럼 자신들에게 어울리는 새로운 미디어의 등장보다 앞선 것이었다. 시드 시저의 오랜 팬

* 스탕달의 소설 『적과 흑』의 주인공

* 플로베르의 소설 『감정교육』의 등장인물

이라면 이런 평가에 반대할 수도 있겠지만, 이후 라디오가 어떻게 발전해왔는가를 살펴보면 이런 평가가 틀리지 않음을 알 수 있다. 라디오의 스토리 위주 프로그램들은 이후 10년이 넘도록, 몇몇 이례적인 프로는 그 이후까지도 계속되었다.[†] 하지만 대부분의 라디오 프로들은 라디오라는 매체에 어울리는 음악, 뉴스, 대담 프로그램 등으로 변했고, 라디오 드라마의 영역은 오디오 북으로 넘어가게 되었다.

우리는 현재 또 하나의 전환기에 와 있다. 토크 쇼를 대상으로 삼는 토크 쇼, 정보 안내, 비디오 활동가, 만화를 통한 비평, 미디어 비평 같은 기생형태들은 새로운 매체의 등장에 대비하는 것이며 텔레비전을 이용한 선구적 프로그램이다. 이런 것들은 앞서 라디오의 경우에서 말했던 것처럼 TV의 기술적 한계 때문에 제대로 실현될 수 없는 것들을 TV 안에서 이뤄보려고 무진 애를 쓰고 있다. 기생형태는 결국 메타정보(더 질이 높고 유연한)를 대상으로 한다. 텔레비전은 역사상 처음으로 텔레비전 프로그램 자체를 들여다볼 수 있게 해주는 다른 형태의 렌즈를 시청자에게 제공하기 시작했고, 이런 렌즈는 또 다른 텔레비전 쇼의 형태를 취하게 되었다. 이제는 새로운 매개체를 통해 데이터를 소화해낸다. 뮤직 비디오를 그냥 MTV에서 볼 수도 있지만, 비비스와 버트헤드의 말더듬이 같은 코멘트기 배경에 깔리는 일종의 필터를 통해서 볼 수 있는 것도 그 한 예다. 아니면 똑같은 뮤직 비디오를 MTV의 〈Yak Live〉에서처럼, 화면 하단에 실시간으로 아메리카 온라인 AOL 대화방에서 직접 전달되는 일종의 해설과 잡다한 화장실 낙서 같은 것을 보면서 즐길 수도 있다. 이런 〈비비스와 버트헤드〉나 〈Yak〉 같은 프로그램이야말로 메타형태이자 필터다. 시청자들은 같은 뮤직 비디오를 보지만, 이런 필터를 통해 보는 느낌은 (꼭 좋아진다고 할 수는 없지만) 전과 달라질 수밖에 없다.

[†] 나는 마샬의 〈미스터리 극장〉을 1970년대까지 들었던 것으로 기억한다.

47

이런 필터들이 특별히 복잡한 것은 아니다. 이런 새로운 렌즈 또는 거울 속의 거울이 갑자기 등장했다고 하지만 그것들도 한계가 있다는 점을 잊어서는 안 된다. 이런 한계는 텔레비전 자체의 기술적 한계에서 비롯되는 것이다. TV 스크린을 통해 전달되는 정보는 일방통행적이고 유연성이 없다. 시청자는 방송국이 보내주는 것을 볼 수 밖에 없다. 우리가 할 수 있는 유일한 피드백은 리모컨을 사용하는 것뿐이다.[†] 메타형태의 미디어가 용케도 TV 스크린에 등장하기는 하지만, 이런 것은 마치 발전소의 온도를 조절하기 위해 토스터 오븐을 달아놓은 격으로 어울리지 않는 임시변통일 뿐이다. 텔레비전이라는 매체를 이용한 필터를 만들어낼 수는 있지만, 이것은 텔레비전 자체의 한계 때문에 불완전할 뿐이다. 오늘날 텔레비전에서 수많은 기생형태의 프로그램들을 볼 때마다 존슨 박사가 뒷발로 서서 걷는 개를 묘사했던 것이 생각난다. 다시 말하면 잘 하지는 못하지만 어쨌든 해낸 것 자체가 놀라울 따름이다.

앞으로 이삼십 년 후에는 현재 텔레비전의 기생형태 프로그램들을—미래의 프로그램들과 약간의 문화적 DNA를 공유하는 먼 조상이지만 성공하지는 못했던—일종의 진화 도중에 생긴 변종으로 볼 것이다. 우리가 조절할 수 있는 것이라고는 텔레비전의 색깔 정도밖에 없는 아날로그 세계에서 메타형태는 성공할 수 없다. 하지만 디지털 세계라면 얘기가 달라진다. PC, 현금 인출기, 비디오 디스크, 월드와이드웹, 휴대전화 같은 것들로 가득 찬 미개척지 디지털 세계야말로 정보 필터가 활개칠 수 있는 장이다. 아날로그 TV 시대에서 기생형태는 부가적인 혜택이고 사치스런 장식품에 불과했다. 디지털 시대에서는 기생형태야말로 시대의 주역이다. 앞으로 그 이유를 설명하겠지만, 필터가 '없는' 디지털 정보는 존재할 수 없다. 더 많은 문화가 디지털 언어인

0과 1로 번역됨에 따라 필터의 중요성은 더욱 커질 것이다. 이런 필터의 문화적인 역할은 지속적으로 다양해져서 오락, 정치, 언론, 교육 등 거의 모든 분야를 포괄하게 될 것이다. 우리는 이 모든 역할들을 메시지와 전달매체, 정보 생산자와 소비자 사이에 존재하는 새로운 문화형태나 메타형태로 폭넓게 보아야 한다. 인터페이스는 생소한 환경에서 우리의 길잡이가 되는 지도를 만드는 것이다. 엥겔바트 같이 앞을 내다보는 사람들은 정보의 홍수가 파괴적임과 '동시에' 우리를 자유롭게 해줄 것이라는 사실을 수십 년 전에 간파했다. 즉, 넘쳐나는 정보 속을 안내해주는 메타형태가 없으면 길을 잃을 위험에 직면하게 된다는 뜻이다. 과거 몇 년 동안 텔레비전이 비록 서툰 2차원 형태지만 〈미스터리 과학극장〉이나 〈토크 수프〉 같은 프로그램을 통해 정보 시대의 길잡이 역할을 한 것을 보면, 선지자들의 아이디어가 얼마나 설득력 있고 찬란한 것인지를 알 수 있다.

이제부터는 '디지털' 세계에서 메타형태의 운명에 대해 살펴보자. 디지털 세계야말로 메타형태가 뿌리 내릴 수 있는 최적의 환경이기 때문이다. 기생형태가 20세기 말 텔레비전이라는 아날로그 세계에서 부분적인 성공을 거뒀다는 것은 매우 중요한 사실이다. 앞으로도 이에 대해서는 다시 언급할 것이다. 중요한 문화형태가 새롭게 등장할 때는 누구도 그 중요성을 제대로 인식하지 못한다. 항상 태동기라는 기간이 있기 마련이어서 이 기간 중에는 장르, 전통, 미디어 형식 사이의 구분이 명확하지 않다. 따라서 이런 전환기는 혼란스러운 것으로 받아들여지기 마련이고, 그런 혼란은 새로운 형식들 사이의 관계를 규명하고 분류하려는 시도에서 생겨나기도 한다.

이제까지의 이 책의 내용이 이런 혼란을 야기했을지도 모르겠다. 〈토크 수프〉와 은행의 현금 인출기 사이에는 겉으로 보기에 공통점이 없는 것처럼 보인다. 하지만 왜 TV의 버트헤드는 월드와이드웹과 어울리는가? 이는 문화의 형태를 그것을 전달하는 미디어와 동일시하려는 경향이 있기 때문이다. 상이한 미디어와 연관지어 생각하는 탓에 공통점이 없는 것처럼 보이는 것이다. 마치 실제로는 아주 친한 사람들인데도 겉보기에 너무 달라서 수십 년 동안이나 그들 간의 관계를 알아차리지 못하는 것과 같은 현상이다. 타임머신을 타고 1924년경의 모스크바로 가서 에이젠슈타인에게, 당신이 창안한 영화 편집 기법이 현란하고 눈을 어지럽게 하는 MTV 뮤직 비디오의 편집 기법으로 미국 음악산업에 도입되어 지대한 영향을 끼쳤다고 알려준다고 생각해보라. 문화 혁신의 역사에서는 이렇게 서로 어울리지 않아 보이는 것 사이에 연관성이 종종 발생한다. 조이스가 『율리시즈』에서 창안한 '의식의 흐름'[12] 기법은 셰익스피어 연극의 대사, 조이스 자신과 프로이트의 심리적 자기반성 그리고 충동적인 것을 중시하는 새로운 광고 기법에서 발전한 것이었다.[†] 의식의 흐름이라는 기법이 소설이라는 매개체를 '필요로' 한다는 주장은 학문적으로는 맞는 얘기지만 실제의 역사를 보면 사실이 아니다.

우리는 우리 문화가 순수한 혈통을 갖고 있다고 믿고 싶겠지만, 사실 우리 문화는 대부분 잡종이고, 이런 사실은 오히려 축하해야 할 일이다. 이처럼 우리 문화가 다른 문화와 작용하여 잡종을 만들어내는 점이 문화의 진화에 있어서는 커다란 이점의 하나라고 할 수 있다. 이에 대해서 스티븐 제이 굴드는 『풀 하우스(1996)』에서 이렇게 말한다. "생

† 조이스는 현대판 오디세이의 주인공으로 당시 새로이 등장한 직업이었던 광고 에이전트, 레오폴드 블룸을 등장시켰다.

물학적 종은 다른 종과 합쳐지거나 결합하지 않는다. 생물학적 종들은 서로 다양한 상호작용을 하지만, 서로 결합하여 생식능력이 있는 새로운 개체가 될 수는 없다. 반면에 문화적 변화는 다른 전통과의 합병과 결합을 통해 강력한 상승작용을 일으키게 된다."[13] 문화의 영역에서는 잡종이 순종보다 더 강력하고 혁신적이고 건전하며, 이런 의미에서 아날로그 텔레비전의 기생형태 프로그램들도 충분한 가치가 있다. 『미들마치(1871~1872)』의 도로시아 부룩처럼, 이런 형태는 "불완전한 상황에서도 무진 애를 쓰고 있는, 새롭고도 고상한 충동의 결과물"이다. 다시 말하면 아날로그 미디어 안에 갇혀버린 디지털 형태라고 할 수 있는 것이다. 이같은 사실을 통해 기술이나 경제의 측면은 물론, 문화와 상상의 측면에서 아날로그에서 디지털로의 이행이 얼마나 중요한가를 또 한 번 확인하게 된다. 디지털 혁명은 관련 분야의 전문가들이 그 동안 예견해왔던 대로 주식시장과 도서 검색, 신용 평가 등의 작업을 변화시킬 것이다. 또한 디지털 혁명은 산업혁명이 19세기 서구인들의 생활을 변화시켰듯이 우리 삶을 변화시킬 것임에 틀림없다. 이 책에서는 이런 새로운 삶을 대략적으로 상상해보고자 할 것이다.1960년대 초에 맥루한은 전기 기술과 기계 기술이 혼재하는 세상은 "20세기의 독특한 드라마와 같은 것"이라는 유명한 말을 남겼다. 앞으로 향후 수십 년간 우리는 아날로그와 디지털이 교차하는 굉장한 드라마를 경험할 것이다. 그리스 고전 비극에 나오는 코러스처럼 정보 필터는 우리가 이런 전환기를 쉽게 이해할 수 있도록 0과 1로 이루어진 디지털 언어를 아날로그 이미지로 번역해줄 것이다. 이와 같은 메타형태와 비트매핑은 사무, 연극, 로맨스, 가족, 예술, 팝 문화, 정치 등 현대 생활의 거의 모든 면에 걸쳐서 영향을 미칠 것이다. 겉으로 드러나는 모습은 여러 가지겠지만, 메시지와 미디어의 중간에 존재한다는 그 형태 자체는 변하지 않을 것이다. 이 영역이야말로 우리가 인터페이스라고 부르는 것이다.

2. 고딕 성당 vs. 데스크탑의 공간적 메타포

르 코르뷔지에는 집을 "그 안에서 생활하기 위한 기계"라 표현했다. 어쩌면 그는 잘못 이해했을지도 모른다. 우리가 사용하는 기계들은 이제 0과 1의 비트로 되살아난 1950년대 시트콤의 현모양처 가정주부처럼 우리를 어지르도록 안내하거나 우리에게 일상적인 잡일을 일깨우며 활발하게 살아 있는 듯한 캐릭터가 거주하는 집으로 변화되기 직전에 있는 것 같다.

영국의 시인 코울리지는 "고딕 건축의 원리는 상상할 수 있는 무한함"
이라고 말했다. 이 말은 현대 인터페이스에도 적용할 수 있다. 샤르트
르 성당이 돌로 이루어진 신의 왕국인 것처럼, 모니터의 정보 공간은
마이크로칩 내를 선회하는 0과 1의 보이지 않는 움직임을 구체화하고
상상할 수 있도록 만드는 곳이다. 물론 엥겔바트나 이반 서덜랜드 같은
초기 비트맵주의자들은 그 사실을 보다 쉽게 보여주었다. 그들은 플로
피 디스켓의 정보 가치보다도 비트와 바이트의 적절한 분류를 나타내
려고 했었다. 오늘날의 인터페이스 디자이너들은 월드와이드웹의 무한
한 정보는 말할 것도 없고, 대부분의 하드 드라이브에 저장되어 있는
기가바이트의 데이터라는 엄청난 문제와 직면해 있다.

구텐베르그 이전 시대의 성당들은 대중적 삶을 나타내는 거대한
도구였다. 성당들은 단순한 건물이 아니라, 세상을 보는 방법, 성스러
운 질서, 바른 관계에 대한 인식을 의미했다. 성당은 대다수의 대중들
이 읽고 쓴다는 것을 상상할 수 없었던 시절에, 스테인드글라스와 조각
상으로 조합된 대중 문자의 기능을 수행했다. 이런 기호 시스템은 완전
히 다른 규모들로 작용했다. 믿을 수 없을 정도로 섬세하게 조각된 돌
에서 예수의 이야기도 읽을 수 있었지만, 멀리서 전체를 넓게 보면 성
당을 둘러싼 도시와 성당의 관계를 읽을 수도 있다. 도시와 성당의 이
야기는 그 어떤 것보다도 기념비적이고 불가항력적인 것이었으며, 삼

부작 소설 안의 부수적인 줄거리들처럼 다른 많은 이야기들이 성당 안에 감추어져 있었다. 성당의 웅대한 첨탑 주위에는 판자와 짚으로 엮은 지붕과 빈민주택으로 가득한 마을이 몰려 있었다. 다른 어떤 건물보다 수백 배는 크고 정교한 성당이 마을의 한가운데에 위치하고 있었는데, 물리적으로는 물론 정신적으로도 중앙의 자리를 차지하고 있었다. 마을의 모든 길은 우뚝 선 믿음과 순종의 상징을 향해 있었으며, 언뜻 보기만 해도 이 세계가 종교에 기초한 것이란 사실을 알 수 있게 했다. 모든 서구 중세 도시들에 예외 없이 적용된, 성당을 둘러싸고 있는 모양의 유기적 공간 구성은 특별한 정신세계를 의미하고 있을 뿐 아니라 그 정신세계를 형성하는 기초가 되기도 했다.

공간의 유기적 구성을 통해 어떤 세계를 상상하는 과정은 고딕 성당의 성스러운 주제에만 제한되는 것은 아니다. 물물교환과 대중 토론이 활발하던 고대 그리스의 광장이 구현했던 도시국가의 활력과 근접 교류의 방식을 생각해보거나, 아니면 운전과 쇼핑이라는 두 목적을 위해 특별히 디자인된 생활 공간인 고속도로와 쇼핑 몰로 이어진 오늘날의 위성도시들이 갖는 소비사회의 가치를 생각해보자. 이들 쇼핑 몰 가운데 하나를 주의 깊게 살펴보면 건축물들이 얼마나 사회적 개념과 밀접하게 연관되어 있는가를 볼 수 있을 것이다. 사람들에게 혼란을 주기 위해 교묘하게 디자인된 듯한 황량하고 미완성이며 거친 외부 인테리어, 분명하게 표시되지 않은 출구 등의 공간들 때문에 쇼핑 몰들은 모든 일반적 규칙을 깨는 것처럼 보인다. 사실 이런 것들은 혼란을 주기 위한 디자인이다. 이는 19세기 말 최초의 백화점 시대에 터득된 장식과 충동구매의 기술에 의해, 사람들이 방향감각을 상실해야 많은 돈을 벌 수 있다는 사실에 근거한다. 경제적으로 성공한 쇼핑 환경은 사람을 혼란스럽게 하고 참을성을 잃게 만들며 계속 걷게 한다. 이는 많이 걸을

† 이같은 원리는 여러 층으로 지어진 상점들에 에스컬레이터가 비합리적으로 놓이는 데에도 적용되는데, '샤퍼 이미지'나 '바나나 리퍼블릭' 매장처럼 마지막에 쓸데없이 매장을 한 바퀴 더 돌게 만드는 것이다.

수록 갑자기 사고 싶은 물건들을 많이 볼 수 있기 때문이다.† 물건을 가득 늘어놓고, 온갖 감각을 다 이용한 디스플레이와 비잔틴식의 건물 구조를 가진 현대 쇼핑 몰은 오늘날의 MTV 스타일 광고를 공간적으로 연출한 것이다. 지금 같은 초스피드 시대에는 사람을 방황하게 만드는 무엇인가가 물건을 사게 한다.

이론적으로 앞서 말한 것들은 건축과 도시계획의 예라고 할 수 있지만, 실제로 각각에 대한 디자인 결정은 보다 넓은 의미의 문제들로 귀결된다. 즉 그것들을 형성하는 넓은 의미의 사회에 대한 일련의 가치와 전제를 반영하고 확대한다는 것이다. 모든 건축물들은 세계관을 내포하고 있다. 이는 모든 건축이 보다 심오한 의미에서 정치적이라는 것이다. "언어를 상상하는 것은 삶을 상상하는 것이다."라는 비트겐슈타인의 유명한 문구가 있다. 이 말은 건물, 공원, 도시 등과 같이 인간의 사고에 의해 형성되어 돌로 형상화된 모든 것에 해당된다. 우리의 공간을 구성하기 위해 선택하는 방법은 곧, 다른 어떤 문화적 관례 요소들보다도 우리가 살고 있는 사회에 대해 많은 것들을 말해준다.

그렇기 때문에 이것은 엥겔비트와 서덜랜드의 뒤를 좇아 일하던 제1세대 인터페이스 디자이너들이 가졌던 큰 부담이었다. 비트매핑 혁명은 정보 공간이라는 개념을 소개하긴 했지만, 이것은 여전히 많은 부분이 백지 상태로 남아 채워지기를 기다리는 빈 공간이었다. 새로운 정보 설계자들은 그 공간에 무엇을 만들고자 했었는가? 이 질문에는 무한함과 한계라는 상반되는 조합이 담겨 있다. 이는 컴퓨터가 하나의 시각적 메타포에서 또 다른 것으로 형태가 수시로 변하는 적응력이 뛰어난 존재였기 때문이다. 인터페이스는 이론적으로 집, 공장, 영화, 일기장 등 어떤 것으로든 표현될 수 있었다. 그러나 부족한 저장 장치, 느린 마이크로프로세서, 낮은 해상도의 모니터 같은 1970년대의 기술적 한계는 그런 환상적 상상들이 곧 하드웨어의 부실함에 부딪히게 될 것이라는 우려를 낳게 했다. 이는 새로운 정보 공간에 원하는 무엇이든 다 만들 수 있지만, 그것은 반드시 단순하고 표현하기 쉬운 것이어야 한다는 제한이 있다는 것이다.

초기 디자이너들의 해결책은 우리가 상상하는 정도에 머물러 있었다. 컴퓨터와 그 안의 정보를 바라보는 방향을 지배하는 것 정도 말이다. 그들의 그런 결정은 데이터베이스에 대한 우리의 인식뿐 아니라 실세계 환경에 대한 인식 또한 바꿔놓았기 때문에 지난 반세기에 있어서 가장 중요한 결정이었다고 말할 수 있다. 정보 시대에서 우리가 0과 1을 이해하기 위해 사용하는 메타포들은 중세 성당만큼이나 중심적이며 의미 있다. 당시의 사회 생활은 상상할 수 있는 무한함을 간직한 첨탑과 교각을 중심으로 순환되는 것이었다. 이제 우리의 삶은 보다 평범한 주제인 컴퓨터 데스크탑을 중심으로 순환되고 있다. 그 메타포의 재능과 한계가 암시하고 있는 바를 이해하는 것이 현대 인터페이스를 이해하는 핵심이다.

연구 개발실에서 윈도우즈 95에 이르는 데스크탑 발전 과정에서 대중적 성공에 이른 이야기들은 이제는 잘 알려진 이야기다. 대부분의 실리콘 밸리 무용담처럼 이 이야기도 용기 있는 괴짜들과 몽상가들에게서 시작하여 세상을 정복한 빌 게이츠로 마무리되었다. 이에 대해서는 몇 가지 확실한 기록들이 있다. 매킨토시에 대한 엄청난 찬사가 담긴 스티븐 레비의 『광적인 위대함』과 하워드 라인골드의 초기 컴퓨터에 대한 시각적 연구 『사고를 위한 도구』를 들 수 있다. 이 책의 논의들이 비록 요약된 형태이긴 하지만, 그래도 다시 한 번 생각해볼 가치는 있다. 결론적으로 수사학의 역사는 적어도 고대 그리스만큼이나 오래된 것이지만, 그 오랜 전통 중에서도 이처럼 빠른 속도로 세계를 광대하게 바꿨던 적은 별로 없었다. 컴퓨터 인터페이스가 아직은 실제 책상에 미치지 못할지는 모르지만, 궁극적으로 그것이 어떤 형태로 진화되든지 간에 그런 초기 개념의 덕을 크게 보게 될 것이다.

데스크탑 메타포도 대부분의 기술 혁명처럼 그 자체와 전혀 상관없는 다른 문제의 해결책으로 우연히 출현했다. 메타포의 초기 형태는 완전히 구현된 인터페이스가 아닌 언어 형태로 넌지시 말하는 유추에 불과했다. 1972년, 제록스 팔로알토 연구소라는 최첨단 컴퓨터 연구소의 연구원들은 엥겔바트가 남긴 윈도우와 씨름하고 있었다. 이 연구소에 관한 이야기들은 이상하고 모순되는 것이 많다. 그 수많은 일화들은 그곳이 엄청나게 창의적이고 지적 도전으로 가득 찬 장소였다는 점과, 십 년 남짓한 기간 동안 놀랄 만한 수의 첨단기술이 개발되었다는 점을 방증한다.[†] 그러나 그 기간 동안 이 연구소는 한 가지 예외가 있긴 했었지만, 돈벌이가 될 제품을 생산하지 못했다.

제록스 팔로알토 연구소의 많은 과학자들은 스탠포드 연구소SRI에서 숙련된 사람들로, 당시 제록스에서 좀더 많은 예산을 들여 초기 모델을 연구하기 시작했다. 그때 그들은 비트매핑, 마우스, 윈도우에 대한 엥겔바트의 아이디어에서 많은 부분을 가져왔다. 특히 총명하고 카리스마 있는 젊은 청년 앨런 케이[*]는 SRI에서 윈도우를 구현하기 위해 씨름하고 있었다. 1968년에 있었던 엥겔바트의 첫 혁명적 발표 이후에 윈도우는 우리가 정보를 생각하는 방법을 완전히 새롭게 할 것이 분명

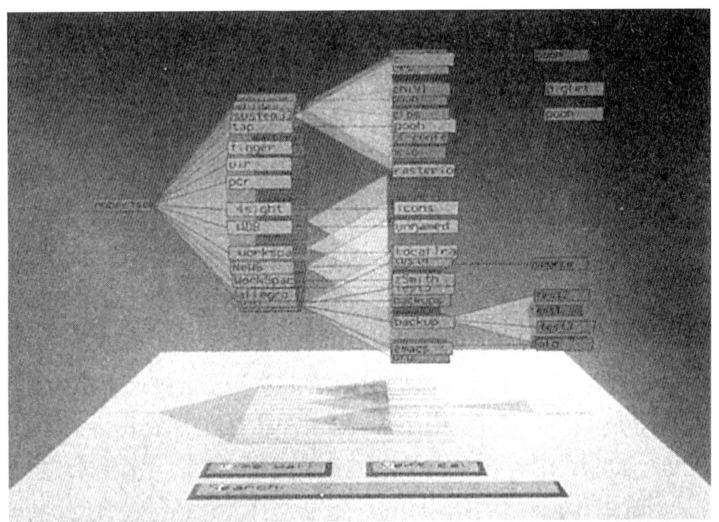

1991년 제록스 팔로알토 연구소에서 개발한 3차원 사용자 인터페이스 〈캠트리〉

하다고 여겨져왔다. 그러나 SRI의 윈도우는 둔탁하고 2차원적이어서 서로 겹쳐지지 않았다. 레비는 이렇게 쓰고 있다.

> 엥겔바트와 그 후배 연구자들이 윈도우를 탐구하는 동안, 그들은 윈도우의 분할은 모니터 자체의 비례에 크게 제한받는다는 생각을 하고 있었다. 어떤 윈도우 하나를 계속해서 사용하는 것 자체도 어려웠을 뿐 아니라, 여러 윈도우들이 스크린 위의 지극히 제한된 공간을 놓고 서로 경쟁하기도 했다. 이 문제에 대한 케이의 해답은 스크린을 하나의 책상으로, 각 프로젝트나 프로젝트의 일부분을 책상 위의 종이로 간주하는 것이었다. 이것이 최초의 데스크탑 메타포였다. 실제의 종이를 갖고 일하는 것처럼, 지금 현재 작업중인 일이 일더미 제일 위에 놓이게 되는 것이다.

엥겔바트와 서덜랜드는 디지털 컴퓨터에 공간을 부여했다. 그런데 케이의 윈도우는 그것에 '깊이'를 더했다. 이는 아주 미묘한 차이지만, 매우 뜻깊은 것이었다. 스크린 위의 공간으로 들락날락거릴 수 있게 되었으며, 대상을 앞으로 당기거나 멀리 밀어내는 것도 가능하게 되었다. 비트매핑 혁명이 우리에게 정보를 이해하는 시각적 언어를 가져다 주었다면, 케이의 종이더미는 안으로 들어갈 수 있는 3차원적 스크린 공간이라는 접근방식을 제시했다. 그런 유산이 시각화되기까지 수년이 걸리기는 했지만, 컴퓨터를 하나의 가상세계 환경으로 생각하는 아이디어는 이같은 조그마한 혁신에서 시작되었다.

그렇지만 데스크탑 메타포처럼 케이의 겹치는 윈도우는 그리 그럴싸해 보이지는 않았다. 현대적 기준에서 평가해보면 이 윈도우는 전혀 시각적 메타포가 아니었다. 케이의 초기 데스크탑은 현대 그래픽 인터페이스의 폴더나 휴지통보다는 엥겔바트의 마우스에 더 가까웠다. 가상의 책상 앞에 앉아 있는 것처럼 느껴지지도 않았다. 그 메타포는 단지 '왜 어떤 윈도우들이 다른 윈도우에 의해서 닫히는 것처럼 보이는가'를 설명하는 하나의 방법일 뿐이었으며, 엥겔바트의 마우스가 살아 있는 쥐를 재생산하기 위해 디자인된 것이 아닌 것처럼 그것은 실세계의 책상을 재생하려는 시도가 아니었다.

케이의 데스크탑의 영향력은 오래 지속되었다. 제록스 팔로알토 연구소 팀이 십여 년 후 휴먼 인터페이스의 표준을 정리하면서 케이의 초기 메타포는 점점 구체화되었다. 만약 컴퓨터가 상상 가능한 어떠한 형태라도 표현할 수 있다면, 그것이 대체하고자 하는 과거의 아날로그 세상을 닮지 못할 이유도 없다는 것이다. 그것은 일종의 공상적인 모순이었다. 만약 사람들이 원자로 이루어진 실제 파일 캐비닛, 휴지통, 서류뭉치를 포기하게 될 것이라면, 그것들을 디지털 세계에 재배치하지 못할 이유가 어디 있는가? 해결 방법의 일부는 아주 기능적인 것이어서 사용자가 이미 갖고 있는 능력과 습성을 기초로 사용할 수 있었다. 실생활에서 파일 캐비닛을 정리하는 능력은 디지털 파일을 정리하는 데에 도움이 될 것이고, 휴지통의 기능을 알고 있다면 파일을 지우는 데에 도움이 될 것이다. 메타포는 사용자의 경험을 더 직관적인 것으로 만들고, 재미있고 생동감 있는 그래픽 메타포들은 컴퓨터 사용을 덜 두렵게 만들었다. 책상에 앉아 종이를 다룰 줄 아는 사람이라면 그 기계도 사용할 수 있다는 것이다.

그래서 〈스몰토크〉라 불리는 실험적인 운영체제의 일부로서 제록스 팔로알토 연구소 팀이 완성한 것이, 최초의 진정한 데스크탑 인터페이스라 할 수 있다. 비록 제록스가 〈스몰토크〉를 가지고 아무 것도 이루지는 못했지만 그들은 1980년대 초기에 완전히 실패한 제록스 스타라고 불렸던 값비싼 컴퓨터 시스템에 이 운영체제를 설치했다. 데스크탑 메타포는 팔로알토 연구소에 묻혀버리기에는 너무나 강력한 아이디어였다. 데스크탑을 살려낸 인물은 제록스 팔로알토 연구소의 시설을 둘러보다가 처음으로 〈스몰토크〉에 관심을 보였던 고집 센 젊은 사업가 스티브 잡스였다.

잡스는 애플 컴퓨터의 창업자의 한 명이었다. 그는 초기의 애플Ⅱ에서 보여주었던 혁신과 견줄 만한 기술적 진보를 가진 뭔가 새로운 것을 모색하고 있었다. 마침내 그는 자신이 찾던 것을 〈스몰토크〉에서 발견했다. 2년 뒤 애플은 비매용의 비싸고 비효율적인 컴퓨터 '리사(1983)'에 데스크탑 메타포를 운용해보았다. 다음 해 애플은 독창적이고 매력적인 데스크탑 메타포와 함께 '소외된 대중을 위한 컴퓨터' 매킨토시를 출시했다. 이때 메뉴, 아이콘, 폴더, 휴지통 같은 현대의 모든 인터페이스들이 대중들에게 소개되었다. 십여 년 이후에도 이것은 모든 인터페이스들을 평가하는 기준으로 남아 있으며, 이후 모든 진보된 인터페이스는 원래의 것에 대한 다양한 변형에 불과하다고 감히 말할 수 있다.

다른 무엇보다도 초기의 맥 데스크탑을 혁신적으로 만든 것은 '캐릭터'였다. 그것은 개성과 재미가 있고 형태와 기능의 훌륭한 혼합을 보여주었다. 물론 여기에는 예술을 위한 예술 같은 '불필요한' 형태의 예도 있었다. 윈도우는 열려 나오고 메뉴들은 깜박였다. 사용자는 자신의 데스크탑 패턴을 원하는 것으로 바꿀 수도 있었고, 자신만의 아이콘을 만들 수도 있었다. 매킨토시는 판매되는 다른 어떤 컴퓨터보다도 사용하기에 쉬웠으며, 또한 독특한 스타일을 가지고 있었다. 맥 지지자들에 의해 대중화된, '보고 느끼기'라는 난해한 표현은 이 아이디어가 얼마나 기발한 것이었나를 보여준다. 이전의 컴퓨터는 시각적 감각 요소가 없었기 때문에 컴퓨터의 시각적 감각을 묘사하는 이같은 단어는 없었다. 그런데 맥이 모든 것을 바꿔놓은 것이다. 불룩한 휴지통과 움직이는 윈도우와 함께 작은 흰색 스크린을 보면서 사람들은 처음으로 인터페이스 자체가 하나의 매체가 된다는 것을 알았다. 이제 인터페이스는 더 이상 사용자와 마이크로프로세서 사이의 생명력 없고 애매한 교차점이 아닌, 기술 그 자체만큼이나 중요하고 독자적인 존재, 문화 생산물이 된 것이다.

과거로 거슬러 올라가 맥이 출시되기 수년 전, 겹치는 윈도우 초기의 앨런 케이는 이 모든 것을 깨닫고 있었다.

컴퓨터는 하나의 매체다! 나는 언제나 컴퓨터를 '도구' 혹은 훨씬 약한 개념으로서 '수단'으로 생각했었다. 퍼스널 컴퓨터가 진정으로 새로운 매체라면, 아니 매체였었다면, 이것의 사용 자체가 모든 세대의 사고방식을 실질적으로 변화시킬 것이다." 이는 그가 맥루한의 『미디어의 이해』에서 터득한 것이었다. "맥루한의 주장은 인쇄술이 성서적인 중세 시대를 과학 사회로 변화시킨 주도적인 힘이었다는 것이다. (…) 인쇄 기술은 단지 책을 더 쉽게 접할 수 있게 함으로써 주도적인 힘이 된 것이 아니라, 책을 읽음으로서 배움을 얻은 사람들의 사고 패턴이 변화됨으로써 그렇게 된 것이다.[2]

만일 맥의 데스크탑 메타포가 전혀 새로운 매체를 제시했다면, 어떻게 그 매체의 관습과 절차가 세계를 바라보는 우리의 시각을 바꿀 수 있었던 것인가? 매체의 영향을 예견하는 것은 정말 어려운 일이지만 그 영향이 분명 엄청나다는 점은 확실하다.

당연히 애플은 이 혁신적 언어를 판촉하기 위해 충분한 준비를 하고 매킨토시에 대해 사상 유례 없는 미디어 선전을 단행하였다. 그 선전 자체는 여러 이유에서 획기적인 것이었다. 즉 기술적 측면에서 기본 하드웨어 자체만큼이나 인터페이스에 집중한 첫 매스미디어 프로모션이었다. 이 광고는 인터페이스가 공학에서 예술성으로 옮기기를 기대하고 있는 것처럼 반문화적인 어조를 보였다(어떤 사람들은 귀에 거슬린다고 했다). 이렇게 만들어진 전설적인 '1984 광고' 보다 더 유명한 광고는 없었다. 가장 성공적인 광고의 하나로 꼽히는 1984 광고는 IBM을 오웰의 소설에 나오는 폭군 빅 브라더로 등장시켰다. 광고에서 IBM의 따분한 명령어 운영체제는 소설 속 쥐들이 윈스턴 스미스에게 한 것과 같은 일을 PC 사용자들에게 시킨다는 것이었다. 1984년 슈퍼볼 중계 중 단 한 번 방송된 이 광고는, 성화 봉송 주자가 입자가 굵고 거친 화소로 표현된 빅브라더의 얼굴에 횃불을 던져 해방시키듯, 사용자에게 친근한 맥의 그래픽 인터페이스를 통해서 이제껏 감각이 상실되었던 대중들을 변화시키게 되었다. 심지어 그 광고는 "소외된 대중을 위한 컴퓨터"라는 민중적인 문구까지 담고 있었다.

첫 인터페이스 전쟁은 기본적으로 문화의 본질에 대한 것으로서 다른 어떤 것보다도 '생활방식의 선택' 에 관한 것이었다. PC는 애매한 코드와 무시무시한 검은 바탕의 녹색 모니터로 인해, 조직에 속한 정장차림의 인간이 사용할 것처럼 여겨졌다. 반면 맥의 재미있는 인터페이스는 활발하고 창조적인 타입의 사람들, 새로운 사상가들과 인습타파

주의자 같은 개성적인 사람들에게 호소하는 것이었다. 맥을 구입하는 것은 개인적인 정체성의 표현 같은 것이었다. 이는 마치 스티브 잡스가 티셔츠를 입고 임원회의에 참가하는 것처럼, 집단의 성격을 따르기보다는 패션을 통해 자신을 주장하는 것과 같았다. 자신이 사용하는 컴퓨터는 집단의 정치적 의견이 아닌 개성을 드러내는 것이었다. 이런 시각에서 보면 1984 광고는 '소외된 대중' 운동의 실행에 충분한, 본질적으로 미학의 대립은 얇은 정치적 논리로 포장된 것이라는 발터 벤야민의 파시즘에 대한 고전적 분석을 그대로 반영하는 것처럼 보인다.

데스크탑에 대한 가상의 전쟁은, 논쟁의 용어는 달라졌지만, 어느 부분에서는 오늘날까지도 계속되고 있다. 마이크로소프트 윈도우즈의 등장은 초기 맥-도스 논쟁의 핵심 근원인 데스크탑 메타포의 우수성을 증명해주었다. 이제 양쪽 모두 만족스럽게 마우스를 클릭하며 가상의 데스크탑을 누비고 있고, 과거의 대립은 이제 새로운 관계에 직면하게 되었다. 맥 애호가들은 그들 방식의 본질적 우수함을 계속 주장하고 있는 반면, 또 다른 새로운 반론이 한바탕의 논쟁을 만들기 시작했다. 이 새로운 반론은 애플 제품들의 존재 가치가 단지 마이크로소프트가 운영체제 시장을 완전히 장악하는 것을 막는 데 있다는 것이다. 소비자를 하나의 산업표준으로 몰아넣는 디지털 세계에서 양립이라는 힘의 구도는 필요하며, 이런 힘은 다른 분야에도 빠르게 퍼져 나갔다. 마이크로소프트의 운영체제에 대한 불법적 점유는 사무용 응용 프로그램 또는 가정용 오락 프로그램 같은 다른 소프트웨어 시장에서 엄청난 이익으로 이어졌다. 애플은 빌 게이츠와 완전한 독점 사이에 존재하는 유일한 것이었다. 맥을 응원하는 것은 더 이상 생활방식의 문제만이 아닌, 공정 경쟁과 자유시장을 지탱하는 방법이었다. 이런 관계는 개성 표현의 행위라기보다는 통합된 힘에 저항하는 투쟁으로서, 이제 문화적인 것이 아니라 정치적인 성격을 띠게 되었다.

　　정치적, 문화적 논쟁에서 이미 예견된 것이었지만 데스크탑은 곧 법적인 사태로 들어섰다. 1995년 공정거래위원회는 마이크로소프트가 새롭게 발표한 온라인 서비스 마이크로소프트 네트워크MSN의 독점금지법 위반 혐의를 조사하기 시작했다. 온라인 서비스 사업에서 마이크로소프트의 경쟁사들이 제기한 불만의 주된 문제는 윈도우즈 95의 데스크탑에 하나의 아이콘을 위치하게 하는 문제를 둘러싼 것이었다. 그 아이콘은 스크린에서 MSN 등록으로의 문과 같은 역할을 가진 것으로, 윈도우즈 95의 데스크탑 레벨을 벗어나지 않고도 사용자가 MSN에 접속할 수 있게 하는 것이었다. 당시의 산업 전문가들은 이 중요한 아이콘 때문에 MSN이 운영 일년 안에 구백만의 가입자를 끌어들일 것이라고 전망했다.[†] 이러한 형국에서 다른 온라인 서비스들은, 마이크로소프트가 자사의 운영체제의 힘을 이용해 이제 성장하기 시작한 온라인 산업 내의 경쟁을 위협하고 있다면서 마이크로소프트의 부당 행위를 고발했다.

　　이 문제에서 어느 쪽에 동의하는가를 떠나, 몇몇의 거대 기업, 온·오프라인이 수많은 전문가들 그리고 미국의 공정기래위원회가 개입된 이런 전반적 논쟁이, 순진하게 깜박이고 있는 모니터의 아주 작은 아이콘으로 집중되고 있다는 점은 지적할 필요가 있다. 아이콘! 이 모든 질풍노도의 한가운데서 과거 십 년 전 맥의 아이콘에 대한 논쟁을 기억하기는 어렵다. 당시 주요 문제는 그것들이 너무 귀엽게 만들어진 것이 아닌가, 혹은 맥을 너무 장난감처럼 보이게 하지는 않는가라는 것이었다. 데스크탑 자체에 대한 논쟁이 있었다면, 그것은 보통의 단순한 회색 바탕에 놓인 체크 무늬의 장점에 관한 것 정도였다.[†] 그런데 십여 년 후 느닷없이 아이콘을 데스크탑에 위치시킬 것인가 말 것인가의 문제가 당시 미 법무장관인 자넷 리노와 뉴욕 타임스 사설이 거론할 만한 가치가 있는 중요한 국가적 문제가 됐다. 미국에서 가장 강력한 최고의 법 집행기관이 순전히 컴퓨터 인터페이스 디자인에 의해 유발된 문제를 심각하게 조사했던 것이다. 만일 데스크탑 메타포의 힘과 영역에 대한 논쟁이 있었다면, 위와 같은 조사에서 찾을 수 있었을 것이다. 말썽 많은 작은 아이콘을 파일 디렉토리 내의 세 단계 깊은 곳에 위치시키면 소환장은 바로 취소되겠지만, 데스크탑 위에 분명히 놓이면 국가기관의 수색은 시작되는 것이다.

지금부터 십여 년 정도의 과거로 되돌아가면 초기 데스크탑 메타포 시절에 대해 떠오르는 것은 얼마나 많은 사람들이 그 아이디어에 반발했는가 그리고 얼마나 많은 사람들이 그것을 전혀 이해하지 못했는가 하는 점이다. 그래픽 인터페이스의 생명력은 이제 질문의 여지가 없는 것으로 이에 대한 논쟁이 있기나 했었는지도 기억하기 어렵다. 그러나 당시의 다른 소프트웨어 패키지에 나타났던 가짜 그래픽 인터페이스는 물론이고 맥과 리사에 대한 초기 평가들을 잘 살펴본다면, 평론가들이 새로운 패러다임을 둘러싼 생각을 정리하는 것이 얼마나 어려운 시대였던가에 놀라지 않을 수 없을 것이다.

그래픽 인터페이스에 관한 몇 가지 평가들은 1980년대 미국 전역에 걸쳐 '실제 사람들은 윈도우를 사용하지 않는다'라는 말도 안 되는 정서에 기초한 것이었다. 한 가지 예로 『크리에이티브 컴퓨팅』의 글을 들어보기로 하자. "아이콘과 마우스가 문맹자를 읽고 쓸 줄 알게 만들지는 못할 것이다. 그림을 향해 지시하는 것은 그리 오랫동안 지속되지 않는다. 머지않아 반드시 지시하고 선택하기를 멈추고, 생각하고 타이핑을 시작할 것이다."[3] 이러한 반대 의견은 이제 우리가 공간적 메타포에 의해 사고를 '증대'시킬 수 있다는 것에 익숙해진 우리에게는 상당히 부적절하게 보인다. 하지만 초기 평론가들에게 시각적 언어는 어린 아이의 장난이나 만화처럼 보였던 것이다. 또한 다른 평가들도 전반적인 핵심을 놓치고 있었다. 맥의 주요 혁신을 인터페이스 자체가 아닌 〈맥페인트〉의 스프레이 캔에 있다는 정도로 치부하여 맥을 단지 예술가와 디자이너들만이 사용하는 도구로 격하시키기도 한 것이다. 1984년 2월 13일자 『포브스』의 논설란을 살펴보자.

> 매킨토시의 가장 좋은 특징은 컴퓨터 초보자들을 위한 것이라는 점인데, 놀랄 만큼 복잡한 그래픽 디자인을 만드는 프로그램인 맥페인트와 마치 타자기처럼 보이게 스크린을 설정하여 화면이 정교하게 세로로 움직이는 워드프로세스 프로그램 맥라이터가 그것들이다. 이 둘은 모두 기계의 마우스에 의해서 조정되는데, 마우스는 사용자가 키보드를 치지 않고도 커서를 움직이게 한다. 이러한 단순함은 대형 회사를 위한 것은 아니다. 보통의 사무실 매니저들은 맥페인트의 그래픽 능력을 필요로 하지 않는다. 대부분의 매니저들은 리포트의 모양을 디자인하는 걱정이 아닌, 리포트를 쓰는 일 자체만으로도 충분히 힘든 시간을 보내고 있다.[4]

저자가 초기 프로그램의 우수함("이러한 단순함")을 너무나 쉽게 간과한 점도 놀랍지만, 더 눈에 띄는 점은 어떻게 그래픽 인터페이스 자체가 그의 관심에서 완전히 벗어났는가 하는 사실이다. 그는 지나가는 말로도 시각적으로 구성된 정보의 잠재된 장점에 대해서라든지 기

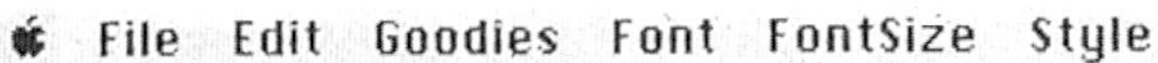

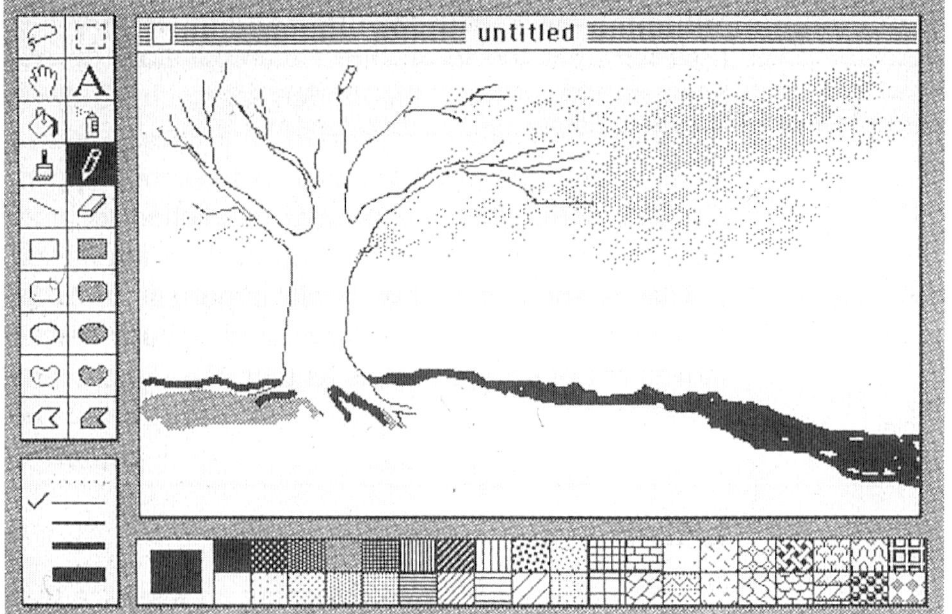

1984년 애플이 발표한 컴퓨터 그래픽 프로그램 〈맥페인트〉. 대다수 현대 그래픽 프로그램의 원형

계를 판매할 때 데스크탑 메타포가 중요한 사항이라는 것을 전혀 언급하지 않았다. 중간 관리자들이 '아이콘'으로 무엇을 할 것인가? 여기에는 언어에 대한 당혹스러울 정도의 고지식함이 드러난다. 저자는 그래픽 인터페이스를 보고 그것이 오직 그래픽 아티스트를 위한 것이라고 간주해버린 것이다. 그래픽 인터페이스가 보장하는 보다 광범위한 개념의 사용자 권리는 그의 머리 속에 떠오르지조차 않았던 것이다.

다른 초기의 논평들은 데스크탑 선구자들의 많은 주장을 인정했지만, 여전히 노골적으로 회의적인 의견을 표출했다. 이 주장 가운데 가장 놀라운 것은, 오늘날 우리가 데스크탑 메타포의 가장 기본이라고 생각하는 요소들을 쉽게 따로 분리하여 다루었다는 점이다. 1984년 말, 『퍼스널 컴퓨팅』은 매우 진지한 논평을 통해 다음과 같이 물었다.

윈도우는 충분한가, 많은 새로운 시스템들이 관심을 두지 않고 있는 아이콘과 마우스 컨트롤이 진정으로 데스크탑 환경에 필요한 요소인가?[5]

이 질문은 지금에 와서 우리에게＆ "타자기의 자판은 충분한가? 과연 잉크 리본이 꼭 필요한 것인가?"라고 묻는 것처럼 비합리적으로 늘린다. 계속해서 이 글은 아이콘과 마우스의 단순화된 형태를 한탄하는 전문가의 말을 인용하고 있기도 하다.

마우스와 아이콘을 결합하면 새로운 언어가 만들어지는데, 이 언어에는 동사가 존재하지 않는다. (…) 파일을 열고자 하면 마우스에 손을 얹고 그것을 움직여 화살표를 파일 있는 곳으로 옮긴다. 그것을 클릭하면 바로 그것이 실행된다. 이렇게 모든 동사들이 손의 움직임으로 대체됐다. 이것은 대략적인 위치 선정 혹은 지극히 단순한 일들에는 매우 적합하지만, 사용자가 더 복잡한 상황에 직면하게 되면 메뉴에 기초한 인터페이스로 되돌아가게 된다.

이 비평에는 날카로운 지적이 어느 정도 존재하긴 하지만, 마치 아이콘과 메뉴가 자연스럽게 어울리기보다는 어떤 경쟁적 관계를 유지한다는 듯한 이상한 대결 구도를 내포하고 있다.

아마도 1980년대 후반 까다로운 도스Disk Operating System와 씨름하던 나쁜 기억 때문에 그래픽 인터페이스의 오랜 지지자들은 그래픽 인터페이스를 무조건 옹호할지도 모른다. 의도적인 근시안적 시각과 부당한 편견은 새로운 기술을 비참하게 평가하고 만다. 이런 상황은 후에 위대한 예술의 표본이 되었던 개척자적 예술작품들이 초기에는 비웃음을 샀던 경우를 연상시킨다.[†] 이 두 작품이 받았던 초기의 평가를 보면 적절한 틀 안에서 근본적으로 그 작품 자체를 보는 능력이 없었다는 점을 알 수 있다. 이런 평가 기준의 무능력함은 소설 또는 인터페이스에 대해 말하는 것에도 모두 해당된다. 조이스에 대해 비평가들은 그를 소설가가 아니라 포르노그래피 작가라고 보았다. 〈봄의 제전〉이 초연되었을 때 폭동을 일으켰던 관객들은 자신들이 음악을 듣고 있다고 생각하지 않았었다. 여기에 비견될 만한 일이 1980년대 초 데스크탑 메타포에도 일어났었다. 데스크탑 메타포에 대한 『포브스』의 논설에는 스트라빈스키의 첫 공연에서 발생했던 돌발적 행동과 유사한 정서가 있다는 것을 알 수 있다. 스트라빈스키의 작품은 첫 공연에서, 인류 역사상 최초로 새로운 소리가 관객 앞에 나타났으나 관객에게 들리는 것은 소음일 뿐이라는 평가를 받았었다. 이와 유사하게 데스크탑 메타포에 대해 정보를 제시하는 새로운 방법이 당신 앞에 제시되었지만, 당신이 보는 것은 '단순하고 평이한' 그래픽 프로그램 혹은 아이들의 장난감일 뿐이라고 평가되었던 것이다.

이런 오래된 사건을 읽어보면 뭔가 납득할 만한 것이 있긴 하지만, 우리는 또한 이 역사적 기록에 대해 실망하지 않을 수 없다. 맥에 대한 첫 번째 평가와 유사한 다른 여러 평가는, 한 가지 패러다임 안에서 작업하다가 다른 것에 적응하고자 고심하는 상황에서 발생하는 개념적인 한계를 증명하고 있다. 분명히 이런 전환기에는 눈에 띄지 않는 가려진 부분과 제외된 부분이 있는데, 이것들은 나중에 살펴보면 매우 중요한 것이지만 당시에 인식하기란 거의 불가능한 것들이다. 맥이 시작된 지 십여 년이 지나 마이크로소프트 윈도우즈의 성공으로 그래픽 인터페이스의 기본적인 장점을 확인한 후에야, 인터페이스에 대한 현재 우리의 이해가 선입견 없는 정통한 것이라는 생각을 겨우 깨닫게 되었다. 애석하게도 데스크탑 메타포에는 그 선조인 명령어 체계만큼이나 많은 제한과 개념적으로 가려진 부분들이 있다. 이러한 제약은 메타포 자체를 지나치게 신뢰하는 데서 비롯된 것으로, 데스크탑의 개념을 보다 사실적인 3차원 공간, 사무실이나 거실로까지 확장한 것이다. 1980년대 중반의 개념적 오류는 데스크탑 메타포의 힘을 인식하지 못한 무능력 또는 의식적인 거부의 결과였나 그리고 오늘날의 오류는 그 메타포를 너무 그대로 받아들이는 데에서 유래한다.

르 코르뷔지에는 집을 "그 안에서 생활하기 위한 기계"라 표현했다. 어쩌면 그는 잘못 이해하고 있었을지도 모른다. 우리가 사용하는 기계들은 이제 0과 1의 비트로 되살아난 1950년대 시트콤의 현모양처 가정주부처럼 우리를 어지르도록 안내하거나 우리에게 일상적인 잡일을 일깨우며 활발하게 살아 있는 듯한 캐릭터가 거주하는 집으로 변화되기 직전에 있는 것 같다. 마이크로소프트의 빌 게이츠는 1995년에 발표한 소프트웨어 패키지 〈밥〉에서 모든 데스크탑에 가족의 구성원으로 의인화된 만화 같은 비서들이 가득한 거실을 약속했다. 이제는 게이츠의 부인이 된 멜린다 프렌치의 감독 아래 개발되고 유토피아라는 별칭까지 붙여진 〈밥〉은 1995년 봄 엄청난 미디어의 광고 세례를 받으며 등장했지만, 발표 이후 판매 실적은 평범하기만 했다.

많은 마이크로소프트 인터페이스의 발전들이 그렇듯이 〈밥〉은 이미 존재하는 혁신적인 부분에서 많은 것을 모방했다. 이 경우에는 제너럴 매직의 1994년형 휴대용 컴퓨터 운영체제 〈매직 캡〉에서 많은 것을 빌어왔는데, 〈밥〉과 〈매직 캡〉은 사용자를 현실 세계와 동등한 3차원 공간 환경으로 향하도록 제안한 것이었다. 〈밥〉은 사용자의 감각에 맞춰 재장식할 수 있는 거실의 확장된 메타포를 담고 있었다. 〈매직 캡〉은 사용자가 컴퓨서브CompuServe나 AOL 같은 온라인 서비스에 연결되면 방문하게 되는 복도, 자료실 그리고 가상의 도심으로 이루어진 사무실 메타포를 사용했다. 새로운 프로그램은 방 안의 물건으로 표현됐는데, 하드 드라이브에 스프레드시트 프로그램을 설치하면 구식의 기계식 계산기가 선반에 등장하게 된다. 빌 게이츠 회장에 의해 컴퓨터 세계의 프로그래머는 컴퓨터 모니터를 가로질러 골동품과 포푸리를 배치하는 실내 장식가로 운명이 바뀌어버린 듯하다.

이와 같은 하이퍼메타포의 모순은 그것들이 충분히 메타포적(은유적)이지 못했다는 것이다. 『시학』에서 아리스토텔레스는 메타포를 "한 사물에 다른 것의 이름을 붙이는 행위"라고 정의했다. 이 공식의

마이크로소프트가 개발한, 에이전트를 채용한 사용자 인터페이스 〈밥〉과 캐릭터

핵심적인 요소는 한 사물과 다른 것 사이에 존재하는 '차이'다. 메타포를 강력하게 만드는 것은 등식의 양극 사이에 존재하는 격차라는 뜻이다. 메타포는 직접적으로는 대등하지 않은 것들 사이의 관계를 형성한다. 완전한 동일성에 기초한 메타포는 결코 메타포가 아니다. 전통적인 인터페이스 디자인에서 컴퓨터 '윈도우'의 모습은 현실 세계의 창문을 피상적으로 닮았지만, 그 메타포를 성공적인 것으로 만든 것은 컴퓨터 윈도우와 현실 세계 창문 사이에 놓인 차이였다.[†] 우리는 분명 부엌 창문들을 겹겹이 겹칠 수 없으며, 그 창문을 통해 보이는 전경을 스크롤할 수도 없다. 현실과 가상의 창문 사이에 존재하는 없어서는 안 될 차이가 우리에게는 유용한 공통점이 되게 하는 것이다.

〈밥〉과 〈매직 캡〉은 그 차이를 제거하는 작업이었다. 앨런 케이는 이렇게 썼다.

> 내가 현대 인터페이스에 대해 가장 불만스러운 점은 메타포가 실행되어야 할 필요가 있는 것에 매우 불충분한 메타포가 적용된다는 사실이다. PARC에서 사용자 인터페이스를 디자인할 때 우리 생각을 묘사하기 위해 '사용자 환상'이란 문구를 새로 만들었다. 다음 방향에 대한 보다 많은 힌트를 주는 무대, 연출 그리고 마술에는 명백한 언어 이외의 함축된 의미들이 있다. 과연 우리는 실제 종이에서처럼 지우거나 고치는 것이 어려운 만큼 완벽하게 종이 메타포를 답습해야 하는가? 분명 그것은 아니다.[6)]

〈밥〉과 〈매직 캡〉의 인터페이스 환경은 보이는 것처럼 그리 강한 메타포는 아니었다. 초기 매킨토시 디자인에서 컴퓨터 데스크탑은 실제 책상처럼 작동했는데, 마치 파일 디렉토리가 실제의 폴더처럼 작동했던 것과 유사하다. 〈밥〉은 그런 비유를 거부했다. 컴퓨터는 거실이며 모니터 앞에서의 생활은 컴퓨터와 무관한 상황 속에서 사용자 습관과 취향에 따라야 한다는 것이다. 단 한 번의 마우스 클릭으로 칙칙한 빅토리아 시대에서 세련된 포스트모던 시대까지 변하게 할 수 있는 공간 장식 능력을 부정한 것이다.

사용자와 친숙한 메타포라는 굳은 신념은 발전 과정 어디에선가 완벽한 실험에 대한 강박관념으로 대체되어버렸다. 디지털과 유기체의 공통점에 대한 이성적인 욕망은 그 둘을 완벽하게 혼합하려는 모든 시도로 바뀌었다. 우리는 이미 돌아다닐 수 있는 거실과 복도를 많이 가지고 있기 때문에, 그것을 모니터에까지 복제할 필요가 없다는 것이다. 복도는 실제 공간의 한계에 대한 가장 좋은 예인데, 그 한계는 컴퓨터에서는 전혀 문제가 되지 않는 것이다. 오프라인 세계에서는 보르헤스 스타일로 다른 방들과 연결된 방을 무한히 만들 수 없지만, 인터넷과 연결된 컴퓨터는 별로 힘들이지 않고 수백만 개의 다른 공간들과 링크될 수 있다. 사용자 친화성을 실험하는 모의실험에서 이같은 총체적 차이를 놓고 볼 때 여기에는 뭔가 말이 안 되는 면이 있다. 그것은 마치 고장난 자판과 쓰다 남은 잉크 리본으로 만들어진 타자기를 완벽하게 재현한 워드프로세서를 만드는 것처럼 납득이 안 간다. 사용자와 친화성이 있다고 하는데, 좋다. 하지만 누가 그런 친화성을 원하겠는가?

마이크로소프트가 〈밥〉의 목표로 설정한 대상은 컴퓨터 마우스를 보고 놀라 의자에서 일어나 소리를 지르는 디지털 세계 초보자와 기술 혐오자들이었다. 컴퓨터에 밝은 사용자들은 결코 〈밥〉의 예상 고객이 아니었다.[†] 그러나 〈밥〉이 아무리 초급 수준의 인터페이스일 뿐이라 해도 그 접근방식은 초보자들에게 심각한 장애였다. 그러한 장애는 소

† 반면 〈매직 캡〉은 컴퓨터에 밝은 보다 활동적인 전문가들을 목표로 했다.

프트웨어가 사용하는 공간적 메타포와 관련된 모든 문제에서 발생했다. 최초의 데스크탑 메타포는 제한적인 느낌이나 지나치게 사무적인 느낌을 피할 정도로만 느슨했다. 여기에서 완벽히 구현된 가상의 사무실에서 일하고 있다는 생각은 들지 않았다. 이것은 애플이 맥을 시장에 내놓으면서 지루한 사무적 성격으로부터의 해방을 표방했던 한 가지 이유였다.[†] 반면 거실이라는 〈밥〉의 메타포는 무기력할 정도로 '안전하게' 느껴졌다. 마치 완벽하게 손질된 울타리와 텅 빈 거리가 있는, 조용하고 죽은 듯한 마을처럼 느껴졌다. 〈밥〉은 개인용 컴퓨터의 도입을 상징한다. 경멸적으로 표현하면 이 기계들의 놀라운 형태 전환 능력이 일상 가정의 잡무를 지루하게 반복하는 일로 바뀌었다. 그래픽 컴퓨터의 진정한 마술은 우리가 낡은 아날로그 사물의 세계에 묶여 있지 않다는 사실에서 온다. 물론 그래픽 컴퓨터는 낡은 세계 대부분을 흉내낼 수도 있고, 또한 새로운 정체성과 실세계의 어떤 것과도 비교되지 않는 새로운 작업을 수행할 능력이 있다. 바로 이런 이유에서 사람들이 컴퓨터에 매료된다. 사람들은 그들이 소유한 기계가 명함철을 연상시키기 때문에 하이테크에 열광하는 것이 아니라, 불가능하다고 생각했던 일들을 기계가 가능하게 해주기 때문에 열광한다. 인터페이스 디자인은 이러한 새로운 면, 이러한 가능성의 범위를 반영해야 한다.

컴퓨터 초보자들은 그 누구보다도 그런 가능성을 이해할 필요가 있다. 초급 단계의 인터페이스는 왜 컴퓨터가 이전에 있었던 어떤 것과 다른지, 무엇이 컴퓨터를 그렇게 매력적이고 강력하게 만드는지를 정확하게 설명해야 한다. 〈밥〉 같은 인터페이스는 가정 같은 편안한 환상을 준다. 복제된 몇 개의 살아 움직이는 애완동물로 인해 디지털 시대는 이전의 거실과 같은 편안함을 갖는다. 하지만 그것은 매력적이긴 하지만 대단한 변화는 아니며, 미디어에 대한 모든 기대와 불확실성을 연출하도록 계산된 엄마의 작은 도우미 같은 인터페이스 디자인일 뿐이다. 〈밥〉이나 〈매직 캡〉 이후에 만들어진 인터페이스들이 수백만의 가정용 컴퓨터 사용자들이 디지털 요리책에 조리법을 저장하도록 도와주었다고 한들, 과연 그들 가운데 얼마나 많은 이들이 깔끔하고 잘 정돈된 공간 너머에 존재하는, 보다 복잡하고 혁명적인 세계로의 모험을 감행할 것인가? 〈밥〉은 하나의 종착점일 뿐이지 정보의 시대로 들어가는 입구가 아니며, 하이테크라는 절벽 끝에 몰린 초보자들이 받는 충격을 완화하는 하나의 방법일 뿐이다. 만약 사용자들이 모니터 저편의 새로운 삶이 그들의 이전 삶과 똑같아 보인다는 것을 깨닫는다면, 과연 그들은 진정 그곳에 머물기를 원할까?

마이크로소프트의 〈밥〉의 방향이 가정으로 설정되었다는 사실에서 비롯되는 또 다른 문제는, 그 상상된 공간이 근본적으로 반사회적이라는 점이다. 그것은 컴퓨터 내의 공간을 외부와 차단된 개인의 집으로 개념화했다. 다른 '사람들' 과의 유일한 접촉이라고는 에이전트와 정보 관리자의 역할을 하는 우스꽝스러운 만화 캐릭터들뿐이다. 이 세계의 주변 환경에는 광장공포증적인 분위기가 있는데, 월트 디즈니풍으로 태평하게 장식된 내부는 마치 외부에서 오는 혼란과 충격을 회피하는 우회로와도 같다. 이는 독립적으로 존재하던 지나날의 데스크탑 컴퓨터 시대에는 적절했을지 몰라도, 인터넷 시대인 현대에 이르러 외부 삶에 대한 시각을 보여주지 않는 인터페이스를 사용한다는 것은 정보 공간을 첨단적으로 탐험하는 것이 아니라 그저 미스 하비샴*의 집을 방문하는 것이라고 할 수 있다.

이상의 내용은 데스크탑 메타포의 핵심인 동시에 그에 대한 보다 광범위한 암시라 할 것이다. 체계화된 공간은 고딕 성당의 종교적 체계

* 디킨스의 소설 『위대한 유산』의 등장인물

처럼, 개인적 가치 체계일 뿐 아니라 공동체의 한 종류이기도 하다. 이는 건축과 도시계획의 진리일 뿐 아니라, 인터페이스 디자인에 있어서도 진리다. 비좁고 비뚤비뚤한 파리의 골목들—여전히 라틴 구역과 마레 지구에서 볼 수 있는—은 19세기 후반까지도 사람 사이의 관계를 대도시의 인간관계라기보다는 직접 마주보는 작은 마을에서의 관계로 형성하게 만들었다.[†] 파리는 즉흥적이고 유기적인 성격을 갖고 있었다. 길은 무계획적으로 맞닿아 있었고 지역은 불규칙적으로 형성되었다. 물론 여기에는 왕이나 교회가 세운 건물이나 성곽처럼 몇몇 왕권이 개입된 경우가 예외적으로 존재하긴 했지만, 도시의 대부분은 스스로 조직된 것으로 전체적인 계획은 전혀 없이, 수백만 개의 작은 기준과 지역적 결정에 따라 만들어진 디자인이었다.

자기조직화의 원리는 도시화의 경향이 무엇에 대한 것인가라는 구체적인 이해를 내포하고 있다. 도시는 아래에서 위로 이행되는 시스템으로, 교역, 잡담, 건물, 땜질 같이 개인이 창조한 수많은 일상 행위에 의해 만들어진다. 만일 그 비뚤비뚤한 파리의 거리가 자기조직적 정신을 담고 있었다면, 소설은 그것에 대한 반영일 것이다.[†] 그러나 이같은 파리의 공간적 모델에 반대하는 사람이 나타났다. 최초의 대도시 개발자였던 오스만 남작은 현대적인 파리의 넓은 대로를 건설하기 위해 오래된 지역을 파괴했다. 당시 공사장 인부들은 건물뿐 아니라, 도시가 어떻게 운용되어 왔는가에 대한 오랜 전통적 사고방식 같은, 건물 이상의 것까지 파괴했다. 이전의 파리 사람들은 거리를 공공의 생활이 우연히 이뤄지는 장소로 본 반면, 오스만은 완전히 기능적인 개념에서 생각했다. 거리에 대한 그의 개념은 첫째로 사람들이 한 장소에서 다른 장소로 움직이는 가장 효과적인 방법, 둘째로 그의 후원자인 나폴레옹 3세에게 바치는 웅장한 건축세계라는 것이었다. 넓고 직선으로 뻗은 리

† 물론 인구가 밀집한 환경으로 1832년의 콜레라 전염 같은 공공위생의 문제가 발생하기도 했다.

† 플로베르와 발자크가 수없이 사용했던 어느 인물이 길에서 다른 인물을 우연히 만나는 구성은, 스파게티 웨스턴(1850년대부터 19세기 말까지의 미국 서부를 배경으로 하는 소설, 영화, 텔레비전·라디오 프로그램 등의 독자적인 한 장르 – 역주)과 존 포드의 영화에서 거리 결투 장면이 중심적 구조가 되는 것과 같은 맥락이다.

볼리 거리와 생 미셸 대로는 현대적 효율을 위한 제물이었다(물론 제국 자체를 위한 것이었기도 했다). 오스만의 도시 생활에 대한 시각은 이십 세기에 이르러 일반적인 사고방식이 되었다. 이것은 1954년 아이젠하워 시절에 건설된 로스앤젤레스와 피닉스시의 외곽에 위치한, 여러 주를 통과하는 고속도로와 브롱크스를 관통하는 로버트 모제스*의 악명 높은 고속도로에서도 찾아볼 수 있다.[6] 파리의 마레를 빌딩으로 구성된 깔끔한 격자 구조로 다시 만들고 싶어했던 르 코르뷔지에가 예전에 제안했던 것처럼, 현대의 거리는 "교통체증을 만드는 기계"가 되어버렸다. 만일 그런 기계의 방식으로 도시가 변하고 만다면 이는 도시에 불행한 일이 아닐 수 없다.

데스크탑 메타포를 인터넷이라는 공공의 삶으로 확장하는 방법을 찾는 상황에서 인터페이스 디자이너들이 명심해야 할 점이 있다. 우리는 종종 사람보다는 기계를 더 편안하게 느끼는 반사회적 괴짜 세대를 컴퓨터가 어떻게 만들었는지에 대해 들어왔지만, 웹 그 자체는 말할 것도 없이 〈웰〉과 〈ECHO〉 같은 게시판 커뮤니티의 등장으로 그와 같은 특성은 모두 바뀌었다. 지난 몇 년 동안 온라인에서 시간을 보내는 대부분의 사람들 사이에는 장려할 만한 경향이 두드러지게 나타났다. 디지털 컴퓨터는 외부와 딘절된 내성직 사람들을 위한 매체라기보다는, 낯선 이들을 더 멀어지게 하는 것이 아니라 보다 가깝게 만드는 20세기의 가장 중요한 첫 기술이 되었다. 지난 백여 년 동안의 주요한 혁신들은 동료나 가족 혹은 친구가 아닌 낯선 이들과의 접촉, 특히 대화를 피하기 쉬운 방향으로 발전해왔다. 자동차는 교외의 고립된 외톨이들을 생산했고, 전화와 텔레비전은 우리를 가정이라는 공간에 단단히 묶어두었으며, 심지어 극장에서 이루어지는 공공생활도 침묵이라는 약속 아래 묶여왔다. 낯선 사람들이 서로에게 영향을 미치게 만든 마지막 주

요한 기술 혁명은, 유럽과 미국 동부에 위치한 미개발 지역에 목화농장
과 그 산업화의 영향으로 발생된 수백만 노동자들을 재배치하고, 맨체
스터나 로웰 같은 일렬로 늘어선 공장 지역 거주지에 사람들을 집어넣
는 것이었다. 인터넷은 다시 한 번 이방인들이 서로에게 영향을 미치는
관계를 갖도록 했다. 이번에는 산업혁명 때의 폭력이나 노역이 필요 하
지 않다는 점이 다르다.

　　이렇게 재발견된 공공생활에는 매우 긍정적인 무엇인가가 있지만
사실 그 대부분은 여전히 위험하다. 대부분의 그 공공생활이 앞으로 몇
년 동안은 우리가 상상했던 인터페이스에 의존할 것인데, 이 인터페이
스는 개인 작업 공간보다는 사람들의 공동체를 보여주기 위해 디자인
된 것들이다. 매우 흥미롭게도 공공생활로의 빠른 귀환은 이런 인터페
이스들이 편의를 위해, 거실이나 〈밥〉과 〈매직 캡〉에서 보여주는 사무
실과 흡사한 3차원 환경을 자주 사용할 것이라는 사실을 의미한다. 문
제는 이 새로운 환경이 로스앤젤레스 같은 통제된 공동체로 귀착될 것
인가, 아니면 보다 개방적이고 즉흥적인 전통 도시 생활의 거리 무대로
귀착될 것인가, 하는 점이다.

스크린 위에서 당신은 어둡고 험한 복도를 떠돌면서 그라우초 안경*과
나비 넥타이를 자랑하는 노란 원형의 존재다. 그 공간에는 비슷한 복장
을 한 수십 명의 다른 노란 원형들이 흩어져 있다. 그 원형들 옆에 만화
스타일의 대화상자가 일정한 시간 간격으로 뜨는 것을 보고 서로 말을
하고 있다는 것을 깨닫기 전까지는 언뜻 보면 이 장면은 테니스 교습소
에서 열리는 가장무도회를 연상시킨다. 몇 분 간격으로 원형들은 다른

82

방을 향해 떠나고, 또 몇 분 간격으로 새로운 원형들이 대화에 참여하기 위해 도착한다. 예전의 북미 인디언들이 원형 회의에서 나누었던 수준보다 떠도는 이야기가 훨씬 더 많은데, 이 공간에서는 "당신은 어디서 왔나요?"라는 문구와 왜곡되고 저급한 언어가 지나치게 강조되고 있다. 그럼에도 불구하고 사용자는 최면술에 걸린 듯 그런 경험에 빠져들게 된다.

이 초현실적 장면은 마크 제프리가 1995년에 만든 특출한 소프트웨어 작품 〈궁전〉을 묘사한 것이다. 각각의 노란 원형은 인터넷에 연결된 컴퓨터 사용자들을 나타낸다. 또한 〈궁전〉의 지정된 방은 실시간으로 대화를 나누고 있는 말레이시아, 프라하, 미국 일리노이주 피오리아 시의 사용자들로 채워져 있다. 물론 글로벌 채팅은 생긴 지 벌써 몇 년 되었고, 아메리카 온라인의 매우 우스꽝스러운 대화방이나 IRC Internet Relay Chat의 타이핑 잼 세션에서 이루어져왔다. 그러나 〈궁전〉은 이전에 어떤 텍스트 작업이 있었는가를 보여주는 중요한 공간적 요소를 갖고 있다. 전통적 대화방은 매우 모호한 의미를 지닌 방으로, 스크린을 훑어 내려가는 새로운 문장의 텍스트로 이루어진 스크립트에 더 가깝다. 〈궁전〉은 그런 대화를 활성 공간으로 이끄는데, 초기의 〈궁전〉에는 연회장, 여성용 침실, 계단, 접견실이 포함되어 있었다. 사용자는 자유롭게 건물 안을 돌아다닐 수 있다. 어떤 이는 자신이 선호하는 방에 머물고 또 다른 이는 이 방 저 방 오가는 것을 즐긴다. 아메리카 온라인이나 IRC의 대화방 사용자들은 제한적이긴 하나 자신을 정의하는 주된 방법인 스크린상의 이름을 통해 자신을 대신하는 인물을 만든다. 〈궁전〉 소프트웨어는 다른 사용자가 어떤 방에서 당신을 만날 때 당신이 만들어낸 시각적 존재를 경험하게 한다. 당신은 그라우초 안경에서 화려한 왕관에 이르는 즐거운 옷차림을 다양하게 선택할 수 있으며, 또한 노란 원형의 모습을 버리고 리처드 닉슨이나 파멜라 리 앤더슨의 의상으로 갈아입을 수도 있다.

오늘날 대부분의 인터페이스 문화처럼 〈궁전〉의 가장 혁신적인 특징은 사용된 기술의 수준이 낮다는 점이다. 인기 있는 '모험의 방'에서 당신은 다른 사용자와 가상 체스판을 이용해 루크와 폰의 체스 게임을 할 수 있으며, 다른 사용자들이 그 체스 게임을 참관할 수도 있다. 나는 이것을 현대 인터페이스 디자인의 작은 기적 가운데 하나라고 생각한다. 급진적인 기술상의 혁신이라서가 아니라, 뉴욕의 워싱턴 스퀘어 파크나 파리의 튈르리 거리에서 관심사가 같은 낯선 이들이 체스 경기를 즐기며 대화를 나누고 또 구경꾼들이 주변에서 환호하거나 훈수를 두는 즉흥적인 즉석 사교 행위를 모방하고 있다는 사실 때문이다. 지금까지의 사교적 인터페이스는 전적으로 스크린을 단어로 가득 채우는 문자를 기반으로 하는 것이었다. 그러나 〈궁전〉 인터페이스는 가상의 공동체에 완전히 새로운 측면을 추가했다. 그것은 마을 광장의 극장, 도심의 공원, 소프트볼 게임, 가벼운 농담 같은 보다 시각적이며 즉흥적인 것이다.

〈궁전〉 같은 소프트웨어는 어쩌면 그것의 '웹 서핑' 메타포가 네티즌들의 사교적 만남을 위해서는 불충분한 것일지 모른다는 생각을 하게 만든다. 실제 세계의 서핑은 대단히 고독한 행위다. 이런 전통적 용례로 보면 웹 서핑은 웹 서퍼들이 동일한 경로를 항해하고 있는 다른 서퍼와 관계없이 정보의 바다에서 끝없는 파도와 씨름하고 있는 것으로 보인다.[†] 반면 〈궁전〉은 보다 보행자에 가까운 메타포를 제시한다. 그것은 보들레르가 묘사한 산책자 즉, 19세기 혼란스런 대도시의 거리를 배회하는 수많은 대중에서 발견되는 '의식의 만화경'[7)]과, 또한 여기서 연상되는 '군중 속의 인간'과 유사한 의미를 가진다. 〈궁전〉 인터페이스의 우연한 조우는 앞으로 다가올 것에 대한 신호이기도 하다. 보다 언어적인 공간에서 이뤄지는 우연한 조우에 대한 흥분과 예측불가능성에 기초하고 있는 사교적 인터페이스가 그것이다. 이 사교적 인터페이스는 당신 주변의 물리적 존재와, 몇 마디의 형식적인 통칭을 뛰어넘는 상호교류의 가능성에 의해 형성된다. 당신은 〈궁전〉 첫 방문에서 떠다니는 궤도의 존재로 전환하는 과정 중 뭔가 강력한 것이 있음을 느꼈을 것이다. 그것은 우리 도시의 낯선 사람들이 한 번씩은 경험하는 감정, 그리고 그들이 이미 가상공간 안의 그 거리에서 다시 그런 교류를 즐길 수도 있는 생생한 상호교류의 감정과 유사한 것이다.

그러나 다시 한 번 그러한 약속은 금세 사라져간다. 〈궁전〉을 방문할 때마다, 나는 보들레르나 워싱턴 스퀘어 파크를 즐겁게 떠올리지만 어떤 말들이 오고가는지 주목하는 순간, 그런 생각들은 이내 깨지고 만다. 〈궁전〉이 인터페이스 디자인의 사교적 가능성을 강조하고 있음에도 불구하고, 오크판 벽에서 오가는 대화는 매우 불만족스럽다. 다음의 대표적인 대화를 보자.

Guest 872:	et tu viens souvent en france (그리고 프랑스에 자주 오셨군요)
Prince Thiago:	^기다리세요
Dollar:	깨끗해요
:Steven:	ah oui (아, 예)
Guest 688:	non jamais(결코 아니에요)
Guest 702:	안녕, 동성애 혐오주의자들. 충동을 억누르는 것이 어때

Guest 782:	pour quoi(왜?)
:Bob:	하이, 541
Guest 880:	가슴을 앞으로 굽혀봐
Dollar:	니 궁전은 어디 있니
:Bob:	너 맞아?
Rock:	안녕 Dollar
K-MAN:	방장은 지금 뭐 하는 거지
Guest 872:	)키스
Dollar:	안녕
Guest 880:	너무 고통스럽네
K-MAN:	방장은 지금 뭐 하는 거지
K-MAN:	방장은 지금 뭐 하는 거지
Guest 688:	pas assez d' argent (돈이 충분히 없어)
K-MAN:	방장은 지금 뭐 하는 거지
:Bob:	541 어딨어?

나는 몇몇 온라인 사용자들이 이런 언어를, 버로우즈가 캔사스 동부의 로렌스에서 어느 지루한 저녁에 난도질했을지도 모를, 디지털 시대의 자유로운 시형, 단절된 문장과 본능적 폭발이 섞인 언어의 잡탕이라고 말하는 것을 들었다. 그러나 나에게 이 언어는 이기적으로 고립된 주장, 실패한 대화, 선전문구 그리고 캐치프레이즈 같은 가장 나쁜 종류의 낙서를 연상하게 한다. 이런 교류에는 공동체가 보이지 않는다. 그저 일단의 개인들이 모두 각자의 소리를 내면서 이해가 불가능한 정도로 간략화된 언어로 말하는 것이 보인다. 물론 **AOL** 대화 공간을 방문해보면 확실히 알 수 있듯이 대부분의 실시간 채팅은 이와 비슷하다.

그러나 웬일인지 언어의 평면성과 그것의 덧없음은 〈궁전〉의 광대한 구역에 투영될 때 더 선명하게 느껴지는 듯하다. 적어도 AOL의 앙상한 비주얼은—스크린 위에서 텍스트의 줄을 아래로 스크롤하는 정도이기 때문에—어느 정도 그런 대화의 전체적인 수준과 동등하게 느껴진다. 그러나 〈궁전〉의 연회장과 대형 계단을 어슬렁거리면서 듣는, 사람들의 단발적이고 덧없는 대화는 주변 환경에 의해 더 초라하게 느껴진다.[†] 경험에 의한 '척도'에는 뭔가 문제가 있다. 그리고 이 문제는 우리의 가상환경이 보다 더 화려하고 실제 생활처럼 됨으로써 더욱 과장되는 것은 아닐까 궁금해하지 않을 수 없다.

사람들을 만나기 위한 가장 성공적인 온라인 공동체는 분명 예외 없이 텍스트로만 이루어진 것들이었다. 〈웰〉, 〈ECHO〉, 〈패런트 수프〉, 〈북 리포트〉, 핫와이어드의 〈실마리〉, 라인골드의 〈일렉트릭 마인드〉 등처럼, 모든 성공한 디지털 커뮤니티는 텍스트에 단단히 기반을 두고 있다.[†] 그러나 모든 실내장식에도 불구하고 〈궁전〉은 아직 '장소'라고 느껴지지 않는다. 그것은 투광 조명 아래에서 수십 명의 관광객과 행인들이 어색하게 즉흥적으로 대사를 끼워넣는 대중적인 무대처럼 느껴진다. 당신은 이런 환경에서 집과 같은 편안함을 느끼지 못하며, 더 심하게는 외로움까지 느낀다. 여러 명의 외톨이들과 함께 한 방에 갇힌 것 같은 외로움. 그래서 "방장은 뭐 하는 거지? 방장은 뭐 하는 거지? 541 어딨어?"와 같은 갑작스럽고 무의미한 호소에 손을 내밀고 있는 것이다. 여기서 우리를 당황하게 만드는 것은 넷을 통해 친교나 우정을 찾으려는 행위가 아니다. 〈ECHO〉와 〈웰〉의 시민들은 모뎀을 통해 정기적으로 풍성하고 지속적인 관계를 만들었고, 그런 관계는 결국 직접 얼굴을 마주 대하는 접촉에까지 이르기도 한다. 간접 대화는 결코 얄팍한 것이 아니다. 전화를 보더라도 '누군가와 접촉하고자 손을 뻗는 것'으로 얻을 수 있는 사랑하는 사람과의 진지한 대화도 있고 포르노 스타의 녹음된 목소리와 함께하는 섹스라인의 대화도 있지 않는가.

　　미디어 그 자체는 평생을 가는 우정과 즉석 만남 모두를 만들어낼 수 있다. 하지만 (많거나 혹은 부족한) 공간적 메타포는 만들어지는 공동체의 유형에 분명히 엄청난 영향을 준다. 그리고 여기에 문제의 가장 난감한 부분이 나타난다. 그것은 거의 모든 앞선 디지털 사회의 사례들이 그들의 공동체를 만드는 데 공간적 메타포를 요구하지 않았다는 점이다. 대부분 사이버공간의 사회적 요소는 여전히 텍스트라는 얇은 실에 의해 하나로 엮인다. 많은 실리콘 밸리 전문가들은 3차원 소프트웨어가 점점 일상화되고 사용자들이 보다 사실적인 환경에서 항해하는 것을 편안하게 느끼기 때문에, 앞서 말한 텍스트에 기초한 공동체 환경은 변할 것이라 내다보고 있다. 하지만 어쩌면 텍스트에 기초한 모델은 예언가들이 생각하는 것보다 오래갈지도 모른다. 십여 년 후 정도에는 수백 명의 시민들로 구성된 거대한 가상 커뮤니티가 어떤 공간적 메타포의 재현 능력을 앞설 것이라는 사실에 동의할 수도 있다. 만약 경험의 공유 정도가 커뮤니티를 궁극적으로 가늠하는 척도라면(그것은 어떤 지표보다도 훌륭한 것일지 모른다) 〈ECHO〉와 〈웰〉로 인해 상용화된 텍스트 기반 게시판 같은 전통적 시스템보다 커뮤니티를 만들기에 더 좋은 장소를 상상하기는 어렵다. 〈궁전〉의 인기 있는 '전자 살롱'은 가장 자유로운 의미에서의 정보 공간이다. 하지만 아직은 환경적 메타포가 부족해서 고생하는 것으로 보이지는 않는다.[†] 적어도 내 경험으로는 수백 개의 〈궁전〉 모임이나 3차원 채팅보다 〈웰〉의 단순함에서 공동의 지혜를 더 많이 본다.

　　하지만 어쩌면 이것도 인터페이스의 모든 중요한 진보에 동반되는 핵심적인 면을 간과하는 것인지 모른다. 『포브스』가 맥 데스크탑을 어린이 장난감 정도로밖에 볼 수 없었던 경우를 생각해보자. 분명 우리는 〈궁전〉의 공허하고 축약된 농담을 너무 빨리 무시해버려선 안 될 것이다. 나는 사람들이 이런 환경에 보다 알맞은 새로운 대화 형식을 발전시킬 것이며 그 가운데 놀랄 만큼 강력한 상호작용이 나타나리라 굳게 믿는다(초기 전화의 불안정한 방식이 청소년들이 주로 좋아하는 장시간 통화로 변한 것을 생각해보라). 심지어 오늘날에도 스크린 위의 '아바타'(〈궁전〉의 반짝이는 원형 존재처럼, 가상공간에서 당신을 표현하는 디지털 대리인)에 대한 초기 실험들은 미래의 인터페이스가 더 물리적이며, 더 행동적인 표현을 가능하게 할 것이라는 사실을 보여준다. 이런 연구 방향은 결국 너댓 사람의 모임을 위한 확실하고 창조적인 인터페이스를 만들어낼 것이다. 그리고 그 디자인은 개개인을 한 곳에 모이게 하기 위해 공간적 메타포에 완전히 의지하는 방식이 될 것이다. 그러나 수백, 수천 사람들의 커뮤니티에 대해서는 확신할 수 없다. 바로 이 점이 공간적 메타포의 한계다. 그렇기 때문에 대다수 게시판 시스템의 비동시성과 텍스트 기반이 보다 적절하고 가능성을 가진 것으로 보인다.

물론 대화 수준을 기준으로 모든 온라인 모임 공간을 평가할 수는 없다. 초기 데스크탑 메타포를 성공적으로 3차원까지 확장한 분야는 비디오 게임이다. 〈둠〉, 〈마라톤〉, 〈퀘이크〉 같이 유혈이 낭자한 '1인칭 시점' 게임들이 가장 대표적이다. 아마도 이들 프로그램의 인터페이스 디자인이 건축적인 성격에 가장 가까울 것이다. 게임 플레이어가 피와 시체들로 가득한 방을 조심스럽게 살펴가면서 길에 갑자기 나타나는 모든 것들을 총으로 쏘는 게임들을 보면 이를 확인할 수 있다. 10대 소년들이 주요 고객인 이 프로그램들에서 대량학살이 중요한 부분임을 부정할 수는 없다. 그러나 처음에 그들의 눈을 사로잡는 것은 이들 게임의 빠른 시각적 움직임, 놀라운 속도로 입체적인 스크린 위를 움직이는 현기증이다.[†] 이 게임들의 재미는 총 쏘는 즐거움만큼이나 공간에서 움직이는 방법을 배워나가면서 얻는, 공간에 익숙해지는 즐거움을 포함하고 있다.

이들 게임에서의 건축적인 요소는 단순히 공간을 차지하는 것 이상이다. 넷상의 셰어웨어 라이브러리들은 새로운 레벨의 〈둠〉과 〈마라톤〉 게임, 게이머들이 건설한 미래-중세적인 필수 소지품으로 장식된 디지털 건물들로 가득 차 있다. 게임광들 사이에서 맞춰진 환경을 교환하는 일은 이웃한테 설탕 한 컵을 빌려오는 일만큼이나 일상적인 관례다. 물론 서로 주고받는 가상공간들이 퐁피두 센터에 전시될 만한 수준의 것들은 아니지만—대체로 그것들은 〈에일리언〉이나 〈엑스칼리버〉를 B급 수준으로 만든 것에 가깝다—그 교환의 본질은 자체로 큰 가치가 있다. 어찌 되었든 우리가 말하고 있는 것은 야구카드나 GI 조 인형들 같은 소규모의 세계와 환경이 아니기 때문이다. 야구카드나 GI 조 인형들로 상상할 수 있는 것은 자기표현이 제한된 형태다. 그렇지만 〈퀘이크〉와 〈둠〉은 상대방을 죽이고자 하는 열망이 자기표현을 규제하기는 해도, 다른 게이머와 이 세계를 공유한다는 아이디어는 커뮤니티를 형성하는데 있어 완전히 새로운 모델을 제시한다. 이 세계에서는 개인 간의 교환이 더 이상 단순히 공간 '안에서'만 일어나지 않는다. 오히려 공간은 컨텍스트(구조)가 아니라 콘텐츠(내용)로 작용한다. 교환된 게임 레벨들은 이 독특한 대화에서 문장처럼 작용한다. 그리고 그 대화는 다양한 세계관을 섭렵하면서 최고의 자리나 다른 사람들의 인정을 얻기 위해 서로 경쟁한다. 사람들은 자신의 '퀘이크' 레벨로 다른 게이머들에게 자랑하거나 그들을 유혹하고자 한다. 이는 마치 아파트나 사무실의 장식을 방문하는 사람들에게 자랑하려고 디자인한 것과 마찬가지다. 가상공간의 건축은 대화 주변의 '장식'이 아닌 핵심적인 구성요소다. 우리는 친구나 가족에게 스냅사진이나 그림 또는 녹음 테이프를 보내 교류하는 방법에 익숙하지만, 미래의 우리는 주변 사람들과 가상환경을 공유하는 방법으로 교류할 것이다. 애정의 징표로 정성스레 궁전을 짓는 것은 왕실이나 백만장자들에게나 가능한 것이었다. 소프트웨어가 〈둠〉과 〈퀘이크〉의 연기 나는 폭력 이상의 것이 된다면, 직접 설계한 공간이라는 선물은 우정이나 사랑의 표현으로 보다 일반화될 것이다.

이런 교환 방식의 놀라운 점은 일단 〈퀘이크〉의 레벨을 공유하게 되면 언제라도 친구나 이방인들을 함께 모아 그 안에서 같이 어울릴 수 있다는 것이다. 〈둠〉과 〈퀘이크〉의 제작사 아이디 소프트웨어는 인터넷을 위한 퀘이크를 디자인했다. 이것은 여러 장소에서 로그온한 수십 명의 개별 플레이어들이 퀘이크 공간에서 서로 겨룰 수 있게 만든 것이다. 이렇게 여러 플레이어들의 게임을 지켜보는 것은, 정확히 말해서, 이방인들을 보다 가깝게 한다는 '넷'의 일반적인 상식을 강조하는 것은 아니다. 왜냐하면 이들 이방인들이 하는 일이란 서로 죽이는 것이고, 나누는 대화란 슈왈츠제네거식의 조롱[†] 뿐이기 때문이다. 그러나 비록 퀘이크 공간의 핵심적 활동이 공동사회의 이상에 맞지 않는다고 하더라도, 건축적 메타포가 그런 모임을 가능하게 했다는 것은 의심할 수 없는 사실이다. 이 사실 하나만으로도 초기 데스크탑의 공간적 메타포가 앞으로 몇 년 안에 더 사실적으로 확장되어, 지역적으로 떨어져 있는 개인들을 함께 모으기 위해 디자인된 환경을 만들 것임을 예상할 수 있다. 진정한 문제는 이런 환경들이 모방된 살육 이상의 어떤 것을 위한 적합한 환경이 될 것인가, 라는 점이다. 이미 보다 평화로운 행위

[†] *Hasta la vista, baby!*

를 위해 퀘이크 공간을 흡수하자는 논의가 진행되고 있다. 가상세계가 학살을 위해서만 있다고 정해진 것이 아닌 이상, 아이디 소프트웨어는 최종 사용자나 다른 소프트웨어 회사들이 다른 가상세계를 디자인할 것이라는 희망을 갖고, 가능한 한 개방된 수준으로 디자인하기 위해 특별한 노력을 계속하고 있다. 〈퀘이크〉의 수준이 숨바꼭질 같은 놀이 또는 일주일에 한 번씩 열리는 에밀리 디킨슨의 작품 독서 모임을 담는 것으로 디자인되지 못할 이유는 없다. 물론 이것은 일어날 성싶지 않기는 하지만 이보다도 더 이상한 일들이 기술의 역사에서 일어나지 않았던가.

만일 퀘이크 공간에서 더욱 발전된 커뮤니티가 나타나게 된다면, 그런 전환에는 확실히 어느 정도의 모순점이 있을 것이다. 컴퓨터 인터페이스로의 길을 찾으려 했던 최초의 공간적 메타포는 비디오 게임을 위한 것으로 오해받았고, 컴퓨터 데스크탑은 도스를 가지고 잘난 체하던 사람들과 명령어 체계를 지지했던 사람들에게 어린아이의 장난감 이상의 존재로 받아들여지는 데 몇 년이 걸렸다. 그런데 〈둠〉이나 〈퀘이크〉 같은 게임의 등장으로 이런 순서가 뒤집어질지도 모른다. 데스크탑 메타포가 20년 전에 그랬던 것처럼, 정보에 대한 우리의 인식을 바꿔놓을 것이기 때문이다. 그래픽 인터페이스의 초기 옹호자들은 자신들이 만든 것이 허황된 비디오 게임의 세계와 밀접해지지 않도록 수많은 노력을 쏟아 부었다. 그런데 미래의 데스크탑 메타포 그리고 특히 온라인 커뮤니티를 보여주기 위해 디자인된 메타포들은 비디오 게임에서 온 것이 될 수도 있는 상황이 발생한 것이다. 이처럼 지난날에는 데스크탑 메타포에 대한 위협이었던 것이 그 후계자를 위해서는 가장 비옥한 환경으로 판명될지도 모른다.

3. 인터페이스의
역사를 가르다

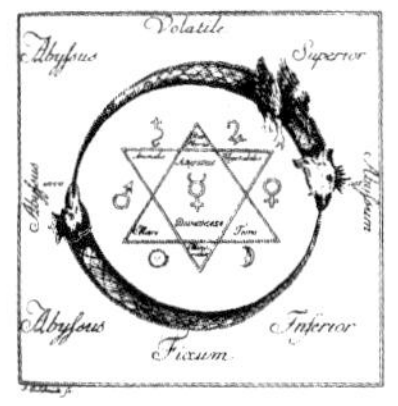 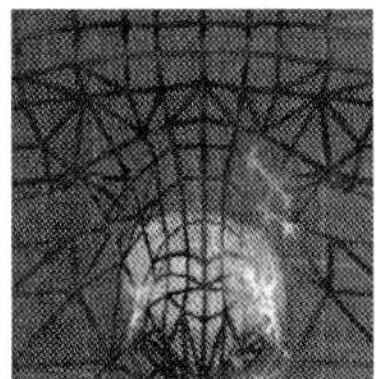

윈도우의 등장은 간단히 우리의 통상적 상태(옷을 입고 신문도 보면서 화덕 위 베이컨과 계란이 잘 익는지 보는, 매일 아침 일어나는 일들처럼 다소 단절된 다중 작업)로 복귀시켜주었디. 윈도우 메타포는 대부분의 사용자들을 진정으로 해방시켰지만, 이는 문자 명령 시대의 서툰 모드 전환 때문에 억눌렸던 우리 안에 내재된 기술을 해방시켜준 것이다. 윈도우는 새로운 의식을 창조한 것이 아니다. 다만 우리 안의 의식을 스크린 위에 적용하도록 했을 뿐이다.

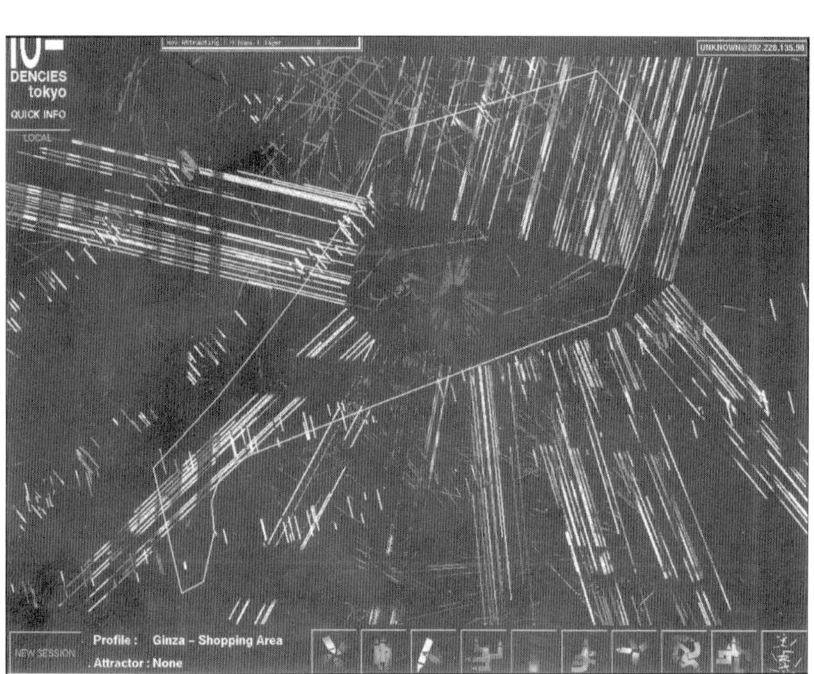
IO–
DENCIES
tokyo
QUICK INFO
LOCAL
UNKNOWN@202.228.135.98
NEW SESSION
Profile :   Ginza – Shopping Area
Attractor : None

마이크로소프트의 아낌없는 광고 예산 투자는 윈도우를 이제 현대 인터페이스를 이루는 혁신의 대명사로 만들었다. 마우스 포인터나 데스크탑의 여러 가지 은유적인 이름들 혹은 메뉴 바에 대한 것들은 다 잊혀지고, 이제 인터페이스의 역사는 간단히 윈도우 이전 시대와 윈도우 이후 시대로 구분된다. 그런데 윈도우가 하는 일이란 정확히 무엇인가? 〈윈도우즈 95〉가 출시됐을 때 꼭 사지 않으면 안 될 것처럼 몰아붙이던 광고를 본다면 이런 질문은 꽤 간단한 것처럼 보인다. 가장 간단하고도 되풀이되는 (마케팅 부서에서 가장 많이 말하리라 생각되는) 답변은 컴퓨터 사용을 더 쉽게 한다는 점이다. 그러나 왜 윈도우 방식의 인터페이스가 텍스트 방식의 인터페이스보다 더 사용하기 쉽다는 것인가?

우리는 우리 안에 내재된 시각 기억 능력과 관련하여 답을 찾으려 할 것이다. 어차피 이런 부분이 애초에 그래픽 인터페이스를 상업화할 수 있는 가장 큰 요소였으니까 말이다. 만일 마테오 리치가 언어를 공간화시키거나 단어를 건축 설계처럼 바꾼다거나 하여 성경 전체의 내용을 암기할 수 있었다면, 비트나 바이트를 하나의 가상공간으로 전환시키는 것 역시 당연히 우리들의 정보 기억 기술을 증대시킬 것이다. 이런 관계는 간단해 보인다. 공간적 정보는 문자화된 정보보다 훨씬 항해하기 쉽다. 그리고 윈도우는 바로 그런 공간을 볼 수 있게 도와주는 돋보기 또는 현미경 같은 도구가 되는 것이다.

이런 설명은 그럴듯하지만 우리 대부분이 실제의 윈도우(창문)를 쓰는 방식과는 맞지 않는다. 창문은, 자동차 열쇠를 마지막으로 본 장소나 친구 집을 찾아가는 길을 기억하는 방법과 같이 어디에 무엇이 있는지를 기억해내는 것과는 거의 아무 상관이 없다. 물론 공간 기억술은 현대 그래픽 인터페이스의 필수적인 요소다. 그러나 이런 기호들은 메뉴 바나 휴지통 같은 데스크 탑 아이콘에 주로 집중되어 있다. 바로 이런 이유 때문에 초기 맥 디자인이나 윈도우의 최근 버전 같은 성공적인 인터페이스들은 다른 여러 응용 프로그램을 사용하더라도 이런 요소들을 계속 유지하는 것이다. 모든 맥 사용자들은 오려두기와 붙이기를 어떻게 하는지 알고 있다. 왜냐하면 오려두기와 붙이기 명령이 어디에 (스크린 왼쪽 상단 "편집"이라는 메뉴 아이템 아래) 있는지 알고 있기 때문이다. 이런 지식은 강한 공간적 요소에 의해, 마치 QWERTY 키보드 위의 글자 배열처럼 대부분의 사용자들에게 제2의 천성으로 존재한다. 최초의 타자기 디자인처럼 이런 배열의 일관성은 배열 그 자체만큼이나 중요하다.† 공간적 기억은 사용자가 찾고자 하는 것이 하나의 장소에 머물러 있을 때에만 유효하다. 만일 휴지통이 계속 당신의 컴퓨터 안에서 이리저리 돌아다닌다면, 어디에 휴지통이 있었는지를 기억하는 것은 아무 소용이 없다.

윈도우는 보다 유동적이고 움직이기 쉽다. 한 번의 마우스 클릭으로 스크린 위에서 끌어 옮길 수도 있고, 사이즈를 바꿀 수도 있다. 윈도우는 유연하고 개방적으로 디자인된 것이다. 사용자들은 대부분 윈도우를 크거나 작게 만들고, 데스크탑의 구석으로 밀거나 혹은 중앙으로 옮기거나 하면서 계속 윈도우를 만지작거린다. 만약 어떤 도구가 계속

† 타자기의 키 배열은, 키가 엉키는 짓을 방지하기 위해 타이피스트의 속도를 떨어뜨리도록 만들어진 것으로 현재까지 유지되고 있다.

움직이며 돌아다닌다면, 도대체 시각적 기억이 무슨 소용이 있단 말인가? 결국은 아무 소용이 없다. 실세계의 많은 파일 관리 도구들처럼 많은 인터페이스 지지자들이 아무리 이야기한다고 해도 윈도우의 사용에서 공간적 기억은 거의 무용하다. 최근의 윈도우 방식 데스크탑 인터페이스가 문서들을 저장하는 방식을 생각해보자. 공식적인 과정은 당신이 어떤 파일을 둔 '어느 장소'에 대해 생각함으로써 그 파일을 어디에 두었는지를 기억해내는 것이다.[†] 바꿔 말하면 그래픽 인터페이스는 파일에 공간적 좌표를 부여함으로써 현실의 책상이 지닌 공간적 특성을 주는 것이다.

그러나 이런 일반적 통념은 바로 윈도우가 너무나 유연하게 바뀌기 때문에 다소 오도된 것이다. 윈도우를 깊이 신봉하는 사람들도 텍스트로 이루어진 파일들은 도스나 유닉스Unix[*] 같은 문자 명령 인터페이스에 더 알맞다고 생각하고 있다. 이 점을 이해하기 위해 어디에 두었는지 잊어버린 파일을 찾을 때, 파일 관리 소프트웨어를 사용하면서 생각하는 과정을 떠올려보자. 완벽한 공간적 시스템에서는, 아마도 '이 윈도우들 밑에 왼쪽 구석에 있었던 것 같은데 ……'라고 생각할 수 있다. 그러나 현실에서 당신은 이렇게 할 것이다. '분명히 "해야 할 일" 폴더에 넣어놓은 게 확실해. 아냐, "미완성 프로젝트" 폴더였나?'라고 생각하는 것이다. 다시 말해 이런 정보를 당신이 지정한 분류방식대로 문자화시켜 정리하는 것이다. 공간적 차원은 단지 허상에 불과하다. 혹은 허상의 허상일 뿐이다. 우리는 마치 우리가 "어디에" 파일을 둔 것처럼 기억한다. 그러나 사실은 그 파일이 들어 있는 폴더의 이름을 기억하는 것이다.

이것은 중요한 차이인 동시에 현대 인터페이스에 대한 논의에서

97

쉽게 얼버무려지는 점이다. 어떤 때는 "해야 할 일" 폴더가 스크린 가장 위쪽에 아이콘으로 쭉 나열될 수 있고, 또 어떤 때는 아래쪽에 작은 윈도우로 나타날 수 있다. 이는 전적으로 화면을 어떻게 정리할지에 대한 그때 그때의 생각에 달려 있는 것이다. 이런 점들이 윈도우의 매력이긴 하지만, 판매전략으로 내세우던 공간적 기억을 그대로 활용하기는 실제로 어렵다.[†]

윈도우 방식 파일 시스템이 갖는 문자적인 한계를 가장 쉽게 이해하는 방법은 진정한 공간적 방식을 사용해보는 것이다. 지난 몇 년간 애플은 프로젝트 X[*]라 불렸던 3차원 방식의 파일 관리 인터페이스를 시험해왔다.[†] 다른 대부분의 인터페이스가 문서들을 폴더 안에 파일로 차곡차곡 쌓아놓는 것에 반해, 〈핫소스〉는 데이터를 하나의 은하계처럼 생각한다. 문서와 폴더는 어두운 배경 안에 마치 행성들처럼 떠돌아다니는 것이다. 처음에 사용자는 밤하늘에서 예닐곱 개의 행성을 보게 된다. 각각의 행성은 파일 디렉토리를 나타낸다. 이런 광경은 전통적인 그래픽 인터페이스의 초기 풍경과 크게 다르지 않다. 다만 여기에서는 이들을 클릭한다고 해서 다른 윈도우가 나타나지는 않는다. 마치 사용자가 우주선을 타고 클릭한 데이터 행성을 향해 다가가는 것처럼 전체 화면이 확대되는 것이다. 이 물체에 다가갈수록 파일과 디렉토리들이 행성을 중심으로 공전하는 위성들처럼 나타나게 된다. 이 위성들을 데스크탑 인터페이스에서 사용하는 언어로 바꿔 말하면, 상위 폴더 안에 들어 있는 파일과 폴더들이다. 사용자는 필요한 문서를 보유한 파일로 표현된 물체를 직접 클릭할 수 있다. 폴더를 나타내는 물체에 다가갈수록 그에 속한 위성들을 보여준다. 사용자는 확대, 축소를 하고 좌우로 방향을 바꾸면서 필요한 행성을 찾아 말 그대로 데이터 공간을 항해하는 것이다.

아마도 현재의 평범한 윈도우를 사용하는 인터페이스를 〈핫소스〉의 NASA 형식의 인터페이스로 바꾸기까지는 많은 시간이 걸릴 것이다. 그러나 애플의 실험작은 현대의 인터페이스에서 공간적 기억이 얼마나 작은 부분을 차지하고 있는가를 일깨워주는 사례라 하겠다. 이런 종류의 실례를 위해 나는 며칠간 〈핫소스〉를 파일 관리 시스템에 적용해보았다. 초기의 탐험은 굉장히 재미있었다. (파일을 정리한다기보다 비디오 게임을 하는 것 같았다.) 그러나 이러한 스릴은 항해 방식의 한계가 드러나기 시작하면서 곧 짜증으로 바뀌기 시작했다. 공간을 움직이기 위한 에너지와 집중력이 너무나 많이 소모됐다. 데이터를 찾기 위한 것보다는 어떻게 움직임을 조정하느냐에 더 신경이 쓰였다. 결국에는 무미건조하고 2차원적인 텍스트 방식 파일 시스템으로 돌아올 수 있어 기뻤다. 그러나 〈핫소스〉를 사용했던 하루이틀은 진정한 공간 시스템이 어떤지 느껴보기에 충분한 시간이었다. 몇 번 아주 재미있었던 순간에는 파일을 찾으면서 '이건 뒤쪽 어딘가에 있을 거야. 더 위로 가서 왼쪽으로 조금만 가면, 두세 개 행성을 지나쳐서 말이야.'라고 생각하는 자신을 발견하기도 했다. 일이 초 동안 데이터 공간에서 확대, 축소를 하며 완전히 공간적으로 생각했던 것이다. 그런 순간에는 찾는 것이 곧 나타날 것이라는 일말의 안도감마저 느껴졌다.

만일 윈도우가 우리의 공간적 기억의 잠재력에 기인하지 않는다면 윈도우는 무슨 장점이 있는 것인가? 그래픽 인터페이스의 초기, 그러니까 이러한 새로운 컴퓨터 사용 방식의 혁명을 이해시키기 위해 노력했던 때에는 일반적으로 두 개의 문서를 한꺼번에 볼 수 있다는 점을 언급하였다. 두 개의 문서를 비교하거나 대조해볼 수 있고, 한 쪽 윈도우

에서 숫자를 바꾸면 이에 따라 다른 윈도우의 원 그래프가 변하는 등의 작업을 실행할 수 있었다. 이미 소수의 문자 입력 방식이 "분리 화면" 도구를 제공하고 있었지만, 이런 그래픽 인터페이스는 실현되기 일보 직전으로 많은 사용자들의 애를 태우고 있었다. 그러나 대부분의 사용자들에게는 윈도우의 진정한 장점이 두 개의 문서를 한꺼번에 볼 수 있다는 점이 아니라, 클릭 한 번으로 앞뒤의 문서를 번갈아 볼 수 있다는 점이다. 윈도우는 프로그래머들이 모드 스위치라고 부르는 것을 시각화하는 방법인 것이다.

보통 컴퓨터를 사용하면서 아마 당신은 별 생각 없이 여러 가지 다양한 모드의 앞과 뒤를 오가며 작업할 것이다. 모드란 당신의 컴퓨터가 그 순간 실행하고 있는 상황에 대한 개략적 정의라고 생각하자(모드는 분명한 기술적 의미를 내포하지만 여기서는 좀더 넓은 의미로 쓰겠다). 당신은 새로운 문서를 만드는 모드, 스프레드시트를 편집하고 종료하는 모드, 파일 디렉토리를 재정리하는 모드, 시스템 설정 변경의 모드 등을 갖고 있다. 문자 입력 방식을 썼던 옛날에는 이런 모드들을 실행하기 위해 이해하기 어려운 순서의 문자를 쳐야 했고, 각각의 모드는 분명하게 분리되어 있었다. 만약 어떤 일련의 문자를 입력하면 디렉토리 변경 모드로 들어가고, 또 다른 문자들을 입력하면 시스템 설정 변경 모드로 들어가는 식이었다. 이것은 물론 어마어마한 기억력을 필요로 했으며 어느 모드에 있었는지 쉽게 잊어버렸다. 이 모든 시스템은 완전히 반직관적으로 만들어졌다. 이는 마치 당신이 어떤 사람에게 메모를 써서 전달할 때마다 펜에 장치된 비밀번호를 눌러 잠금장치를 해제해야만 쓸 수 있게 한 것과 같았다.

엥겔바트와 제록스 팔로알토 연구소 직원들이 알아낸 것은 이런

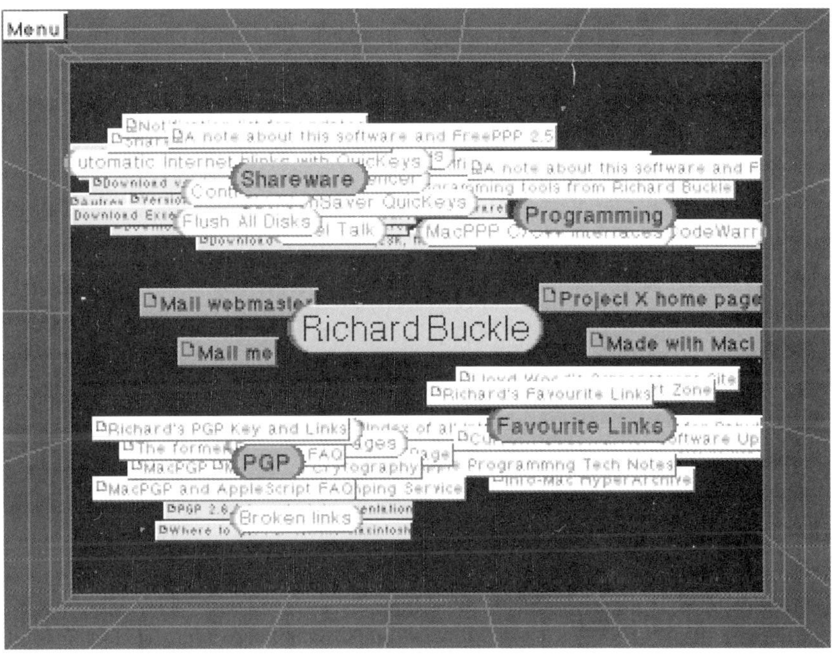

MCF Meta Content Format로 만들어진 파일을 3차원 구조를 사용하여 보여주는, 애플에서 개발한 검색기 〈핫소스〉

난해한 명령어 방식의 모드를 윈도우로 바꿀 수 있다는 것이었다. 윈도우의 공간적 특성은 물건을 어디에 두었는지를 기억하는 방식의 연상 도구가 아니었다. 이것들은 모드를 나타내는 것이었고, 더 중요한 것은 모드 간에 앞뒤로 움직일 수 있게 해주는 방법이었던 것이다. 제일 위에 위치한 윈도우는 활성 상태로 보여질 것이다("이 디렉토리 내용을 편집하라"). 동시에 옆에는 비활성 상태의 창이 다른 모드를 실행하게끔 놓여 있다("시스템 설정 변경"). 또한 이들 두 개의 윈도우 밑에서는 워드프로세서 문서가 편집을 위해 대기하고 있는 것을 볼 수 있다. 당신은 이들 모드 사이를 클릭 한 번으로 손쉽게 이동할 수 있다. 이런 환상은 너무나 성공적이어서 컴퓨터의 주류 언어에서 "모드"가 사라지고 "윈도우"로 대체된 것이다.

모드에서 윈도우로의 전환은 사용의 편리함 면에서 굉장한 발전을 가져왔다. 이것은 너무나 거대한 것이어서 사실 오늘날 윈도우 없는 디지털 세계는 상상할 수조차 없다. 습관이 너무나 친숙해지면 우리에게 제2의 천성으로 자리잡듯이, 윈도우의 매력에 빠진 우리 삶에서 그 중요한 창조적 전환은 다른 제2의 결과를 만들어낸다.[†] MIT 사회학 교수 셰리 터클 같은 사이버 철학자들에게, 윈도우로 나뉜 상상의 세계는 18세기 계몽운동 이후 수백 개로 갈라졌지만 각각 타당성을 지닌 사상들의 집합장소처럼 포스트모던한 환경의 상징이다. 문자 명령의 고정적인 시스템으로부터 좀더 무질서한 가능성을 지닌 윈도우로의 변천은 칸트나 데카르트의 안정적이고 통합적인 진실에서 니체와 들뢰즈의 상대론과 모호성으로의 서양철학 변천사와 같다. 터클에게 윈도우는, 포스트모더니스트들이 그래야만 하듯이 여러 가지를 한꺼번에 생각하는 방식이다. 터클은 이렇게 말한다. "다중적 견해는 새로운 도덕적 논의를 요구한다. 시뮬레이션 문화는 다중의, 그러나 통일된 정체성을 볼 수 있게 도와줄 수 있을 것이다. 이런 정체성은 우리 안의 많은 자아들에 접근함으로써 유연성, 쾌활함 그리고 기쁨을 얻는다."[1]

이런 논리에 반대될 만한 의견들을 상상해보는 것은 그리 어렵지 않다. 즈벤 버커츠 같은 하이테크 비평가들은 윈도우가 '다중적 자아'라기보다는 주의력이 결핍된 무질서에 가깝고, 또한 현대 문화가 전통적 소설의 느리고 관조적인 경향에 저항하는 하나의 징조로 본다. 버커츠 같이 시적인 모호성을 찬미하는 탐미주의자는 터클의 논리 저변에 깔린 기본적 철학을 반대하지는 않을 것이다. 다만 디지털을 개념의 끝으로 해석한 것에 관해 문제를 제기할 것이다. 상대주의 철학자가 발휘한 통찰력의 진가를 알기 위해 컴퓨터 화면 여기저기에 수많은 모드들을 둘 필요는 당연히 없다.† 앨런 블룸이나 디니쉬 수자 같이 더욱 보수적인 문화비평가들은 다중적 진실이나 투시적 견지 등과 같은 개념을 간단히 거부할 것이다. 그들은, 가상의 윈도우가 현대인들의 생각을 형성하는 방식을 설명한 터클의 주장에 동의할 수도 있다. 차이점은 블룸과 수자가 그러한 형성을 미국의 청소년들을 타락시킨 텔레비전과 랩 가사처럼 통탄할 만한 일이며 해롭다고 볼 것이라는 점이다.

다만 이런 다양한 의견들이 모두 동의하는 것은 윈노우가 세계를 단편적이고 단절적으로 경험하도록 무자비하게 이끌고 간다는 전제다. 그렇지만 나는 이런 생각이 적절한 가정이라고 생각하지 않는다. 우리는 모든 일을 한꺼번에 한다기보다 한 번에 한 가지씩 하면서 비연속적으로 일을 하지만 윈도우 인터페이스의 투명한 모드 스위치가 다중 작업을 보다 쉽게 해준다는 것에는 의심의 여지가 없다. 이제까지도 스크린상의 공간은 더욱 여러 층들로 나뉘어졌고 다중화되어왔다. 그리고 인터페이스의 혁신들 중 윈도우는 가장 중요한 역할을 해왔다. 터클은 더 많은 일들이 화면 위에 발생하고 있다고 정확히 지적했다. 그러나 '더'라는 것은 상대적인 말이다. 이는 컴퓨터에서 새로이 발견되는 복잡한 문제들이 한때는 얼마나 지루하고 일차원적이었는지를 인정하는 말이다. '다중 작업'은 디지털 시대의 용어지만, 한꺼번에 여러 가지 일을 한다는 기본적인 과정은 실리콘 밸리에서 고안된 것이 아니다. 사람들은 수세기 동안 다중 작업을 해왔다. 아기를 키워봤거나 텔레비전 앞에서 숙제를 해본 사람들은 이를 증명할 수 있을 것이다. 문자 명령 시대에는 디지털 컴퓨터가 한 개의 작업에 비정상적으로 집중하게 만들었다. 윈도우의 등장은 간단히 우리의 통상적 상태(옷을 입고 신문도 보면서 화덕 위 베이컨과 계란이 잘 익는지 보는, 매일 아침 일어나는 일들처럼 다소 단절된 다중 작업)로 복귀시켜주었다. 윈도우 메타포는 대부분의 사용자들을 진정으로 해방시켰지만, 이는 문자 명령 시대의 서툰 모드 전환 때문에 억눌렸던 우리 안에 내재된 기술을 해방시켜준 것이다. 윈도우는 새로운 의식을 창조한 것이 아니다. 다만 우리 안의 의식을 스크린 위에 적용하도록 했을 뿐이다.

모든 현대의 윈도우 방식 인터페이스와 관련된 논쟁들이 다 포스트모던 사회학이나 우리들의 단편적 자아와 연관된 것은 아니다. 가장 흥미롭고 예상치 못했던 부작용은 저널의 원칙이나 지적소유권 같은 법적, 도덕적 소송과 관련된 것이다. 그러나 이들 간의 관계를 이해하기 위해서는 윈도우가 제록스 팔로알토 연구소와 SRI 시절에 어떻게 발전해왔는지를 먼저 알아봐야 한다.

인터페이스를 구현하는 방법 중에서 기본적 건축 메타포는 윈도우를 이십 년 이상 진화시켜왔다. 앨런 케이가 우연히 윈도우를 배열하는 방법을 알아낸 이후로는 그다지 중요한 혁신은 없었다(여러 윈도우가 화면상에서 경쟁하는 것을 생각해보라). 데스크탑은 3차원 사무실과 광장으로 발전되었고, 마우스 포인터는 스크린 위에 아바타를 쏟아냈다. 메뉴 바에는 움직이는 팔레트와 상황에 대응하는 마법사가 추가되었다. 윈도우는 옛날 〈스몰토크〉 시절보다 유연하게 줄어들기도 하고 알맞은 장소에 쏙 들어가기도 하지만, 이들은 같은 윈도우다. 장식이 다소 바뀌었을 수 있지만(회색 스크롤 바, 최소화 버튼 등) 기본적인 구조는 동일하다.

윈도우가 십 년 동안 그다지 많이 바뀌지 않았다 하더라도 윈도우에 대한 견해는 바뀌었다. 스크롤 바는 한때 스프레드시트나 텍스트 메모, 흑백 그림의 측면에 위치해 있었다. 지금은 DVD 비디오 화면이나 가상의 도시 광장·옆에 가만히 놓여 있다. 당신은 증가되는 화면 구성의 복잡성 때문에, 정보 공간을 들여다보기 위한 새로운 윈도우 혹은 새로운 렌즈의 출현이 필요하다고 생각할지도 모른다. 그러나 혁신은 매우 부족했었고 발표되지도 않았었다. 몇몇 가능성의 조짐이 보이긴 했지만, 이들 대부분은 상업적인 성공을 거두지 못했다. 이에 해당할 만한 것이 현재 인터페이스의 근원지인 제록스 팔로알토 연구소에서 나왔다. 이것을 고안한 사람들은 이를 〈매직 렌즈〉라고 불렀다.

〈매직 렌즈〉는 전통적인 윈도우의 작동법을 변화시킴으로써 실행된다. 대부분의 인터페이스가 그렇듯이, 실제 작동 상황을 보게 되면 당장 직관적으로 알 수 있지만, 윈도우 내부의 작업을 말로 설명하기는 매우 어렵다.† 그러나 디지털 세계의 기본 규칙이 어떻게 개선될 수 있는지 이해하기 위해서라면, 이런 규칙들을 두루 살펴보는 것도 가치 있는 일이다. 대부분의 경우 전통적인 윈도우는 위아래 혹은 좌우로 움직이는 데이터 공간을 포함하며 움직이지 않고 그대로 있다. 외형 자체가

† 이 점은 그래픽 인터페이스의 주안점 중 하나인 '보이는 것만 믿는다 *you have to see it to believe*'와 일맥상통한다.

105

아닌 내용이 움직인다는 말이다. 스크린 위에서 윈도우 전체를 옮길 수 있지만, 그렇게 하면 그 안의 내용도 당연히 같이 움직인다.

당신이 처음으로 스크롤 가능한 윈도우를 만난다면, 거기에서 어떤 깊이를 감지할 것이다. 윈도우는 그 자체의 테두리를 지나 계속되는 데이터 공간을 보여주고 있는 것처럼 보인다. 당신은 문서가 스크린 아래로 이어지는 텔레비전용 프롬프터나 19세기 파노라마 영화처럼 스크롤하는 것을 상상한다. 그러나 이런 환상은 금방 사라진다. 윈도우가 어떤 것으로 통하는 문이 아닌 2차원적인 종이로 느껴지기 시작하는 것이다. 보이는 공간은, 윈도우와 윈도우 내의 문서가 합쳐진 것처럼 보이도록 평평하게 변한다. 윈도우를 '통해서' 무엇을 보는 게 아니라, 윈도우 자체를 보는 것처럼 느끼는 것이다.

여기서의 요지는 최초의 메타포가 사라지고 글자 그대로 해석하게 된다는 것이다. 이 과정은 언어 그 자체만큼이나 오래된 것이다. 언어의 세계는 이런 죽은 메타포와 산문으로 경직되어버린 시들로 어지럽혀져 있다. "빛난다"는 책 속의 표현에서 우리가 햇빛을 연상하는가? 또는 시계의 바늘을 생각할 때 진짜 바늘을 연상하는가? 물론 아니다. 단어의 친숙함은 마치 동전의 앞뒷면이 닳고 닳아 단순한 쇳덩어리로 변하는 것처럼 원래의 의미를 지워버린다.[†] 윈도우도 마찬가지 경우다. 우리는 더 이상 그것이 실제 창문 '같은' 것이라고 생각하지 않는다. 그것은 나름대로 하나의 종種이 된 것이다.

〈매직 렌즈〉는 광학의 메타포를 현대 인터페이스에서 다시 재현하고자 하는 시도다. 렌즈는 돋보기 같은 것이 아니라 문서 위에 떠 있는 교차적인 윈도우 같은 것이다. 당신은 이 렌즈를 통해 문서를 보게 된

[†] 이 유추는 데리다의 훌륭한 글 「백색 신화」에 나온다.2)

다. 이때 보이는 것은 렌즈에 의해 극단적으로 변화된 모습이다. 전통적인 돋보기를 사용하는 것처럼 쉽게 〈매직 렌즈〉를 만들 수 있다. 이것을 복잡한 일러스트레이션 위로 끌고 와서 본다면 더욱 확대된 화면을 볼 수 있다. 렌즈 바깥은 원래 크기대로 남아 있게 된다. 이것만으로도 이미지 제작 프로그램에 있어서는 유용한 도구가 될 수 있다. 렌즈는 전체에 대한 감각을 상실하지 않은 채 한 부분의 자세한 모습을 볼 수 있게 해준다.

　　그러나 〈매직 렌즈〉는 단순한 돋보기가 아니다. 돋보기가 단순히 사물을 크게 보이게 하는 반면, 〈매직 렌즈〉는 셀 수 없이 많은 시각, 문자, 언어적인 트릭을 실행할 수 있다. 문서의 어떠한 특성에 따라 렌즈가 변환되어야 하는지는 인터페이스 디자이너가 결정하기에 달려 있다. 렌즈는 문서 크기가 아닌 정보의 해상도를 높일 수도 있다. 주요 도로들이 표시되어 있는 지도를 상상해보자. 렌즈를 어떤 지역으로 끌고 오면 고속도로에서 이어지면서 복잡하게 얽혀 있는 도로들이 나타나게 된다. 이렇게 높은 해상도로 지도 전체를 표시하려면 코드로 변환된 데이터를 원래의 형태로 변환하는 데 무척 많은 어려움이 따를 것이다. 넓은 경계선, 전체의 주요 연관성들은 없어지고, 뒷골목들이 잔뜩 얽혀 있는 쓸모없는 지도만이 남게 될 것이다.

　　최초의 윈도우처럼 렌즈도 데이터를 새롭게 볼 수 있는 방법을 사용해서 사물을 나타나게 하는 것처럼 보인다. 그러나 실제로 렌즈는 사물을 덮는다는 점에서 훨씬 더 큰 효과를 가진다. 렌즈는 차별화하는 도구다. 이것은 많은 것들을 감추면서 필요한 것만 보여준다. 렌즈는 과도한 정보가 희박한 정보만큼이나 타격을 준다는 것을 알고 있다. 고속도로 지도의 예가 이 점을 잘 설명해준다. 당신은 주州 내 모든 도로

Selection

The mouse has three buttons named LEFT, MIDDLE, and RIGHT corresponding to their physical layout. Here are the <u>selection</u> commands for each

제록스 팔로알토 연구소가 1996년에 개발한 정보 탐색 인터페이스 〈매직 렌즈〉

를 보여주는 지도가 필요 없다. 그것은 정보가 너무 많아 소용이 없다. 필요 없는 정보는 막고 더 자세히 보고자 하는 지역에 더 깊이 집중할 수 있게 해주는 것이 필요하다. 포토샵의 돋보기 기능처럼 확대 기능을 이용하여 더욱 깊이 들어가는 것과 비슷한 효과를 정보 공간 안에서도 얻을 수 있다. 그러나 계속해서 확대하는 것은 그림 전체를 보기 더욱 어렵게 만든다. 당신은 모든 정보를 보기 위해 확대와 축소를 반복할 수 있어야 한다. 렌즈는 한 번에 양쪽을 다 할 수 있게 한다.

〈매직 렌즈〉는 처음에 들으면 심오한 것 같지만 기대에는 썩 미치지 못하는 난해한 새로운 아이디어의 하나다. 이 메타포는 정말 설득력 있고 직관적이기 때문에 우리 일상적 인터페이스에 곧 녹아 들어갈 것처럼 느껴진다. 마치 아이콘을 더블 클릭하자 윈도우가 튀어나와 스크린 전체를 가득 채우는 것을 처음 보았을 때처럼 말이다. 그러나 〈매직 렌즈〉의 시제품과 사례 연구들은 조그만 허점에 휩싸일 수 있다. 〈매직 렌즈〉는 점괘를 보여주는 위저 보드처럼 문서 위를 떠돌아다닌다는 면에서 상당히 충격적이다. 그러나 실제 응용 프로그램에서의 효과는 작기도, 적절하기도, 과하기도 하다. 레오나르도의 레스터 코덱스를 CD-ROM으로 만든 것은(빌 게이츠의 멀티미디어 연구소인 코비스가 만들었다) 〈매직 렌즈〉의 가장 유명한 용례일 것이다. CD 안에서 〈매직 렌즈〉는 레오나르도 다 빈치의 유명한 뒤집힌 글자를 바로 보이게 하였으며, 다른 렌즈는 영어로 번역하는 기능을 하였다. 누렇게 변색되고 낡은 종이 위로 렌즈가 움직이면 렌즈 밑에 있는 단어들은 순식간에 우리가 식별할 수 있는 단어로 변화됐다. 1996년 발표회에서 내가 처음으로 코비스의 제품 실연회를 보았을 때, 청중들은 번역 렌즈에 기립박수를 보냈다. 렌즈가 영어로 번역된 글을 보여줄 때는 관중들의 감탄이 터졌다. 그러나 박수 갈채가 가라앉은 후, 단 한 번의 클릭으로 전체 스크린의 내용을 번역하는 것과 그 대신으로 〈매직 렌즈〉를 사용하는 것 사이에 과연 어떤 차이가 있는가 하는 의구심을 갖지 않을 수 없었다. 이런 생각은 바람직해 보이지 않을 수도 있다. 그러나 이런 비효율적 방법으로 정보가 잘 전달될 수 있을까?

일단 연구실에서 개발된 이후 계속해서 새로운 기능으로 향상되는 인터페이스 발전들로 컴퓨터의 역사가 이루어져왔다는 사실을 우리는 잘 기억하고 있다. 〈매직 렌즈〉가 여러 가지 데이터 유형들(데스크탑 출판 문서의 글꼴 목록, 도시계획자 지도 위의 교통 체증, 원자력 발전소 청사진 위의 오염된 부분)을 나타낼 수 있기 때문에, 렌즈도 결국은 오늘날 우리가 자연스럽게 매일 사용하는 보통 윈도우처럼 변할 수 있다. 그러나 다른 현대의 인터페이스 필터처럼, 렌즈의 가치는 렌즈가 나타내는 정보보다 그것이 숨기고 있는 부분에서 더 확연해질 것이다. 대부분의 디지털 텍스트 안에서 꿈틀거리고 있는 방대하고 무한한 정보 말이다. 보르헤스는 『미로』에서 "내가 밤이 주는 기쁨을 생각하지 않는다면 이런 고독 속에서 밤거리를 거닐 수 없다. 왜냐하면 밤은 우리의 기억이 하는 것처럼 쓸모없는 세밀한 부분을 감추어버리는 즐거움을 주기 때문이다."라고 말했다.[3] 정보 영역의 주변에서 조금이라도 시간을 보내본 사람이라면 누구나, 쓸데없는 세부사항들에 매몰된 적이 있다고 말할 것이다. 또한 이런 것들을 좀 감출 수 있다면 꽤 쓸모 있을 것이라는 것도 말이다. 바로 이런 이유 때문에 〈매직 렌즈〉는 앞으로 다가올 인터페이스에서 아직은 큰 역할을 찾지 못한 것일 수 있다.

만약 〈매직 렌즈〉가 주류로 성공하느냐가 아직 미지수라면, 엥겔바트

와 케이의 옛 윈도우는 현대의 인터페이스 가족 가운데 확실한 자손 하나를 갖고 있는 셈이다. 그러나 그것은 생물학적 후손이 아닌, 유전자의 결합 내지는 허상의 가지에 가깝다. 현대 인터페이스는 윈도우의 새로운 종을 불러내기보다는 보조 윈도우나 프레임 등으로 나누며 윈도우 원래의 모습을 변형시켜 왔다.

프레임은 텔레비전의 스포츠와 미디어 비평 프로그램에서 쉽게 볼 수 있는, 그림 안의 그림이다. 워드프로세서로 문서 나누기 작업을 해본 사용자라면 쉽게 이해할 것이다. 간단히 말해 이는 브라이언 드 팔머의 영화 〈캐리〉에서 학교 무도회 장면이 두 개로 나눠지는 것처럼 한 개 이상의 시점을 볼 수 있게 하는 윈도우다. 대부분의 현대 인터페이스는, 다르지만 동등한 모습의 데이터 공간을 가진 윈도우를 불러냄으로써 다른 시점을 보고자 하는 요구에 응한다. 프레임은 이미 존재하는 윈도우를 여러 유니트로 나누어 이런 요청에 응한다. 하나의 윈도우는 여러 개의 프레임을 담을 수 있으며, 각 프레임은 다른 정보 영역을 담당한다. 가장 기초적인 예로서 워드프로세서의 화면 분할처럼 한 프레임은 문서의 앞 부분을 보여주면서 다른 프레임은 문서의 끝 부분을 보여줄 수 있다. 그러나 보다 복잡한 웹 환경에서 프레임은 더 도전적이고 혼란스러운 작업을 수행한다. 이런 프레임의 사용은 치열한 논쟁거리가 되었으며, 어떤 경우는 법정 소송까지 이른 적도 있다. 별로 해가 없어 보이는 단순한 인터페이스 도구가 정치적으로나 법률적으로 얼마나 큰 파장을 불러일으킬 수 있는지를 볼 수 있는 사례이기도 하다.

프레임은 기술의 세계에서 다윈의 '정향진화설'로 볼 수 있다. 생물학에서 정향진화설은 자연선택의 통상의 변이 과정에서 생겨나는 또 다른 변이다. 환경 조건에 따라 적응하는 생물의 변화를 일컫는 '용불

용설'(아카시아 잎을 따먹기 위해 기린의 목이 길어졌다고 설명하는)
과 달리, '정향진화설'은 새로운 형질이 신기하고 예상치 못하게 적용
된 것이다. 기린의 진화 과정은 긴 목을 선택함으로써 좀더 멀리 있는
먹이에 닿을 수 있지만, 어떤 경우에는 궁극적 적용이 애초의 선택 과
정과는 다르게 나타난다. 예를 들어 날개는, 파충류의 물갈퀴가 달린
앞다리와는 독립적으로 진화하였다. 진화는 보다 강하고 물에 잘 적응
할 수 있는 다리를 선택하였다. 그리고 이 과정에서 날 수 있는 능력과
우연히 마주친 것이다. 다윈은 그의 저서 『종의 기원(1859)』에서, "하
나의 목적을 위해 처음 만들어진 기관은 완전히 다른 목적을 위한 것으
로 변환될 수 있다."고 썼다.[4]

　　화석의 기록이 그런 희귀한 변환들로 가득 차 있다면 첨단기술의
기록도 당연히 그런 것들로 넘쳐날 것이다. 한 문제를 풀기 위한 도구
를 디자인하면, 곧 그 도구로 해결 가능한 다른 문제를 찾게 된다. 주로
이런 문제들은 이전에 거의 신경 쓰지 않았던 것들이다. 이런 문제를
해결할 만한 도구가 없었기 때문이다. 디지털 스프레드시트는 애초에
회계 장부를 이중 기입하듯이 재무 정보를 기록하기 위해 만들어졌다.
그러나 이것은 금방 여러 가능성을 시험해보거나 시뮬레이션을 실행해
볼 수 있는 숫자 '모형'을 위한 도구로 변했다. 야런 러니어*의 가상현
실 안경은 비주얼 프로그래밍 언어를 위해 시작되었으나 곧 오락기구
로 변신하였다. 웹 자체도 대규모 정향진화설의 한 종류다. 원래 학문
연구용으로 디자인된 제한된 장소를 위한 자료정리 시스템이, 밤새도
록 세계의 정보 소비자들에게 뉴스, 드라마, 일정 기입, 소프트 포르노
등 당신이 상상하는 대부분의 것을 전달하는 매스미디어가 되었다.

　　프레임도 비슷한 진화 과정을 거쳤다. 이것은 처음에 프로그래머

* VPL Reserch사의 설립자. 가상
현실이란 신조어를 최초로 사용

들이 원초적인 문제에 대한 단기적 해결책을 뜻하는 '클루지 kludge'라고 불렀던 것에서 시작되었다. 웹의 초기 시절에 기술 언어 전문가들은 HTML이 표현에 한계가 있다고 평가하였다. 각 페이지와 그 페이지를 사용자에게 보여주는 윈도우 사이에는 직접적인 관련이 있었다. 스크롤 바를 내려 페이지 하단을 보면 위쪽에 있는 정보는 사라지게 되고, 스크롤을 다시 올려야 원래의 정보를 볼 수 있었다. 특히 정보들이 주로 텍스트 방식으로 이루어져 있던 웹의 초기 단계에서 이것은 매우 직관적인 것이었다. 그러나 1년 사이에 사이트들이 점점 더 복잡해지기 시작하면서 웹 디자이너들은 사용자들이 더 쉽게 항해할 수 있도록 이런 혼란스러움을 정리할 방법을 찾기 시작했다. 디자이너들은 실제의 쇼핑 몰에서 볼 수 있는 "현재 위치"를 알려주는 표시와 비슷한 버튼 바와 사이트 맵을 디자인하여 각 페이지에 삽입했다. 이런 디자인 요소들은 그래픽 인터페이스의 메뉴 바처럼 일관성 있게 제공되었다. 정보 공간 속에서 혼란스러워지더라도 길을 잃는 경우를 대비한 옵션의 툴 바가 항상 스크린 밑에 있게 됐다. 유일한 문제는 윈도우를 스크롤로 움직일 때마다 항해 도구들이 사라진다는 것이었다. 맥 인터페이스에서처럼 항해 도구를 스크린 상단에 고정시킬 수가 없었던 것이다.

재징적 압박도 프레임의 생성에 영향을 미쳤다. 1994년 가을,『와이어드』는 각 페이지 꼭대기마다 스폰서들의 배너 광고를 설치한 온라인 잡지 〈핫 와이어드〉를 출범시켰다. 이러한 공간 구성은 한 페이지를 꽉 채우는 과대광고에 익숙해져 있는 광고 대행사들에게 포커 카드보다 작은 크기로 광고를 집어넣도록 요구했다. 그러나 온라인 광고의 잠재적 보상은 유혹적이었다. 사용자들은 배너 광고를 클릭함으로써 스폰서의 홈페이지로 직접 이동하여 상품을 구입하고 마케팅 설문조사에도 응할 수 있었기 때문이다. 그런데 스크롤이 되는 윈도우는 이러한 상황에 적대적이었다. 〈핫 와이어드〉 같은 사이트에서는 물건을 전시하여 판매하고 있었다. 그러나 그 전시물들은 스크롤에 의해 페이지를 아래로 계속 떨어뜨리고, 배너 광고를 스크린 밖으로 밀어내고 있었다. 보이지 않는 것을 클릭할 수는 없다.

1995년 중반, 이런 문제를 해결하기 위해 프레임이 HTML 논의에 소개되었다. 완전히 새로운 툴 바나 고정적인 광고를 만들어내는 대신, HTML 컨소시엄과 그 기준을 좀더 향상시켰던 넷스케이프의 프로그래머들은 간단하고 개방적인 솔루션을 개발하기 시작했다. 윈도우를 분할하여 각각 다른 문서를 보여주는 것이다. 스크린 하단의 프레임은 사이트 맵을 보여주고 다른 나머지 윈도우는 스크롤되는 내용을 보여주는 것이다. 실제로는 맵과 문서가 각각의 다른 주소(웹 언어로는 URL)를 가진 다른 페이지면서도 한 페이지에 단단히 묶여 있는 것처럼 보이는 방식인 것이다. 같은 방식이 광고에도 적용되었다. 사용자가 사이트의 여기저기를 다니는 동안 배너는 윈도우 상단에 계속 머무는 것이다. 기술적으로는 완전히 다른 두 개의 페이지를 보고 있는 것이지만, 실제로는 주된 문서와 그 위에 고정된 광고를 하나의 페이지로 보는 효과를 거두게 된다.

아직까지는 그럴듯하다. 프레임은 명쾌한 설계와 광고 수입 등의 환경 요인에 순응하며 진화한다. 그렇다면 정향진화설은 어디에서 나타나는가? 결과적으로 HTML의 구현은 사이트 디자이너들을 위한 매력적인 새로운 가능성을 열었다. 만일 윈도우가 두 개의 다른 페이지를 서로 나뉜 프레임을 통해 동시에 보여줄 수 있다면 두 개의 다른 사이트도 보여줄 수 있다는 것이다. 어떤 코드도 같은 소스에서 두 페이지를 동시에 보이게 할 수는 없었다. 다른 사이트에 링크하는 대신 당신은 프레임 안에서 다른 사이트를 불러올 수는 있다. 마치 중고품 신체의 각 부분을 얼기설기 엮어 놓은 것과도 같은 프랑켄슈타인 문서가 만들어지는 것이다. 백악관 페이지를 보여주는 프레임을 맥도널드 광고 사이트 옆에 배치할 수도 있고, 타임 워너에서 훔친 니산의 자동차 패스파인더 광고 배너를 설치할 수도 있다.

그러나 이게 정말 훔친 것일까? 이 질문은 웹 프레임에 있어 큰 문제로 제기되고 있으며 향후 몇 년 동안 논쟁의 소지로 부각될 것이다. 이는 인터페이스 기술의 작은 향상이라는 디지털 기술에 의해 제기되어, 지적소유권 문제의 중심이 된 경우다. 이렇게 생각해 보자. 내가 만약 『뉴스위크』 웹 페이지의 내용을 나의 웹사이트로 옮겨놓는다면 당연히 지적소유권을 침해하는 것이 된다. 그러나 내 사이트에서 링크만 시켜놓는다면 법의 테두리 내에 남아 있는 것이며 사실 뉴스위크에게 비록 작지만 호의를 베푸는 것이 된다. 프레임은 이들 두 극단적 사실 사이의 중간 지역에 놓여 있는 것이다. 내가 만약 두 개의 프레임으로 나뉜 내 웹사이트를 만들었다고 가정하자. 하나는 뉴스위크를, 또 하나는 나의 일기를 정성 들여 올린 것이라고 치자. 그리고 이들 프레임 상단에 "스티븐 존슨의 글"이라는 제목을 붙인다. 그럼 나는 불법적으로 다른 사람의 지적소유권을 침해한 것인가, 아니면 그냥 간단히 언급만 하는 것인가? 단지 뉴스위크의 URL만을 나타내고 있다는 것을 명심하라. 나는 뉴스위크 내용을 직접 복사해온 것이 아니다. 그러나 무심코 나의 웹사이트를 구경하는 사용자가 그 차이를 구분하기란 어려울 것이다. 사용자가 보는 것은 두 개의 프레임으로 이루어진 페이지로 하나는 산만한 나의 글이고 또 하나는 유명 잡지의 커버 스토리인 것이다. 이것은 지나가는 행인에게 좋은 글을 권유하는 것과 같은 것인가? 아니면 뉴스위크를 칼라 복사해서 지하철 역 앞에서 파는 것과 같은 것인가?

이에 대한 간단한 대답은 '모르겠다'이다. 우리는 이 질문에 대한 대답을 모른다. 왜냐하면 현재의 지적소유권 법률은 디지털 정보의 새로운 현실을 표현할 만한 언어를 갖고 있지 않으며, 특히 월드와이드웹의 끝없이 제공되는 디지털 정보에 대해서는 더욱 그러하다. 아주 기초적인 단계에서 이 문제는, 매체와 메시지 사이의 애매모호한 구역에 떠 있는 윈도우를 우리의 지적소유권 법률이 어떻게 다루어야 할지 모른다는 뜻이다. 내가 만약 당신에게 뉴스위크를 개인 윈도우를 통해 보여준다면 '메이저 리그의 동의 없이' 월드 시리즈 테이프를 판매하는 것과 같은 것인가? 아니면 메이저리그 야구장이 보이는 아파트로 친구를 초대해 같이 구경하는 것과 같은 것인가? 기술적 측면에서 링크하는 것과 프레임 내에서 재현하는 것과의 차이는 HTML 코드에서 단어 몇 개의 차이일 뿐이지만, 지적소유권이 살아 있는 한 여기에는 소송 문제가 내재하고 있다.

이 문제는 1997년 2월, 유명 미디어 회사들인 워싱턴 포스트와 USA 투데이가 토털 뉴스라는 신생 인터넷 기업에 소송을 제기하면서부터 쟁점이 되기 시작했다. 원고측은 토털 뉴스가 그들 웹사이트의 기사를 복제함으로써 자신들의 판권을 침해하였다고 주장하였다. 아마도 기술세계 밖에 있는 사람에게 이 사건은 이상하게 보였을 것이다. 토털 뉴스는 기사의 복제를 부인하진 않았지만 판권 침해는 완강히 부인했다. 어떻게 이런 일이 일어날 수 있는가?

대답은 프레임과 관련이 있다. 토털 뉴스는 디지털 세상에서나 가능한 흥미로운 비즈니스 모델로 성공했다. 이 회사가 제공한 것은 전자

신문 판매소 또는 기사 제공 서비스 같은 것이었다. 윈도우는 세 개의 프레임으로 나누어진 간단한 모델이었다. 왼편의 프레임은 워싱턴 포스트와 USA 투데이가 포함된 10대 일간지의 이름이 나열되어 있었다. 워싱턴포스트를 클릭하면 신문의 1면이 스크린의 메인 화면에 천천히 나타났다. 사용자가 사이트에서 사이트로 움직이는 동안, 아래에 있는 프레임에서는 계속적으로 광고를 내보냈다. 이것은 다른 양식을 통해 진짜 콘텐츠를 갖고 있는 양식을 가리킴으로써 가치를 창출하는 미디어 기생의 고전적인 케이스였다. 토털 뉴스는 하나의 사이트에 국내 주요 일간지, 정확히는 국내 주요 일간지들을 가리키는 '포인터'를 모아 제공함으로써 독자들을 끌어 모았다. 일단 많은 독자를 모으게 되면 광고 판매를 통해 수익을 올리는 것이었다. 이런 포인터들을 모으는 데 드는 비용은 거의 공짜이므로(당신도 간단한 HTML 도구로 똑같은 페이지를 만들 수 있다) 매출은 꾸준히 올라가는 반면 비용은 무시할 만한 수준을 유지하는 것이다.

그것은 흥미로운 비즈니스 모델이었다. 그러나 이것이 불법일까? 아마 디지털 지적소유권에 대한 불분명한 상태로 봐선 대답을 찾는 데 많은 시간이 걸릴 것이다. 결과가 어떻든, 이 모두 사건을 한 번 지적해 보는 것은 가치가 있다. 프레임이 없었다면 누덕맞은 뉴스 기사나 광고 배너, 포장된 주요 사이트 목록 등을 하나로 만드는 것은 생각할 수조차 없었을 것이다. 웹사이트를 좀더 '사용자 친화적으로' 만들고자 했던 하나의 작은 인터페이스 장식이, 세계적인 미디어 재벌이 연루된 백만 달러짜리 법률 소송을 불러일으킨 것이다. 토털 뉴스 같은 사례가 윈도우와 관련된 첫 법적 사례가 될지는 모르지만 마지막이 될 것 같지는 않다. 적어도 이번 사례에서는 컴퓨터 인터페이스에 의해 제기되는 도덕적 질문들이 대중의 논쟁거리였다. 우리에게 언제나 그렇게 행운

이 따랐던 건 아니다. 사실 저널리즘의 도덕과 정보 디자인 사이에 있었던 충돌의 대부분은 거의 주목받지 못하였다. 그 이유는 기술이 너무 새로웠기 때문이기도 하고 한편으로는 윈도우 자체의 투명성 때문이기도 했다.

논쟁의 편의를 위해 이런 가상 시나리오를 생각해보자. 지금은 선거가 있는 해, 아직은 선거운동이 한산한 9월 초다. 워싱턴 포스트는 현직 의원이며 워싱턴시에 오랜 연줄을 갖고 있는 상원의원과 이제 막 선거에 참가한 신참(선거요원 수도 적고 오직 열정만 가득한) 후보가 만난 버지니아주 상원의원 선거를 연일 커버 스토리로 다루고 있다. 워싱턴 포스트는 이와 관련된 기사를 지난 두 달간 꾸준히 게재해왔고, 가끔씩 열띤 기사와 두 명 중 한 후보를 지지하는 의견 등을 싣기도 했다. 다른 선거에 대한 기사도 물론 있지만 이 기사는 정규적인 한 페이지 분량의 특집으로 선거일까지 다뤄질 것처럼 보인다.

그런데 갑자기 포스트가 독자에게 특별한 제안을 한다. 현직 상원의원을 찍는다고 약속하면 그 해 신문을 무료로 보여주겠다는 것이다. 그렇다, 공짜인 것이다. 상원의원 도전자는 반칙이라고 선언하고 변호사를 몇 명 고용한 후, 다른 지역 신문들과 연대하기 시작한다.

무시무시한 얘기처럼 들리는가? 당연히 그럴 것이다. 믿기 어려운 이야기인가? 속단하지 말길. 이런 저널리즘의 도덕성 타락과 같은 일이 1996년 가을에 일어났다. 그러나 그 사건에서는 대중의 무관심이 범죄 자체보다 오히려 충격적이고 실망스러웠다. 진짜 범죄자는 살짝

고 멍청한 고위층 인사가 아니라 디지털 시대의 매끈한 신참자들이었
다. 비즈니스 언론의 정보 거물과 그들의 기록자들이었던 것이다. 그리
고 이 모든 것은 보기에 해가 없어 보이는 컴퓨터 윈도우를 통해 이루
어졌다.

여기에 실화가 있다. 1996년 8월, 넷스케이프와의 길고 험한 전쟁
이 있은 후, 마이크로소프트는 "상대방을 이길 수 없다면 죽을 때까지
협력하여 시너지 효과를 올려라"라는 90년대 말의 기업 격언에 따라
몇몇 정보 제공자들과 그들의 웹 브라우저를 연결시키겠다는 야심에
찬 계획을 발표했다. 당시 다우 존스의 웹 마스터들은 마지못해 월 스
트리트 저널의 인터랙티브판에 대한 사용료를 지불하기로 결정했었다.
자유론자의 신조인 "정보에게 자유를"은 몬태나의 하늘 밑에서는 먹혀
들지도 모르지만, 채권 매매업자들에게는 어림없는 소리였다.

이제부터 시너지 효과다. 월 스트리트 저널은 무료 웹사이트에 익
숙해져 있는 많은 온라인 사용자들을 완전히 차단시키지 않으면서도
자신의 영역에 벽을 쌓을 수 있는 방법을 찾고 있었다. 마이크로소프트
는 자신의 웹 브라우저를 경쟁으로부터 차별하는 방법, 즉 브라우저 자
체의 특징보다는 브라우저를 통해 전달되는 정보의 '부가가치'를 찾고
있었던 것이다. 이것은 모든 경영학 석사들이 암기하고 있는 방법이다.
이런 논리는 패스트푸드 체인점에서 햄버거를 시키면 반짝거리는 박스
에 디즈니 만화 캐릭터가 새겨져 나오는 것과 비슷하다.

그리하여 8월 13일, 마이크로소프트와 월 스트리트 저널은 계약에
서명하기에 이른다. 다른 사람들은 매년 29달러씩 요금을 내야 하는 반
면, 마이크로소프트의 인터넷 익스플로러 사용자들은 월 스트리트 저

널의 웹사이트를 자유롭게 이용할 수 있다는 내용이었다. 월 스트리트 저널로 들어가는 입구에는 마이크로소프트의 로고와 함께 '인터넷 익스플로러 다운로드' 아이콘이 설치되었다. 텍스트 위주의 페이지에서 아이콘은 교육방송 다큐멘터리에 붙어 있는 슈퍼 마리오처럼 보였다. 이런 미적인 요소와 관련된 결정은 대수롭지 않아 보이지만, 월 스트리트 저널은 아직까지도 신문에 사진을 게재하지 않음을 기억하라.

얼핏 이 계약은 연방정부의 선거와 관련이 없는 것처럼 보인다. 그러나 이 이야기 뒤의 큰 배경과 관련된 회사들의 면면을 보라. 워싱턴 포스트가 나라 전체 및 워싱턴의 정치를 다루듯이 월 스트리트 저널은 전 미국 기업에 관해 기록하는 신문이다. 그리고 1996년 무렵 월 스트리트 저널이 보여주는 세계에서 마이크로소프트의 인터넷 점령만큼이나 더 흥미롭고 중대한 일은 없었다. 그것은 버지니아주 상원의원 선거보다도 훨씬 중대하고 인상적인 이야기였다. 정보 시대의 비틀거리는 거인, 세계가 경악한 기술적인 힘에 의한 저가 판매, 자신의 업계에서 우월적 지위를 되찾으려는 몸부림 등. 전략과 환경에 관한 많은 물결이 그 이야기의 주요 흐름에 보태졌지만 현재 웹 브라우저 전쟁만큼 강한 것은 없었다.

웹 브라우저는 웹 환경에 맞추어진 초기 윈도우의 파생이며, 볼 수 없는 것을 보는 방법이다. 하드 드라이브에 브라우저를 설치하면, 마치 현미경으로 미토콘드리아가 번식하는 것을 볼 수 있듯이 수많은 웹의 세상을 볼 수 있다. 웹의 자료는 많은 다양한 브라우저들을 통해서 볼 수 있도록 디자인되었다.[†] 그러나 안타깝게도 어떤 브라우저는 다른 브라우저에서 보여주는 것과 다른 내용을 보여주었다. 1996년에는 넷스케이프의 네비게이터가 웹 브라우저 시장을 지배하고 있었다. 넷스

† 컴퓨터의 세계에서는 'platform agnostic' 이라고 부른다.

케이프는 1995년 11월 월 스트리트 역사상 가장 성공적인 기업공개 후, 수십 억 달러를 창출하는 시장 우위를 차지한 것이다. 그러나 마이크로소프트는 최근 몇 달간 인터넷 익스플로러를 강력히 밀고 있었으며, 윈도우즈 97* 운영체제의 기본 환경에 브라우저를 포함시키겠다고 협박했다.

그것은 자극적인 결합이었다. 특히 평소 월 스트리트 저널의 안전 제일주의 성향을 감안하면, 멋지게 변신한 공부벌레 출신의 CEO들(마이크로소프트의 게이츠·볼머 진영과 넷스케이프의 앤드리슨·박스데일 진영)의 한판 대결에 디지털 시대의 운명이 달려 있는 것이었다. 월 스트리트 저널이 주로 다루는 거대한 배경의 여러 기사들과는 달리, 이 기사는 단 한 개의 기사로 다루어졌다. 익스플로러의 시장 점유율은 지진계처럼 몇 달 동안 심하게 움직였고, 점유율을 나타내는 백분율 역시 선거에서와 마찬가지로 중요했다. 그리고 선거나 지진처럼 이 브라우저 전쟁에서 5% 편차는 아주 중요한 기사거리였다.

이것은 단지 기업 간의 시너지 효과와 제품 연합에 대한 이의 제기가 아닌, 도덕성에 대한 의문이었다. 간단히 설명하면 월 스트리트 저널은 첨단기술 업계의 사건들을 공정하게 보여준다고 주장했지만, 넷스케이프가 아닌 마이크로소프트의 제품을 선택한 독자에게 구독료를 받지 않았다. 웹과 연결된 월 스트리트 저널의 독자 수와 이 신문의 인기도를 감안해볼 때 이 연합은 넷스케이프의 희생을 바탕으로 익스플로러의 시장 점유율을 높인 것이다. 월 스트리트 저널은 '우리는 마이크로소프트와 넷스케이프 간의 경쟁을 공정하게 보도하는 권위 있는 신문이지만 만일 당신이 마이크로소프트를 밀어주신다면 구독료를 내실 필요가 없습니다'라고 선언한 것과 마찬가지 효과를 가져왔다. 이것은 명백한 저널리즘의 도덕성을 위배한 것이지만, 이 사건은 별 문제 없이 그냥 지나갔다. 어째서인가?

　　거기엔 몇 가지 이유들이 있다. 기존의 인쇄출판물 감독기관은 대부분 난해한 가상세계의 언어를 잘 모르고 있다. 누가 비트, 바이트, 배너, 브라우저 등의 단어들을 다 이해하고 있겠는가? 또한 꾸준히 들어오는 보도자료들과 얽히고 설킨 서로 간의 상반된 이해 관계가 결국은 참된 하나의 카마수트라를 만들어내고 있는 상황에서, 파렴치한 동료와 단순히 모르는 사람을 구별한다는 것은 거의 불가능하다. 물론 서부지역에서는 기술자유론자의 세계관에 의해, 설사 빌 게이츠가 관련된 것이라 해도 기업 간의 협력을 반대하기는 어려웠다.[†]

　　거기엔 또한 브라우저 자체의 희귀성이 존재하고 있었다. 지난 수세기 동안 신문 매체는 '공정성'이라는 원칙에 조금씩 예외를 부여해오고 있었다. 광범위한 대중들에게 지금은 분명해진 예를 들자면, 사설 페이지와 광고 같은 것들이 그렇다. 웹 브라우저는 순수한 정보 자체보다 한 단계 위에 위치하고 있기 때문에 이런 관례와 기본적으로 다르다. 브라우저는 메타양식이며, 매개자이자 필터다. 이것은 사용자와 정보를 분리하면서 이 정보를 다양한 방법으로 변형시켜, 데이터 공간을 바라볼 수 있게 하는 윈도우다. 독자가 아무런 중재 없이 신문지상에서 직접 정보를 취하는 인쇄의 세계에는 이와 같은 것이 없다. 똑같은 신문의 디지털 버전은 그 명확함에 의해 더욱 적응이 쉽다. 최근의 브라우저들은 온라인상에서 데이터가 어떻게 보여지는지를 정해주는 다양한 멀티미디어 기준을 지원함으로써, 자신을 본질적으로 차별화한다. 그러나 다양한 의미에 따라 정보를 걸러주는 많은 새로운 제품들이 나타나고 있다.[†] 오늘날의 브라우저들은 이들이 전달하는 데이터의 "보고 느끼기"를 변형시킨다. 미래의 브라우저들은 어떤 스토리를 더 강조하는 방식으로, 혹은 독자에게 흥미 있는 내용을 보여줌으로써 데이터의 의미를 변형시킬 것이다.

이 새로운 것이 무엇이 되건 간에 기존의 사설 또는 광고의 범주에는 들어가지 않아야 한다. 만일 월 스트리트 저널의 예에서 본 바와 같이 잘못된 협력에서 배울 점이 있다면, 인쇄 저널리즘의 도덕 기준은 디지털 코드로 변형되었을 때 똑같이 적용되지 않는다는 점이다. 그리고 어떤 면에 있어선 내용과 필터, 데이터와 매개자 간의 관계에 대한 감독이 필요할 수 있다. 월 스트리트 저널이 인터넷 익스플로러 사용자들에게 제공한 특혜는 1997년 1월에 끝났다. 그러나 이런 논쟁에 대한, 디지털을 잘 모르는 사람도 이해할 수 있는 대중적 협의를 시작하지 않는다면, 사방의 모든 저널리스트에게 더 크고 더 복잡한 문제의 시작이 될 수도 있다. 출판업자들은 광고와 사설을 분리하는 완충지대, '국가와 교회의 분리'에 대해 이야기하는 것을 좋아한다. 이런 새로운 정보 필터들(매체와 메시지 사이를 연장하는 이런 윈도우와 브라우저와 렌즈들)의 등장으로 아마 저널리즘은 제3의 영역을 찾을 수 있을 것이다.

윈도우에 대한 생각은 단순히 기존의 저널리즘의 관행을 위협하지만은 않는다. 이것은 또한 1장에서 본 것 같은 변형양식과 정보 필터에 한 걸음 더 가까운 저널리즘의 한 종류가 생길 수 있는, 새로운 기회를 부여한다. 기자와 평론가들 그리고 텔레비전 관련 권위자들은 이 세상에 윈도우(그날의 사건에 대한 새로운 견해)를 제공해왔다. 정보 공간의 윈도우는 그런 오래된 전통의 지나치게 문자화된 표현을 제공해왔다. 새로운 저널리즘이 유일하게 제공하는 것은 하나의 윈도우가 다른 윈도우에서 열리듯, 다른 의견을 볼 수 있는 의견이다. 오늘날의 저널리즘 세계에서 우리의 흥미를 끄는 의견을 가진 뉴스 제공자나 논설위원들 또는 가장 정확하고 유익한 정보를 주는 기사의 제공자들에게 우리는 자연스럽게 이끌린다. 가끔은 그런 훌륭한 평판이 단순히 '기록의 종이'라는 신문 자체로 집중되기도 하지만, 대부분의 경우 우리는 기사의 내용에 따라 신문을 취사선택한다. 『월 스트리트 저널』은 비즈니스를 위해, 『타임스』는 외교, 『워싱턴 포스트』는 정치 그리고 『뉴요커』는 문화 관련 소식을 보기 위해 읽는 것이다. 이런 미세한 차이가 우리 스스로가 매번 어떤 정보를 구할 때마다 만드는 정보 필터의 역할을 하고 있다.

앞으로 십 년 동안 이렇게 다른 뉴스와 논평 자료들을 묶는 것은 저널리즘의 한 종류로 변해갈 것이다. 이것은 매일 온라인에서 방출되는 방대한 분량의 정보를 합성하고 소화한, 새로운 기사 양식이 될 것이다.[†] 토털 뉴스는 이런 새로운 정보 필터가 어떤 모양일지를 슬쩍 보여주었다. 그러나 이 사이트는 성공적인 변형양식의 결정적 요소인 사실적 편집과 비평 감각을 간과하였다. 토털 뉴스는 단순히 주요 온라인 뉴스 서비스를 다시 포장하였을 뿐이다. 이건 더 간편한 포맷일 수는 있지만 정보의 내용에 실제로 추가되는 것은 아무것도 없다. 더욱 발전된 뉴스 '브라우저'들은 진정한 비평적 기질, 세계 정세에 관한 전망, 어떤 기사를 재포장할 것인지를 결정할 편집 감각 등이 포함될 것이다. 가능성은 무한하다. 좌익 경제와 정치 기사를 위한 필터, 프로선수들의 심리학적 차원을 강조하는 스포츠 기사를 위한 필터, 독립영화 뉴스와 비평에만 오로지 집중하는 필터 등. 이런 새로운 변형 저널리즘의 매력은 채널이 방대할 뿐 아니라 비싼 사용료가 들지 않는다는 데에 있다. 웹으로의 접속이 가능하고 단지 보통의 HTML 기술을 가진 어느 누구

† 필요한 뉴스만 골라 제공하는 클리핑 서비스도 회사의 몇몇 임원들이나 저널리스트에게만 제공되었지만 몇 년 동안 틈새 시장을 차지하고 있었다.

라도 오늘의 뉴스에 대한 자신만의 의견을 올릴 수가 있는 것이다. 만일 편집 감각이 뛰어나다면 이런 종류의 변형 저널리즘은 상품적으로도 가치가 있을 만큼 충분히 청중을 끌어 모을 수 있을 것이다.

이것은 저널리즘의 보다 대중적인 모델에 흥미를 가진 사람에게 용기를 불어넣어주는 계기가 될 것이고, 디지털 윈도우와 이것의 파생인 브라우저 및 프레임의 광범위한 영향력의 증거가 될 것이다. 물론 이런 뉴스 필터링 응용 프로그램은 그 옛날 70년대 중반, 앨런 케이가 다층의 보고 느끼기를 연구할 때에는 상상조차 할 수 없었던 것이다. 온라인 출판이라는 아이디어가 적어도 10년 후에 출현했기 때문이다. 윈도우는 저널리즘이 여과 과정의 하나라고 생각할 수 있게 해주었다. 하나의 의견으로부터 다른 의견을 볼 수 있도록 하는 것. 그러나 당신은 이런 시각을 갖고서도 주요 언론 기관이 거대한 월드와이드웹에 연결되기 전까지는 아무것도 할 수 없었다. 윈도우는 정보 공간을 새로운 각도에서 볼 수 있게 해주었으나, 하이퍼링크는 세계를 좀더 응집력 있는 형태로 모이게 할 수 있었다. 이제는 링크에 대해 주목할 때가 왔다.

4. 단서를 따라 의미를 만들라, 디킨스의 속삭임

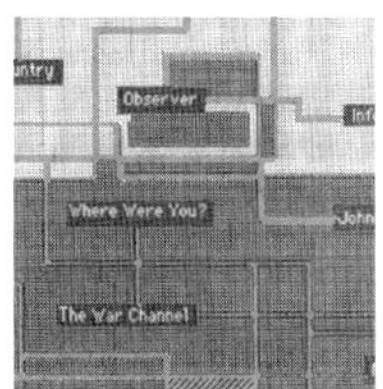

단어가 의미하듯이, 링크는 사물들 간의 관계를 형성하는 방법이며, 의미의 상관관계를 만들어나가는 방법이다. 언어학적 전문용어로, 링크는 접속어의 역할, 평범한 디지털 글 속의 이실석인 생각들을 결속하는 역할을 한다.

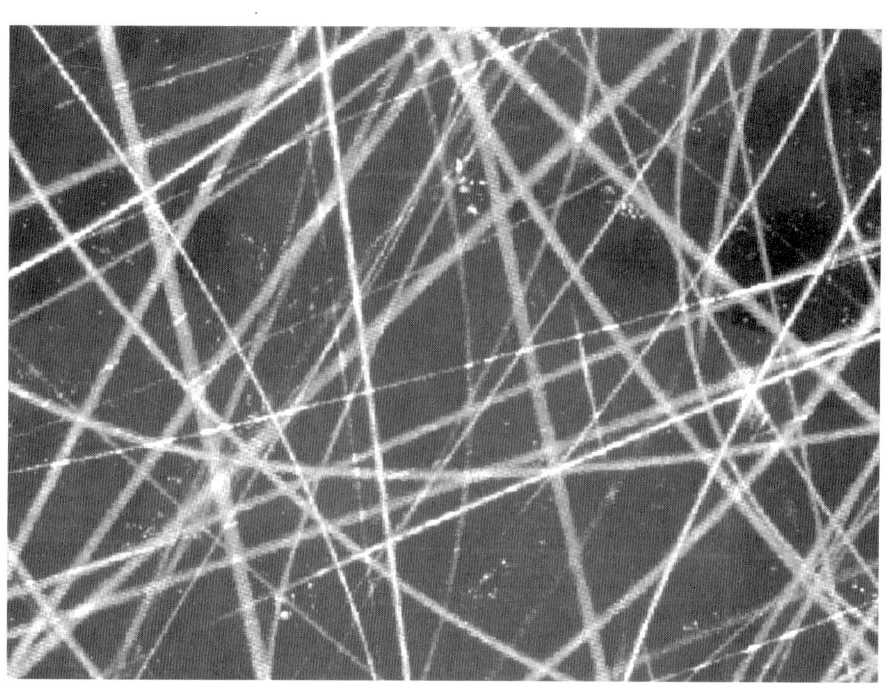

* 미국 내 흑인 영어인 에보닉스를 정규 교육과정에 포함시킬 것인지의 문제를 둘러싼 논쟁

† 유대인들의 이디쉬 Yddish가 미국 도시인의 대화에 활기를 불어넣었던 경우를 상기해보라.

† 진지한 주장을 내세우면서 "그길 클릭해봐!" 같은 표현으로 강조하는 친구들을 종종 볼 수 있다.

1990년대 중반의 에보닉스 Ebonics에 관한 논쟁*이 우리에게 가르쳐준 것이 있다면, 그것은 일반 국민들이 사용하는 관용어나 속어에 대한 사례 연구가 전혀 없다는 사실이다. 구어체는 좋지 않은 말의 영향을 받지만, 속어는 종종 언어에 포함되지 않기도 한다. 이러한 새로운 용어와 억양의 유입은 언어 세계를 활기차게 하는 요인이 되기도 한다.† 그러나 속어가 언제나 새로운 표음언어의 발생을 뜻하는 것은 아니다. 때로는 가장 영향력 있는 전문용어가 대중적인 인기를 얻기도 한다. 달 착륙 이후 항공우주국 나사의 특수용어가 국민적으로 대중적인 용어가 된 일이 좋은 예라 할 수 있다. 최근의 인기 있는 속어에는 이미 일상용어가 된 접두어 '사이버'와 다수를 상대로 한 공격을 뜻하는 '스패밍 spammning'처럼 디지털 용어에서 빌어온 것들이 많다.† 아날로그 세계에서 차용한 수많은 메타포들이 이제는 디지털 용어에 자리를 내주고 있는 이 새로운 현상은 실리콘 밸리가 주도하고 있다.

모든 속어의 의미가 언제나 새로운 환경에 적절하게 적용되는 것은 아니다. 그래픽 인터페이스의 데스크탑 메타포처럼, 구어체 표현이 하나의 사용환경에서 다른 사용환경으로 이동할 때 의미가 혼란스러워질 위험이 발생할 수 있다. 용어를 처음 사용할 때는 친근함이 중요한데, 데스크탑이라는 단어가 수만 명의 사용자들에게 정보 공간이라는 개념을 심어준 것도 그 예라 할 수 있다. 그러나 이런 부분적인 유사성에는 반드시 한계가 있다. 어떤 것 자체의 초기 모습과 은유가 적용되어 변형된 모습이 있다. 그리고 때때로 그 둘 사이의 너무 큰 격차로 인해 그 변형은 본래의 모습보다 더 애매 모호해진다. 인터페이스 디자인과 속어의 경우 모두, 하나의 환경에서 다른 환경으로의 이동은 가끔 무의미한 것이 되기도 한다.[†]

위에서 말한 내용은 동사 '서프surf'와 그것의 변형인 웹 서퍼, 사이버서프, 서핑 디지털 웨이브, 실리콘 서퍼에도 해당된다. 단어의 반복이 무의미할 뿐만 아니라, '서핑'이라는 개념은 웹을 항해한다는 것을 의미한다는 면에서 엄청난 오해를 가져온다. 이 경우에 우리를 오도하는 것은 문자 그대로의 서핑에 대한 암시가 아니다. 물론 편안히 앉아 컴퓨터를 조작하는 제프 스피콜리 같은 웹헤드들이 커피를 마시며 손목이나 찔끔 움직이는 일을, 진짜 서퍼들을 일컫는 단어로 추상명사화하여 표현하는 것은 적합하지 않다. 그러나 사이버서프의 개념에서 진정 문제가 되는 것은 단어 내에 은연중 내포된 텔레비전과의 연관이다. 다시 말해 웹 서핑이 1980년대 리모트 컨트롤과 케이블 박스의 보편화로 비롯된 텔레비전 채널 서핑에서 유래된 것으로 보이기 때문이다. 소비자 대상의 광고에서 C-SPAN[*], 뉴스, 만화 채널에 이르기까지 현대 TV 문화 내의 그러한 목적 없는 이동은, 기존의 것에서 새로운 것을 묘사하기 위한 새로운 용어를 창조하는 일과는 다르다. 물론 이 단어의 사용이 전적으로 부적절한 것만은 아니다. 적어도 서핑이라는 단어는 채널 건너뛰기라는 일상적, 수동적, 소모적 행위에 좀더 동적이고 복잡한 의미를 부여했다. 현실 세계 서퍼들의 즐거움이 바다의 파도에 달려 있는 것처럼 채널 서퍼들의 즐거움은 프로그램 제작자와 네트워크 책임자들의 손에 달려 있다. 하지만 케이블 TV 시스템이 제공하는 제한된 채널 안에서만 서핑이 가능하기 때문에 이 둘의 유사성은 여

[†] 데스크탑 메타포가 너무 그럴싸해서 컴퓨터의 놀라운 형태 변환 능력을 등한시하는 것처럼 말이다.

[*] 1979년 미국에서 만들어진 케이블-위성 공공 네트워크

기서 끝난다.

그러나 서핑이란 용어가 웹이라는 새로운 세상에서 쓰일 때는, 원래의 정확한 뜻을 거의 상실한다. 웹 서핑은 채널을 여기저기 돌려보는 텔레비전 채널 서핑에 하이테크적 성격이 좀더 가미됐다는 사실을 의미하기 때문이다. 텔레비전 채널 서핑과의 한 가지 연관성으로 인해 전반적인 채널 서핑의 특징들이 웹 서퍼들에게 불행하게도 적용되어버린다. 우리는 수많은 전문서적과 신문기사를 통해 채널 서퍼들이 많은 질병에 시달리고 있다고 들었다. 그들은 주의가 매우 산만하고 사건의 인과관계를 감지하는 능력이 떨어지며, 문자보다 이미지를 중요시하고 어떤 대상에 이삼 분 이상 집중하지 못한다는 것이다. 이것들은 채널 서퍼들이 가진 질환이라고도 할 수 있는데, 웹 사용자들에게 서퍼라는 이름을 붙임으로써 앞서 말한 문제들이 이들에게도 그대로 적용돼버린다. 결과적으로 리모컨을 사용하여 미디어 세계를 옮겨 다니는 행위와 링크를 따라 사이버공간 내에서 움직이는 행위는, 동일한 행위가 약간 변형된 정도라고 정의된 것이다. 버커츠와 커크패트릭 세일 같은 신러다이트주의자들은, 신세대를 리모트 컨트롤과 하이퍼텍스트의 힘에 지배당하고 일차원적 이야기의 질서와 도덕 세계를 알아채지 못하는, 서핑에 미친 산 송장이라고 힐딘했다. 반면 러쉬코프 같이 X세대를 대변하는 이들은 미디어에 능통한 '스크린 세대'의 즉흥적인 재치와 기술을 강력하게 옹호해왔다.

그렇지만 기계화 반대주의자나 X세대 지지자 양쪽 모두는 아주 심각하게 그릇된 인식을 갖고 있다. 웹 서핑과 채널 서핑은 근본적으로 다른 목적을 갖는데, 이들을 같은 것으로 여기는 일은 각 미디어의 정의와 특징을 무시하는 격이다. 하지만 적어도 이론상으로는 이런 일이 벌어지고 있다. 사실상 웹은 텔레비전보다 훨씬 더 많은 행동을 요구한다. 텔레비전은 채널 서퍼들을 TV 프로그램이 제공하는 무작위·무감각의 그늘에 가두고, 마치 CD 플레이어가 계속 반복되는 것처럼 그들을 한 공간에서 맴돌게 하는 형상이다. 그러나 온라인 세계가 혁신적인 이유는 웹 여행에서의 정류장이 모두 연결되어 있다는 사실이다. 다양한 목적지들을 연결하는 링크는 무작위가 아닌 유대관계에 의한 것이다. 채널 서퍼들은 지루하기 때문에 채널을 여기저기 돌려본다. 그러나 웹 서퍼들은 흥미롭기 때문에 계속 링크를 클릭한다. 이 사실 하나만으로도 '서핑'이 가지는 두 가지 의미의 차이를 알 수 있다. 이 차이는 현대의 미디어 평론가들이 반드시 인식해야 할 부분이다.

불행하게도 미디어 평론가들만이 문제되는 것이 아니다. 실리콘밸리 자체, 특히 넷스케이프나 익사이트*처럼 웹에서 순식간에 성공하여 수억만 달러를 번 대부분의 신생 회사들은 새로운 하이퍼텍스트를 연구하는 능력이 부족한 것으로 판명되었다. 그들 성공의 직접적인 요인이 하이퍼텍스트에 있다고 할 수 있는데도, 대부분의 웹 회사들은 일부러 하이퍼텍스트를 무시하면서 오히려 텔레비전, 비디오, 애니메이션을 닮으려고 노력하고 있다. 이런 상황은 매우 역설적이라고 밖에 할 수 없다. 하이퍼텍스트의 힘으로 유명해진 회사들이 하이퍼텍스트를 그저 스쳐 지나가는 부분으로 여기며 링크를 무시하고 있는 것이다. 이런 이상한 경시의 태도는 새로운 차세대 제품과 보다 매력적인 기술을 탐구하는 실리콘 밸리 특유의 시도로 볼 수 있다. 그러나 이런 입장이 자신의 자리를 없애버리는 행위라는 점도 알아야 할 것이다.

하이퍼텍스트에 대한 이와 같은 무관심은 부분적으로 '서프'라는 용어를 잘못 적용한 데서 연유한 것이다. TV를 연상시키는 의미가 더

* 기존의 키워드 검색에 대비되는 개념 검색을 최초로 도입한 검색 사이트

해질수록 링크가 추구하는 기능과 그것이 주는 경험의 중요성을 놓치게 되고, 결국 링크가 발전할 수 있는 방향을 내다보기 어려워진다. 이같은 무관심은 결코 그냥 넘어갈 만한 일이 아니다. 다음의 통계를 예로 들어보자. 1996년 중반 무렵, 넷스케이프와 마이크로소프트는 새로운 버전의 웹 브라우저를 각각 출시했다. 비공식 기록으로 역사상 가장 빠른 업그레이드였다. 당시에 발표된 홍보물과 제품 안내서에 따르면, 이 새로운 버전의 브라우저들은 백여 개 이상의 새로운 기능을 포함하고 있다고 했다. 자바* 지원, 새로운 애니메이션, 사운드 플러그인, 전자우편 필터 등 많은 사양이 업그레이드된 것이었다. 그러나 이러한 새로운 기능 가운데 텍스트 링크를 클릭하는 기본 동작을 향상시키는 것과 관련된 것은 단 하나도 없었다. 월드와이드웹의 가장 중요한 근본이, 불필요한 수많은 부가기능에 의해 완전히 무시당했던 것이다. 많은 시간 동안 웹을 ‘서핑’ 하는 우리에게 그런 실수는 참을 수 없는 일이었다. 어떤 웹 사용자에게나 무엇 때문에 처음으로 가상공간에 관심을 갖게 되었는지 물어보면, 아마도 화려하게 움직이는 그래픽이나 변형된 사운드라는 답을 예상할 테지만 실은 그렇지 않다. 우리 대부분이 탄성을 지르게 되는 순간은 처음으로 링크를 클릭하면서 우리 자신이 가상 세계에 내던져진 것을 발견할 때다. 정보의 세계를 여기저기 넘나들며 각 사이트가 이끄는 곳으로 따라 움직이는 자유로움과 친밀함이 그 무엇보다 중요한 것이다. 우리는 웹에서 보는 어떤 애니메이션보다도 더 생생한 애니메이션을 텔레비전에서 시청하며, 웹에서 듣는 어떤 사운드보다도 강력한 사운드를 가정의 스테레오를 통해서 듣는다. 그러나 처음으로 클릭하는 링크에 비교될 만한 것은 아무것도 없다.

처음으로 웹을 대면할 때 눈에 띄는 것은 언어의 단계에서 벌어지는 심오한 어떤 사건이다. 링크는 다음에 올 것에 대한 힌트일 뿐이긴

* 미국의 선 마이크로시스템즈사가 개발한 객체 지향 프로그래밍 언어. 1995년 5월에 발표

하지만, 이는 수세기만에 최초로 등장한 마침표의 새로운 형태다. 실제로 하이퍼텍스트는 완전히 새로운 문법의 가능성과 새로운 글쓰기와 전달법을 제시한다. 그러나 이 새로운 가능성을 실현하기 위해서는 하나 이상의 링크 유형이 필요하다. 마이크로소프트나 넷스케이프는 아마도 현재의 웹에서 사용하는 단순하고 일차원적인 링크에 만족하고 있을지도 모른다. 그러나 그것은 마치 모든 단어들이 오직 세미콜론만으로 분류된 소설을 쓰고 있는 것과도 같다.[†] 다행스럽게도 하이퍼텍스트의 세계는, 매우 낮은 수준이긴 하지만 오랫동안 조금씩 혁신되어 왔다. 링크는 어떤 인터페이스 요소보다 하이테크가 아닌 문화적 범주에 속한다. 넷스케이프가 하이퍼텍스트를 무시한다 해도 소설가, 사이트 디자이너, 디지털 미술가들은 계속 링크의 새로운 문법과 조합을 만들고 있다.

　단어가 의미하듯이, 링크는 사물들 간의 관계를 형성하는 방법이며, 의미의 상관관계를 만들어나가는 방법이다. 언어학적 전문용어로, 링크는 접속어의 역할, 평범한 디지털 글 속의 이질적인 생각들을 결속하는 역할을 한다. 링크의 역할에 대한 이런 정의 때문에 하이퍼텍스트로 이뤄진 글에 대한 비판은 언제나 링크의 분리 능력에 대한 것이었다. 하이퍼텍스트 소설에서 강력한 분리 능력은 장점으로 작용해왔다. 그러나 인터페이스에 대한 일반적인 통념상 링크는 통합하는 장치, 다양한 요소들을 질서정연하게 만드는 도구로 인식돼왔다. 어떤 면에서 오늘날 인터페이스의 하이퍼텍스트 웹에 가장 잘 어울리는 동의어는 채널 서핑의 세분화된 세계가 아니라, 오히려 습기 차고 안개 자욱한 빅토리아 시대의 런던 거리나 그 시대의 유명한 찰스 디킨스의 소설이라고 할 수 있다.

실제로 "관계의 링크"는 디킨스가 가장 좋아했던 문구라고 한다. 이것은 그의 작품 중 가장 복잡하게 얽혀 있으며 또 그의 '성숙한' 소설 가운데 가장 널리 읽힌 책인『위대한 유산』의 서술에서 매우 중요한 역할을 하고 있다. 디킨스에게 있어서 링크는 일반적으로, 스쳐 지나가는 어디서 본 듯한 것 또는 잠깐 나타났다가는 곧 사라지는 형태를 의미했다. 그의 작품에서 등장인물들은, 우연히 마주친 이방인의 얼굴에서 정확히 설명할 수는 없지만 어디서 본 듯한 느낌을 받기도 한다. 이런 순간들이 아스라한 기억처럼 그의 소설에 퍼져 있는데, 이 절묘하고 우아한 특징 때문에 소설은 모더니즘의 바탕을 이루는 주관적인 정신과 의식의 흐름 기법에 근접한 것이 된다. 소설의 주인공인 핍이 신비스런 어릴 적 친구 에스텔라에 대해 심사숙고하면서 그녀에 대해 애정 어린 관심을 느끼는 상황을 예로 들어보자. "그녀가 가만히 서서 나를 뚫어져라 보고 있을 때 나는 머리 속으로 무슨 생각을 하고 있었는가⋯⋯? 무슨 생각이었지⋯⋯? 나의 눈이 그녀의 하얀 손을 따라 움직이면서 또 다시 뭐라고 정확히 표현할 수 없는 희미한 생각이 떠올랐다. 순간적으로 유령이 나를 스쳐 지나가서는 사라져버린 것이다. 무엇이었을까?"[1]

위와 같은 부분적인 이피퍼니*는 그저 작가의 스타일을 드러내는 데에 그치지 않으며, 이것들이 바로 디킨스 소설에 긴장감을 형성하는 원천이라고 할 수 있다. 유사점을 분석하고, 링크를 연결하고, 인물의 얼굴에 이름을 대입하는 이런 행위들이 예외 없이 소설의 결말을 위해 사용되는 것이다. 그 행위들은 매우 무질서하게 얽혀 있음에도 불구하고 어떤 질서를 나타낸다.† 스쳐 지나는 유사점을 가진 "관계의 링크"

는 디킨스의 두 가지 큰 주제―고아와 유산―를 한데 묶어주는 가장 중요한 핵심이다. 디킨스의 소설에서 어린 시절에 부모를 잃는 인물의 상황은 프랑스 소설에서 나타나는 부정한 결혼생활처럼 필수 불가결한 것이다. 그가 후기에 발표한『황폐한 저택(1853)』,『우리 모두의 친구(1864~65)』,『위대한 유산』등의 작품에서는 버림받은 어린이, 후견인, 이름 없는 후원자가 함께 등장한다. 빅토리아 시대 사람들은 가정을 중요시하는 보수적 성향을 가졌지만, 역설적으로 당시 그들의 가장 위대한 소설가는 사드 후작과 비견되는 독창성으로 가족을 분해하고 재결합하는 데 자신의 전 생애를 바쳤다.

물론 디킨스의 소설들은 위와 같은 시도들을 통해 결국 새로운 형태의 핵가족을 만들어냈다고 할 수 있다.[†] 그리고 새로운 결합으로 생성된 '정당한' 가족 단위의 재건과 더불어 경제적인 문제도 언급하고 있다. 다른 대부분의 19세기 영국 소설가들처럼 디킨스도 말 많은 유산 문제에 관한 이야기들로 소설을 구성했다. 많은 문제를 가지고 있는 유언, 이름 없는 후원자, 골치 아픈 부동산 문제들은 빅토리아 시대 소설에 아주 자주 등장했는데, 여기서 고아라는 캐릭터는 유산 문제를 다루는 내용에 매우 적합한 주인공이었다. 거의 모든 소설에서 주요 인물들을 관계 짓고 흩어진 가족들을 재결합시키는 것은, 오랜 다툼을 벌여온 재산의 정당한 분배와 얽혀 있다. 오랜 세월 동안 떨어져 살았던 가족들의 재결합을 원하는 독자들에게 유사점의 암시, 관계에 대한 힌트를 주면서 그들을 자극하는 데 더 좋은 방법이 과연 무엇일까? 마지막에 모든 것이 드러날 때 가족 간의 관계를 완성하는 것은 생물학적 힘 '그리고' 숨겨둔 재산으로 나타난다. 이것은 강력한 효과를 낳는다.

그 손들을 바라보았고, 그 눈을 바라보았고, 바람에 날리는 머릿결을 바라보았다. 그리고 내가 알고 있는 다른 손과 다른 눈, 다른 머리카락 그리고 폭력적인 남편과 파란만장한 20년간의 삶을 겪은 후의 모습과 비교하였다. (…) 뜨개질하는 행동과 그것에 집중한 눈을 통해서 에스텔라의 이름이 스쳐 지나가는 순간, 나는 어떻게 한 관계의 링크가 이 극장에서 그것의 정체성을 밝히는 데 도움이 되었으며, 어떻게 나를 지금 집중하게 만드는가를 생각했다. 그리고 그 여인이 에스텔라의 어머니임을 확신했다.[2]

디킨스가 사용한 링크가 20세기의 독자들에게 충격을 주는 것은 등장인물들이 전혀 다른 사회집단에 속해 있다는 점이다. 『위대한 유산』의 결말에서 파헤쳐지는 가족관계는 탈옥수, 하인, 하층계급의 젊은 여인이 이루고 있으며, 『황폐한 저택』에서는 남작 부인, 아편에 중독된 속기사 그리고 상류층 사업가 삼촌 밑에서 자란 고아 소녀가 가족관계를 이룬다. 우리는 각각의 책에서 말하는 설정으로부터 가족 단위가 물리적으로 해체되었다는 사실을 알고 있다. 그리고 결말 부분에서 그들이 경제적으로도 분리되어 있음을 알게 된다. 서로 다른 사회계층 사이의 화해는 프로이트가 말했던 것처럼 결코 이루어질 수 없는 바람이며 상상에서나 가능한 결말이다.

물론 이것이 감상주의적 결말이기는 하지만 거기에는 또한 뭔가 대담한 시도가 담겨 있다. 적어도 디킨스는 거리의 부랑아, 공장장, 학교 선생, 서커스 단원, 하녀, 전과자, 은둔자, 무력한 황제, 노쇠한 귀족, 젊은 신사의 삶을 모두 연결시키면서 사회 '전체'를 소설에 담아내려고 시도했던 것이다. 어떤 소설가도 이렇게 다양한 인물들을 함께 등장시킨 전례가 없었으며, 이같은 시도를 감히 하려 하지 않았다. 부분적으로 이것은 이삼십 년 사이에 대부분의 영국인들의 삶, 특히 공장지대와 런던 도심에 거주했던 이들의 삶을 완전히 바꿔놓았던 산업혁명의 강력한 영향 때문이라 할 수 있다. 규정된 사회적 역할, 장자 상속권과 귀족 세습이라는 낡은 관례가 사라지고 당혹스러울 만큼 새로운 체제로 몇 해마다 재창조되는 영국 사회가 디킨스에게 안겨준 부담이, 그로 하여금 대담한 시도를 하게 만들었다고 할 것이다. 엥겔스와 칼라일 같은 저명한 사회학자와 역사학자들은 당시의 영국 사회의 현실을 논픽션에 담았으며, 디킨스는 소설이라는 장르를 통해 자신의 해석이 실린 이야기를 구현했다. 그러나 일상적 이야기를 통해서 언급되는 사회적 변화는 너무 광범위하고 또 지나치게 극단적이었다. 거리의 고아와 남작 부인을 관련시키는 데는 약간의 마술이나 억지가 필요했다. 어쨌든 우리를 끊임없이 세습과 유산의 비밀스런 역사로 이끄는 이러한 관계의 링크는 디킨스의 소설들을 하나로 묶는 도구였던 것이다.

백여 년이 지난 지금 그의 책을 읽을 때는 그 관계가 억지스럽고 심지어 코믹하게 보일 수도 있다. 하지만 빅토리아 시대의 대중들은, 그런 비현실적인 링크들을 당시의 사회 변화와 혼란을 진지하게 언급하는 것으로 받아들였다. 디킨스의 도구가 성공적으로 작용했던 것은 당시 사회적 위기가 얼마나 심각했는지를 증명해준다. 디킨스의 천재성과 그 상업적 성공의 열쇠는, 너무나도 갑작스럽게 이전 시대와 분리되어 동화 속에서나 해결책을 찾으려고 했던 문화를 그가 이해했다는 데에 있다. 그 "관계의 링크"가 바로 그런 환상을 쌓아 올리는 벽돌이었다. 그리고 오늘날의 하이테크 후손들도 디킨스와 동일한 목적을 가지고 있다. 디킨스 이야기의 링크가 조각난 산업사회를 연결하기 위한 것이었다면, 오늘날의 하이퍼텍스트 링크는 정보를 연결하기 위한 것이라는 점이 다를 뿐이다. 오늘날 쏟아지는 과도한 정보로 인해 발생한, 현재 우리가 직면한 위기는 서로 연결된 컴퓨터의 거대한 웹을 제대로 볼 수 없다는 것이다. 현대의 인터페이스는 이런 과도한 정보 에너지를 교정하는 수단이며 지나친 복잡함을 막으려는 시도다. 이런 위기가 가장 심각한 월드와이드웹에서는 『황폐한 저택』, 『어려운 시절(1854)』 또는 『위대한 유산』의 결말에서 가족들이 재회하는 것처럼 링크는 조각 난 정보들을 하나로 묶는 역할을 한다. 오늘날 웹의 고아와 떠돌이들은 정보 세계에 흩어져 있는 데이터 집단과 고립되어 있다. 문제는 그들을 다시 가족의 품으로 돌아오게 하는 데에 과연 새로운 디킨스들이 필요할 것인가에 있다.

디지털 세계에서 링크가 가진 현대적 기능의 많은 부분이 제2차 세계대전 이후 만들어진 것이 사실이다. 그것은 과도한 정보와 전쟁 중에 활발했던 특별한 연구에서 발생된 위기에 대처하면서 생겼다. 지나칠 정도로 많은 새로운 발견, 실험, 가설 등의 새로운 데이터가 넘치는 상황에서 어떻게 과학자들이 모든 것들을 다 감지할 수 있었겠는가?

ㄱ 질문은 부시가 쓴 논문 「우리가 생각하는 대로」에서 처음으로 제기되었디. 부시가 인식한 문세는 난설이었다. 지식 창조 도구기 지식 처리 도구보다 더 빠르게 발전된 데서 발생한 단절이 문제라는 것이었다. 많은 정보들이 저편 어디에서인가 생산되고 있지만, 우리는 어디에서 정보를 찾아야 하는지 모르고 있다는 것이다. 넷스케이프 네비게이터보다 50년 전, 이미 부시는 정보의 공간이라는 자극적인 아이디어를 암시하는 자신의 생각을 표현하기 위해 항해를 메타포로 사용했다. "인간 경험의 총체는 놀라운 속도로 확장되고 있지만, 순간적으로 중요한 아이템을 미로에서 찾아내는 수단은 범선 시대에 사용했던 낡은 것이

다."[3] 부시는 이런 항해를 바로잡는 수단으로서 정보 분류를 가속화하
는, 절반은 마이크로필름 기계이며 절반은 컴퓨터인 장치를 제시했다.
그는 이것을 '메멕스'라 불렀다.

> 그것은 책상으로 구성되어 있고, 아마도 원거리에서 조종할 수 있
> 는, 사용자의 업무 장소에 설치되는 일종의 가구라 할 수 있다. 꼭
> 대기에 달린 비스듬한 반투명 스크린은 거기에 비춰진 것을 쉽게
> 읽을 수 있게 한다. 키보드와 몇 개의 버튼과 레버도 있다. 어찌 보
> 면 평범한 책상 같기도 하다.
> 한 쪽 끝에는 저장된 자료들이 있다. 그 자료들의 대부분은 질 좋은
> 마이크로필름으로 잘 보관되어 있다. 메멕스의 내부 중 극히 일부
> 만이 저장을 위해 사용되며, 나머지는 모두 기계장치로 구성되어
> 있다. 게다가 만일 사용자가 하루 동안 5,000페이지의 자료를 넣는
> 다면, 그 저장소를 채우는 데 수백 년은 걸릴 것이다. 그렇다면 그
> 는 낭비가 심한 사람이면서 자유롭게 자료를 이용할 수 있다.
> 메멕스 내용의 대부분은 즉시 입력이 가능한 마이크로필름으로 되
> 어 있다. 따라서 모든 종류의 서적, 사진, 최근의 정기간행물, 신문
> 은 놓자마자 제 위치로 배정된다. 업무 문서들도 똑같은 절차를 거
> 친다. 또한 직접 접근하기 위한 설비도 있다.

부시가 말한 메멕스의 작동에 관한 자세한 내용에 대해서는 마지
막 장에서 다시 언급할 것이므로, 여기서는 그가 말하는 항해장치에 대
해 이야기해보기로 하자. 부시가 처음에 주장했던 바처럼 결국 여기서
정보의 저장소가 문제가 되는 것이 아니다. 책상 위에서 혹은 지역 도
서관에서도 우리는 수많은 정보를 얻을 수 있다. 부족한 것은 그 모든
데이터를 '연결'시키는 방법인 것이다. 부시가 제시한 해결 방법은 하

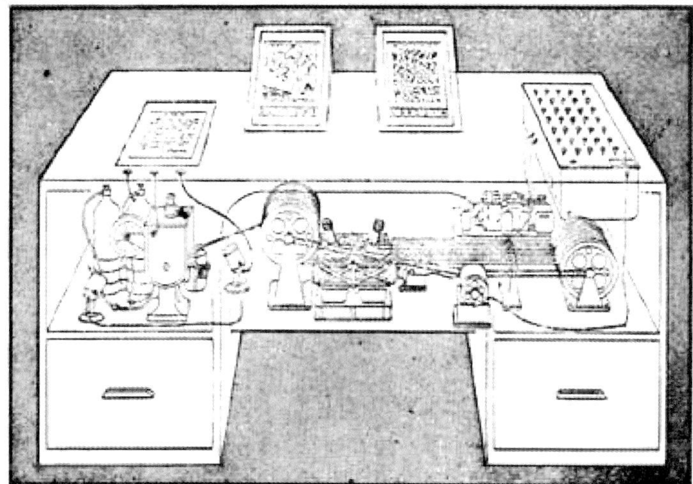

Memex in the form of a desk would instantly bring files and material on any subject to the operator's fingertips. Slanting translucent viewing screens magnify supermicrofilm filed by code numbers. At left is a mechanism which automatically photographs longhand notes, pictures and letters, then files them in the desk for future reference (*LIFE* 19(11), p. 123).

바네바 부시가 정립한 〈메멕스〉의 이론적 개념도.
현대 컴퓨터와 하이퍼텍스트 개념의 원형이다.

이퍼텍스트의 탄생, 적어도 그것의 현대적 전생으로 여겨질 만한 것이었다. 그는 모든 데이터를 연결하는 것이 아니라 '단서'로 이어지는 "관계의 링크"를 생각했다. 한편 그는 심지어 메멕스 사용자들을 "개척자들"이라 부르기도 했는데, 그 단어는 최근의 사이버 세계에 대한 열광을 나타내는 "신개척지"라는 말에 매우 잘 들어맞는다. 그 단어는 분명히 '서핑'이라는 관용어구가 가지는 게으르고 수동적 태도를 보다 발전시킨 단어다.

언뜻 보면 단서는 현대의 링크와 많은 공통점을 가진 듯이 보인다. 둘 다 무언가를 연결하는 조직의 역할을 하며 공통적인 언어학적 특징을 가진 문서들을 연결시킨다. 단서를 다른 말로 하면 엄격하고 융통성 없는 듀이의 십진법 체계나 다른 위계질서를 따르지 않으면서 정보를 정리하는 방법이다. 문서들은 일시적인 근거로 연결되며, 또 각 텍스트에는 여러 개의 단서들이 있을 수도 있다. 우리가 도서관 책이나 물질적 요소들을 정리하는 전통적인 방법은 고정적이며 변함이 없는 정체성에 근거한 것으로, 각 요소가 주기적인 일람표의 한 부분을 차지하는 것처럼 각각의 문서는 어느 특정한 부류에 속하게 되어 있다. 그러나 부시의 시스템은 디킨스의 소설이 보여주는 스쳐 지나는 유사성(완전히 규정되지 않으며, 일부분만 드러내는 관계의 링크)에 보다 가깝다.

이것은 정보를 잡아내는 방법에 있어 완전히 새로운 방향으로의 전환을 내포하고 있다. 이전 세기에는 데이터를 분류하여 적절한 장소에 넣어두는 것이 정보를 다루는 최종 목표라는 백과사전식 정신 구조—플로베르의 소설『부바르와 페퀴세(1881)』가 이를 가장 잘 풍자하고 있다—가 지배했다. 그런데 부시는 그 패러다임에서 머리를 다른 방향으로 돌린 것과도 같다. 그는 정보를 가치 있게 만드는 것은 그것이 속한 부류나 종이 아니라 오히려 그것이 다른 데이터와 가지는 '관계'임을 보여준다. 메멕스는 세상이 적절한 서고를 찾아 정리 보존해야 할 무한한 품목들로 이루어진 것이라고 인식하는 도서관 사서의 방식과는 다르다. '시인'의 시각으로 세상을 바라보는 것, 관계와 혼합 그리고 연속성으로 가득한 것으로 이 세상을 바라보는 것이다. 그리고 단서는 그런 찬란한 세계를 끊임없이 하나로 묶어주고 있다.

부시가 세상에 대한 문학적 시각을 가지고 묘사하고 있는 것은, 『율리시즈』에 등장하는 블룸의 두서 없는 독백이나 대부분의 초현실주의 저술에 등장하는 산만하게 이어지는 대화와 유사하다. 하지만 최근의 발달된 신경과학이 제시한 바에 의하면, 부시의 연결 모델은 인간의 두뇌 활동과 기계적으로 유사하다. 고정된 정체성보다는 관계를 통해서 정보를 생산하는, 전자 에너지의 단서들로 연결된 신경체들의 복잡한 집합이라는 점에서 그러하다는 것이다. 그것은 마치 두뇌가 '개'라는 개념을 위해 그리고 또 다른 '고양이'라는 개념을 위해 물리적으로 특정한 부위를 할애하지 않는 것과 같다. 그것에 대한 아이디어는 수천 개의 독립된 신경체들이 활동하기 시작하여 의미에 따라 각 신경체들이 미묘한 움직임으로 재구성되는 과정을 통해 등장하게 된다. 그 신경체들의 관계가 사고를 만들어내며, 개별적 신경체는 그저 건물 구소 내의 벽돌 같은 역할을 할 뿐이다.

메멕스에 대한 부시의 시각은 부분적으로 현재의 웹 관련 경험과도 유사한데, 신기술에서 얻어진 연구 결과에 크게 의존하며 '오락적' 목적이라 부르는 것에 관심을 많이 두지 않고 있다는 점에서 그렇다.[†] 그의 논문은 1990년대 후반의 AT&T 선전문구나 혹은 『와이어드』에 실린 과장된 신제품 리뷰와 비슷하다.

[†] 부시 박사가 온라인 포르노라는 하위문화를 연결하는 '단서'에 적용하는 데 겪을 어려움을 생각해보면 이해가 될 것이다.

특허 전문 변호사는 고객들이 관심을 갖는 모든 측면과 관련된 수백만 개의 기존 특허들을 살펴본다. 의사는 환자가 예상치 못한 증상을 보일 때, 이전에 연구된 유사한 증상의 단서를 찾고, 유사한 증상의 병력을 빠르게 살펴보며, 그와 관계된 해부학과 조직학을 참고한다. 유기성분의 합성에 대해 고민하는 화학자는 실험실에 있는 이전의 연구문헌을 가지고 자신이 연구하는 성분과 유사한 특징을 단서로 하여 그 물리적, 화학적 반응을 실험한다.

이 시나리오들은 오늘날의 온라인 데이터베이스와 CD-ROM 시장에 적용할 수 있을 것 같지만, 언제나 그렇듯 "손끝의 정보"에 대한 약속은 실제 생활보다 문서상에서 더욱 실현 가능성이 있다.[†] 그러나 부시의 상상력이 부분적으로 현재의 월드와이드웹의 형태를 예견한 것이라면, 그의 상상력의 또 다른 부분은 그것을 크게 능가하는 대단한 것이었다. 과거 몇십 년 동안 있었던 놀라운 혁신과 엄청난 연구 개발 비용에도 불구하고, 메멕스가 가진 핵심적 특징 하나는 대부분의 현대 웹 브라우저가 따라갈 수 없다. 다음의 설명을 보자.

예를 들어 어느 메멕스 소유자가 활과 화살의 원리와 속성에 관심이 있다고 치자. 그는 자신의 메멕스에 관련된 책과 그에 관한 수십 개의 글들을 수집했을 것이다. 우선 그는 백과사전을 살펴보고, 흥미롭고 간략한 글들을 찾아서 그것들을 메멕스의 스크린에 투영한다. 다음으로 그는 또 관심거리와 관계된 품목을 찾아내서는 함께 묶어보기도 한다. 이런 방법으로 그는 품목을 통해서 단서를 만들어나가게 된다. 때때로 자신의 의견을 삽입하기도 하는데, 그것은 중심 단서에 연결된 것이거나 혹은 특정한 품목에 대한 부수적 단서와 관련된 것일 수도 있다. 재료의 탄성이 활과 깊은 관계가 있다

는 것이 분명해지면, 그는 탄성력과 그것의 물리학 상수에 관한 일
람표를 가지고 또 다른 부수적 단서를 형성한다. 자신이 직접 쓴 분
석을 삽입하기도 한다. 이런 방법으로 그는 자신이 가진 자료의 미
로를 통해서 관심거리의 관계를 형성하게 된다.

인터넷을 여기저기 돌아다녀본 사람이라면 금방 다음의 차이를 알
아챌 것이다. 메멕스 사용자들은 책상 위에 있는 정보 공간을 탐험하면
서 '흥미의 단서'를 '형성한다'. 반면 서퍼들은 일반적으로 디자이너,
에디터, 작가 등 다른 사람들이 미리 만들어놓은 링크를 통해 흥미의
단서를 '따라간다'. 이처럼 웹 서퍼는 자신의 링크를 다른 사람들의 작
업에 의존하지만, "개척자"는 자신의 링크를 만들어간다. 그리고 가장
중요한 것은 단서가 지속된다는 것이다. 그 단서는 메멕스의 문서기록
일부로 남게 되는데, 활과 탄성력 원리 사이의 연결 단서는 단순히 순
간적으로 이어지는 것이 아니며 몇 시간 후에 사라지는 것도 아니다.
그 단서는 영원히 메멕스의 파일 시스템에 각인된다. 이 초기 연구는
탄성에 관한 문서로 남아 있다가 5년 후에 그 메멕스 사용자에게 활과
화살에 관한 글 혹은 그가 한참 잊고 있던 문서로 전해질 수도 있다. 과
거의 관계들이 축적된다는 것은 그 장치가 더 똑똑해진다는 혹은 저어
도 더 많은 연결이 가능해진다는 의미다. 그 상지를 많이 사용할수록
파일 시스템은 수천 개의 연결 관계들로 얽힌다는 것이다.

물론 평범한 넷헤드도 북마크를 만들 수 있지만, 이것은 해외여행
중 찍은 스냅사진이나 여행하다 보낸 엽서처럼, 보다 장황한 사건의 맥
락에서 본다면 그저 일시적인 발췌일 뿐이다. 여기서는 이 생각에서 저
생각으로, 이 문서에서 저 문서로의 움직임인 여행 자체가 핵심이다.
여기서 한 페이지를 북마크한다고 해도 전체에는 아무 영향을 미치지

못한다. 대부분의 사람들은 무작위 사이트, 권장 사이트, 선호하는 사이트, 비밀스런 경로 등으로 흩어져 있는 북마크 파일들을 갖고 있다. 이것은 극히 사적이며, 개인적 성향의 리스트다.[†] 그러나 북마크의 개인적인 성격에도 불구하고 북마크 사이에는 서로 아무런 관련이 없다. 그것들은 독립된 단위이자 그 자체로 단일체다. 한 개인이 선호하는 곳들을 모두 담은 총체적 리스트를 만들 수는 있겠지만, 그것들 사이의 관계적 링크를 설명할 만한 방법은 전혀 없다.

메멕스는 정보를 가능한 한 가장 직감적인 방법으로 구성하도록 설계됐다. 파일 보관소가 근본이 되는 것이 아니라 단서를 따라 상관관계를 만드는, 개념 사이의 관계를 형성하는 본능적인 인간 사고 형태에 기초해 만들어진 것이다. 부시는 메멕스가 사용자의 세계관을 반영하는 것이 되길 바랐다. 단서가 사용자의 개인적 판단에 따라, 정보 공간 안에서 다양한 문서들을 통해 매우 개인적인 방식으로 흘러가기를 바란 것이다. 두 개의 단서는 절대로 똑같을 수 없다. 부시의 시각이 웹에서 상당 부분 실현되긴 했지만, 적어도 인터넷에서는 관계 형성 장치에 대한 그의 핵심적 이론은 여전히 실현되지 못했다. (로터스 노트[*] 같은) 몇몇 통합 제품들은 메멕스의 관계 형성 기술에 근접하기는 했다. 아직 대부분의 웹 브라우저는 링크 그 자체로 끝나며 다시 링크 사이에 관계를 형성하는 방법은 갖고 있지 않다. 웹은 각각 분리된 채 남을 수도 있는 개체들을 연결하는 새로운 관계를 보여주는 방법이어야 한다. 다른 사람들이 만든 링크를 클릭하는 방법은 기존의 것보다는 덜 수동적인 제2의 채널 서핑이 될 수도 있으나, 사용자 스스로 자신의 링크를 만들 수 있을 때까지는 인터넷에 진정한 개척자란 거의 존재하지 않는다.

중년의 무기 과학자가 최초의 PC가 발명되기 30년 전에 현재의 실리콘 밸리 웹 전문가들보다 상호연관성을 잘 이해했다는 사실은 아이러니컬하다. 이것은 그리 놀라운 일이 아닐지도 모른다. 결국 때로는, 한 가지 기술을 이해하는 가장 좋은 방법은 그것에 어떤 기대도, 어떤 선입견도 없이 접근하는 것이기 때문이다. 과거의 어떤 선례에도 제한을 받지 않으면서 부시는 자신의 상상력에 기초하여 생각을 '논증하는' 장치를 고안해내는 데에 자유로울 수 있었다. 어쩌면 오늘날의 기술자들은, '서핑'이란 그저 다른 이가 만들어놓은 링크를 따라가는 것이라는 선입견에 지나치게 사로잡혀 연결을 거슬러 올라가는 것의 가치를 인식하지 못하고, 또한 정보 공간 안에서 자신만의 관계의 링크를 만드는 일의 중요성을 깨닫지 못하는 것일지 모른다.

지금은 링크에 너무 익숙해져서 무감각해졌지만, 실제로 월드와이드웹이 갑자기 인기를 얻기 전 하이퍼텍스트의 초창기에는 링크를 클릭하는 것에 반대하는 분위기도 있었다. 하이퍼텍스트가 최초로 대중의 상상력을 사로잡은 것은 문학적 장르에서였다. 그 가운데 가장 유명한 것이 마이클 조이스의 1993년 작 『오후, 이야기』였다. 이 수수한 제목 아래에는 서로 뒤엉키거니 근원을 뒤집는 이야기의 미루가 숨겨져 있었다.[†] 비록 이 새로운 형식에서 개혁적인 수사학이 실제로 조금 실현되긴 했지만, 대부분의 인터페이스 진보와 비슷하게 이것도 자체 내의 의도와 가치를 크게 강조했다. 하이퍼텍스트 옹호론자들은 롤랑 바르트의 영향력 있는 논문 「작가의 죽음」처럼 1960년대 문학 이론가들의 글로 거슬러 올라가 그 전통을 찾았다. 파리의 '68 세대 철학자들은 읽는 방식의 혁명을 요구하면서, 저자보다는 '독자'가 텍스트에 대한 경험을 완성한다는 점에서 일종의 민중적 탐미주의를 주장했다.

[†] 하이퍼텍스트 작가들은 자신만의 문법을 가지고 작업하는 경향이 있는데, "텍스트 속과 그 너머를 읽기" 같이 기발하고 멋진 표현들로 가득한 문학을 선보였다.

147

철학자들의 주장에서 '독자의 반란'은 대체로 말하기 형식에 관한 것이었으며, 자기과시의 의미를 가진 것이었다. 일반적으로 저자가 아니라 비평가가 어떤 책이 무엇을 '의미하는지'에 대해 최종 결론을 내리기 마련이다. 수많은 비평가가 존재하고 또 그들 모두 나름대로의 해석을 가지고 경쟁하고 있기 때문에, 책에 관한 통일되거나 신뢰할 만한 의미에 도달할 수 없을 것으로 보인다. 그 모든 선언들과 심각한 주장에는 몇 가지 진실이 존재하는 것도 사실이다.[†] 그런 의미에서 「작가의 죽음」은 자기중심적 분노라고 자주 언급된다. '독자 중심주의'는 평론가의 사회적 위치와 경제적 안정을 보장하려는 '평론가 중심주의'로 해석되기도 한다.

하이퍼텍스트 옹호론자들이 주장하는 바에 의하면, 하이퍼텍스트 소설은 위의 모든 것을 능가하는 것이라고 한다. 그것은 '독자의 반란'이라는 은유를 글자 그대로 해석할 수 있다고 주장한다. 하이퍼텍스트는 보다 평등한 형식으로, 예전의 '자신만의 모험을 선택하는' 어린이 책 같이 링크를 클릭하고 다른 이야기 줄기를 따라 움직이면서 독자가 스스로 이야기를 만들 수 있다는 것이다. 하이퍼텍스트 작품 그 자체는 엄격한 단어의 의미로 따지자면 이야기라기보다 하나의 환경에 더 가깝다고 할 수 있다.[†] 어쨌든 『오후, 이야기』는 이 엄청난 텍스트 혁명의 조짐을 널리 유포했으며, 앞으로 올 것에 대한 점괘를 나타내는 징표로서 찻잎이나 동물 내장처럼 정밀하게 분석되기도 했다.

『오후, 이야기』는 결과적으로 사례 연구의 특별히 좋은 예가 되지는 못했다. 저술 자체가 너무 실험적이어서 전통적인 책 형식으로 출판되었다면, 당황할 만큼 심미적인 책이 되었을 것이라는 생각이 들 정도다. 그것은 마치 무작위로 영화 필름을 뒤섞은 고다르의 영화를 보는 것과도 비슷하다. 다른 페이지 간의 링크는 자유로운 연결이라기보다는 불법적인 연결로 보인다. 이야기의 변형이라는 아이디어는 모두 사라져버리고, 남은 것이라고는 일련의 튀는 언어표현뿐이다. 강력한 이야기가 읽는다는 것을 필연적인 '선택들'로 만들기 십상인 하이퍼텍스트 소설에서, 존 그리샴의 소설이 어떻게 성공할 수 있었는지 궁금해하지 않을 수 없을 것이다.

하이퍼텍스트에 한 가지 약점이(적어도 마이클 조이스의 경우에) 있다면, 그것은 고리타분한 결말이다. 나는 『오후, 이야기』의 시작 부분에서 여러 개의 가능한 결말이 도출될 것이라고 추측했으나, 줄거리를 얼마 읽지 않아서 마이클 조이스가 도입부에서 언급한 '종결'의 다양한 가능성이 사라져버렸음을 알 수 있었다. 그는 "줄거리가 더 이상 진행되지 않거나, 줄거리가 반복되거나 혹은 줄거리에 싫증이 나는 순간, 독서라는 행위는 끝난다."라고 했다.[4] 줄거리가 지루해지면 거기서 끝이라는 주장은, 정해진 해결책보다는 상대적인 엔트로피의 종결을 말하고 있다. 하이퍼텍스트 옹호론자들은 이것을 저자가 자신을 희생하여 독자의 힘을 강화하는 또 하나의 방법이라고 보았지만, 나는 그 주장의 한계에 조금은 의심을 품지 않을 수 없었다. 십대 시절 나는 『죄와 벌(1866)』을 절반 정도 읽나가 줄거리가 지겨워서 책을 '덮어버린' 경험이 있다. 그때 내가 하이퍼텍스트의 이론을 알고 있었다면, 아마 그 책의 첫 번째 장도 다 읽지 않았을 것이다.

여기 하이퍼텍스트 소설의 해방이론이 갖는 또 다른 한계가 있다. 독서라는 것은 결코 저자와 독자 사이의 대립의 문제가 아니다. 또 하나의 중요한 측면은 독자들이 똑같은 이야기를 읽고 공유하는 경험은 보다 넓은 사회적 공감대를 형성한다는 것이다. 이런 공유된 경험은 디킨스가 소설가로 성공했던 근본 요소였다. 그의 관계적 링크는 불한당, 하녀, 증권업자, 노동자 같은, 사회적으로 분리된 계층의 등장인물들을 하나로 엮어줄 뿐 아니라 독자들을 하나로 묶기도 한다. 집단적 감동이나 충격 없이는 수천 개의 손가락이 동시에 같은 페이지를 넘긴다 해도, 디킨스가 의도한 결과는 이루어지지 않았을 것이다. 그리고 바로 여기에 디킨스의 링크와 그것이 하이퍼텍스트에 적용되었을 때의 분명한 차이가 드러난다. 디킨스의 링크는 소설 속 등장인물들의 삶과 독자들의 상상을 통합하기 위해서 사용되는 것이었다. 그러나 조이스의 링크는 정반대 방향으로 진행된다. 그것은 독서의 경험을 분해하고 수백 개의 변형체로 분산시켜, 마침내 각각의 독서가 모두 다른 이야기로 변한다.

이 새로운 열린 결말에는 뭔가 흥미로운 점이 있는 동시에 뭔가 매우 고립된 측면도 있다. 『오후, 이야기』를 다 읽고 나서 나는 그것을 읽은 몇몇 친구에게 전화를 걸어 감상을 듣고자 했다. 처음 일이 분간은 매개체와 그 가능성에 대해 흥분하며 이야기했지만, 곧 이야기의 내용으로 화제를 돌렸을 때는 대화가 제대로 이루어지지 못했다. 우리는 대화를 나누긴 했지만 서로 다른 이야기에 관해 말하고 있었다. 각 사람의 독서는 개별적이며 개인적인 경험을 낳았기 때문이다. 이런 점에서 전화 통화에서 어떤 공통된 화제를 얻으려고 했던 나에게 하이퍼텍스트는 문학적 평등주의의 실현이라기보다는 오히려 고립된 환경으로 느껴졌다.

하이퍼텍스트를 예견했던 사람들이 링크의 새로운 문법에서 무언가 중

요한 것을 감지했다고는 하지만, 대부분은 전혀 다른 차원에서였다. 하이퍼텍스트가 이야기 전달 방식을 혁신하기보다는 오히려 '문장'을 변화시키는 것으로 생각했던 것이다. 하이퍼텍스트가 가장 두드러지는 곳은 월드와이드웹으로, 이제 월드와이드웹은 하이퍼텍스트의 혁신을 위한 좋은 근거지가 되었다. 웹이 성공 기류를 타기 시작한 것은 1994년 말경으로, 다차원적 소설에 대한 대중적인 관심이 최고조에 달해 있던 때였다. 조이스는 『뉴스위크』가 뽑은 디지털 학자 리스트에 올랐고, 『뉴욕타임스 북 리뷰』는 프랑스 소설가 코르타자르와 이탈리아 소설가 칼비노를 당연히 하이퍼텍스트 소설과 함께 언급해야 할 것으로 규정하면서 이에 관한 장문의 논문을 실었다. 한편 버커츠는 비선형적 소설 『구텐베르그 엘레지(1994)』의 스타일을 비난하는 글을 출판하기도 했다. 이런 가운데 웹은 하이퍼텍스트 이야기에 적당한 세계적인 매체라고 인식되면서 유행을 이어나갔다. 곧 우리가 각자의 데스크탑 PC 앞에서 마우스를 클릭하면서, 자신만의 이야기를 전개할 수 있도록 만들어진 정교하게 구성된 이야기 공간을 항해하게 되리라고 희망했던 것이다. 작가들은 이야기를 구성하는 데 있어 통일적인 구조보다는 모든 가능한 통합체의 배열이라는 좀더 입체적인 형식을 사용했다. 링크가 전통적인 이야기로부터 내려오는 가장 근본적인 관례를 변화시킬 것이라고 생각했던 것이다. 주제보다는 변화하는 상황을, 일관성보다는 변화하는 구조를 더 가치 있는 것으로 여기게 되는 날이 올 것이라고 믿었다.

하지만 몇 년이 지난 지금 그러한 보도와 공상들을 뒤돌아볼 때, 그 중 실현된 것은 거의 없다는 사실을 발견하게 된다. 웹에 기초한 서술의 경향은 변명할 여지없이 일차원적이다. 거의 모든 이야기들은 단일한 일차원적 구조의 글들로서 종이에 잉크로 쓴 것과 다를 바 없으며, 차이가 있다면 이진법에 기초한다는 정도다.† 그리고 독자 중심의 읽기가 존재한다고 해도, 그것은 이 글에서 저 글로, 이 사이트에서 저 사이트로 옮겨 다니는 것일 뿐이다. 하나의 글 자체 내에서는 자유로운 이동을 위한 선택권이 전혀 없다. 몇몇 글에 링크가 존재하기도 하나, 그것은 거의 글에 등장하는 회사의 웹사이트로 연결되는 것으로서 회사의 트레이드마크나 로고 같이 상표의 이미지를 강조하는 하나의 방법에 불과하다. 이것은 특히 하이퍼텍스트를 무의미하게 사용하고 있는 예다. 애플 컴퓨터를 언급하면서 www.apple.com이라는 링크를 다는 것이 보통 하이퍼텍스트를 사용하는 방식이긴 하지만, 여전히 이것은 디지털로 된 겉치레에 불과하다. 어떤 회사의 웹사이트를 찾는 것은 웹에서 가장 쉬운 일 가운데 하나다. 회사 이름에 '.com' 이라는 접미사를 붙여 브라우저에 타이핑하면 되는 간단한 일이기 때문이다. 애플 컴퓨터에 관한 글을 읽으면서, 별로 그 회사의 홈페이지를 보고 싶지는 않다. 오히려 애플 컴퓨터를 주제로 다룬 다른 글이나 특별히 중요한 아이디어에 대한 심도 있는 내용을 원하며 또는 애플 컴퓨터의 미래에 대한 다른 독자들의 의견을 클릭하고 싶어진다.

아주 정확하게 말하자면 극히 일부의 웹 출판업자들이 "관련된 글 읽기"를 글에 담기도 했지만, 일반적으로 링크를 기본 텍스트와 분리하려는 이상한 강박관념이 존재한다.† 〈핫 와이어드〉와 〈일렉트릭 마인드〉 같은 커뮤니티 중심의 사이트들은 중심 글 공간에 독자평의 요지를 싣기도 한다. 그리고 〈워드〉 같이 매우 모험적인 사이트들조차도 관계적 링크보다는 멀티미디어 서비스에 더 관심을 가지고 있는 듯하다. 스테파니 사이먼과 내가 처음으로 〈피드〉 사이트를 디자인했을 때, 우리는 '도큐멘트'와 '다이얼로그' 라는 두 개의 섹션을 첨가했는데, 이 섹션들은 하이퍼텍스트의 새로운 측면에 전적으로 의존한 것이었다. '도

† 물론 그 중 많은 글들은 단순히 인쇄본의 디지털판이다.

† 〈슬레이트〉 같은 사이트는 각 글의 마지막 부분에 링크들을 몰아놓았다.

큐멘트'는 코끼리의 거대한 몸집에 새들이 앉는 것처럼, 독자와 기고가가 기본 글에 대한 자신들만의 의견을 덧붙일 수 있도록 했다. '다이얼로그'는 '토론 공간'에 비평가들이 참여하여 각자가 몇 가지 방향을 제시하는 논평을 쓰도록 했다. 그렇게 하자 어떤 한 문장에 대해 무수한 반박들이 올라오기도 하고, 또 다른 문장에는 원작자의 설명이 덧붙여지기도 했으며 혹은 독자들이 보내는 엄청난 의견들이 더해지기도 했다. '다이얼로그'를 "탐험"하는 과정에선, 흥미로운 공간에서는 늘 그렇듯이, 매번 다시 방문할 때마다 새로운 경로로 움직이게 된다. 바로 이것이 우리가 생각한 미지의 개척자들을 위한 저널리즘이었고, 그래서 다른 웹 출판업자들도 곧 이와 유사한 이야기 공간을 채용할 것이라 믿었다.

2년이 지나자 적어도 주류 출판업자들은 〈피드〉의 '다이얼로그'가 웹에서 가장 복잡한 하이퍼텍스트 환경이라 생각하게 되었다.† 아마도 근본적으로 독자들은 질서가 있고 전통적인 작가 중심의 전개 방식을 선호하는 듯하며, 따라서 복잡한 구조 방식은 규칙에 반하는 예외로 남을 것 같다. 그러나 내 생각에는 하이퍼텍스트라는 새로운 환경과 그것이 요구하는 새로운 읽기 방식에 우리가 적응할수록, 다차원적인 글에 대한 욕구가 증가할 것이다. 여기서 채널 서핑의 낡은 유물이 웹에 엄청난 방해가 되고 있음을 발견한다. 서핑이라는 메타포가 여기저기를 무작위로 왔다갔다 하는 일종의 무관심을 내비치고 있기 때문이다. 그러나 관계의 링크를 따라 하이퍼텍스트 공간 안에서 움직이는 것은 매우 집중력을 요하는 행위다. 채널 서핑은 표면적 스릴이 그 전부다. 반면 웹 서핑은 심오한 지식과 '좀더' 알고자 하는 욕구를 의미한다. 그러나 이런 차이를 못 보고 마우스를 그저 리모컨의 사촌으로 여긴다면, 하이퍼텍스트의 힘을 제대로 이용한 문서를 절대로 제작할 수 없을 것

† 캐롤린 가이어나 마크 아메리카 같은 하이퍼텍스트 선구자들이 쓴 전위 소설처럼 훨씬 복잡한 구조로 된 글도 있기는 했다.

이다. MTV나 둘러보는 생각 없는 서퍼들을 위해 디자인된 프로그램들은 셀 수 없이 많다. 하지만 웹을 이용하는 데에 그런 흔해빠진 프로그램을 사용해 자신의 품위를 떨어뜨릴 이유가 무엇인가?

다행히도 잘못된 메타포들이 '모든' 의미의 변질을 가져오지는 않으며, 특히 웹과 같이 민주적인 매체에서는 더더욱 그러하다. 대부분의 주목할 만한 의미 변형은 이야기 전개라는 거시적 단계에서가 아니라 문장이라는 미시적 단계에서 일어나는 것으로 드러났기 때문이다. 이것은 학자와 전문가들이 우리 관심을 어떤 한 방향에 쏠리게 할 때, 흥미로운 일들은 결국 다른 곳에서 벌어지는 것 같은 황당한 경우의 하나다. 이런 일이 하이테크 역사에서는 자주 발생해왔다. 하이퍼텍스트 링크는 이야기 전개를 위한 도구로 만들어진 것이지만, 우리가 글을 쓸 때 형용사와 부사를 사용하는 방법과 비슷한 문장 구성에 가장 흥미롭게 사용되고 있음이 증명되었다. 링크는 이야기를 전개하는 완전히 새로운 방법을 제시하려 했었지만 결과적으로 그것은 양식의 한 요소가 되어버렸다.

이것이 가장 분명히 드러나는 곳은 역설로 가득한 웹사이트 〈석〉의 칼럼이다. 〈핫 와이어드〉 지하에서 이름 없는 두 명의 유닉스 해커들이 만든 웹사이트 〈석〉은 이제, 웹의 짧은 역사에서 손쉽게 누구라도 스스로 글을 출판할 수 있다는 사실을 보여준 최고의 성공적인 예로 통한다. 〈석〉에 매일 실리는 칼럼은 상업 지상주의를 향한 웹의 무분별한 행보를—이것은 당시에도 뉴스거리였다—겨냥한 것으로 "디지털 엘리트"들의 실현 불가능한 무리한 견해나 대부분의 기업 웹사이트의 무의미한 온라인 안내책자 등을 신랄하게 꼬집었다. 〈석〉의 작가 석스터들은 자신들의 칼럼을 시시껄렁한 농담으로 가득 채우고 또 그 안에서 자신들을 "문자 그 이후"라 부르면서 태만하고 비판적인 성격을 드러냈다. 그러나 이런 반항아적 태도가, 생략법과 넘치는 메타포로 가득한 그들의 글이 가진 지성과 창의성을 가리지는 못했다. 이같은 온라인 문장 스타일은 재앙인 동시에 축복이었다. 맨 처음에는 매우 흥미롭지만 복잡한 수사법들로 인해 그 칼럼들이 정확히 무엇을 말하고자 하는지 요점을 파악하기가 어렵기 때문이었다. 글에 적힌 모든 싸구려 농담에도 불구하고, 〈석〉을 읽을 때 떠오르는 것은 어떻게 하면 언어가 제대로 역할을 하지 못하는가에 대해 말하고자 언어를 사용하는, 무책임하고 정체 모를 복잡한 문학이론이다.

한동안 나는 내가 왜 자꾸 〈석〉을 방문하게 되는지 궁금했다. 많은 경우 그곳의 글들은 고의적으로 불분명하게 자기들끼리의 농담과 대중문화에 대한 언급, 프랑스 문화이론 그리고 화장실 유머로 가득 채워, 일부러 독자들을 내쫓으려는 듯 보였다. 어떤 문장은 너무 어렵고 분명치 않은 의미를 가지고 있어서 독자로 하여금 문장과 아주 큰 거리감을 느끼게도 한다. 하지만 모든 부수적인 종속절을 해석하고 모든 암시적인 언급들을 분석할 만한 시간이 있기만 하다면, 읽는 이는 그 뒤섞인 문장 속에 명확한 의미가 있다는 것을 감지할 수 있다. 다음의 불분명한, 그러나 내표석인 예를 들어보자.

새로운 엉터리 정보에서, 카페 테이블들은 정복되었다. 텅 빈 터미널에 묶인 부랑자들은 이제 피의 끝에 있고, 가장 조심스런 보수적 문화 평론가들은 그저 둔해졌을 뿐이다. 이제 더 이상 3주에 한 번씩 마놀로*를 갈아 신지 않으며, 부족한 이동성은 이익을 동반한다. 비록 작은 공간에 갇혀 있긴 하지만, 기성사회의 보병들을 닮은 그 새로운 이들은 진

보한 삶의 내부와 표면에 좀더 자유롭고, 빠르게 접근하게
되었다.[5]

물론 나도 다른 사람들처럼 복잡한 메타포로 뒤범벅된 글을 참아
가면서 읽지는 않으며, 웹에서는 더욱 그렇다. 그러나 자꾸만 석스터들
의 사이트로 가게 되는 것은 그들이 무엇을 말하는가를 읽기 위해서가
아니라 어떻게 그들이 이야기를 전달하고 있는지 보기 위해서였다. 몇
주 동안 열심히 연구한 결과, 나는 그곳 글의 이상하고 신비한 성격, 특
별히 단어 자체의 저속함이 주는 예리함이 바로 링크의 부작용이라는
것을 알았다. 『위대한 유산』에 나타난 스쳐 지나가는 복선처럼 링크는
절반만 해독 가능한 코드와 같이 신비스러움을 유발하고 있었다.

〈석〉의 훌륭한 표현 솜씨는 다음과 같이 정의할 수 있다. 다른 웹
사이트들이 읽기 체험을 '확대'하는 수단으로 하이퍼텍스트를 간주하
는 반면에, 〈석〉은 독자들을 당황하게 하기 위해 정보 제공을 보류하는
방법으로 보았다. 웹의 세련된 작가들조차도 마치 웨이터가 메인 코스
에 부수적으로 첨가하는 곁들이를 제공하듯이 링크를 제시하고 있다.[†]
중심 글 자체는 링크가 가리키는 "추가 읽기"에 영향받지 않는다. 링크
는 그저 중심 주장을 확대한 부록에 불과하기 때문이다. 그런데 석스터
들은 이와는 반대의 방식을 취한 것이다. 그들은 글을 확장하기 위해서
가 아니라 함축하는 수단으로 하이퍼텍스트를 사용했다. 이런 방식이
주는 장점은 분명했다. 계획적으로 다른 문서에 링크를 해놓았을 때 그
들의 주장이 문장을 따라 아주 빠르게 전달될 수 있었던 것이다. 그들
은 말하고자 하는 것을 직접 쓸 필요 없이, 간단히 링크를 '가리켜' 독
자들이 그것을 따라오도록 하면 되었다. 이렇게 그들은 그저 방치하면
서 연결고리들이 작품을 생산해나가도록 내버려두었던 것이다. 수수께

끼처럼 또 안내판처럼, 링크를 문장 중간 중간에 심어놓았다. 그래서 읽는 이가 문장을 논리정연하게 이해하기 위해서는 링크를 밟아갈 수밖에 없었다.

나머지 웹사이트들은 하이퍼텍스트를 전산화된 목차나 하나의 강화된 각주로만 보았지만, 석스터들은 생각을 문장화하는 방법으로 보았다. 그들은 마치 형용사가 명사를 수식하듯이 또는 문장의 전제를 부연 설명하는 삽입절처럼 문장에 링크를 끼워 넣었다. 그들은 "추가 읽기"가 주는 일반 관행을 문제 삼지 않았고, 독자들 간에 벌어지는 상호작용 토론에 링크를 달지 않았으며, 또한 하이퍼텍스트 '환경'을 조직하려 하지도 않았다.[†] 대신 그들은 링크를 마치 수식어나 구두점처럼 문장 자체를 강력하게 연결하는 어떤 것으로 사용했다. 대부분의 하이퍼텍스트는 독자들을 중심에서 분리된 경로로 벗어나게 한다. 이런 링크는 독자를 엉뚱한 곳으로 가게 만들기 쉽다. 본질적으로 그들은 '이 글을 다 읽고 난 후에 당신은 아마도 여기 있는 다른 사이트들도 가보고 싶을 것이다.'라고 말하고 있는 것이다. 그리고 좀더 세련된 하이퍼텍스트 공간의 표현으로는 '이제 이 특정한 텍스트 부분을 즐겼으니, 다음엔 어디로 가고 싶은가?'라고 말할 수 있다. 그런데 〈석〉은 반대로 독자를 다시 안으로 끌어당기고자 할 때만 독자의 시선을 외부에 주목하도록 유도한다. 이는 영화 〈대부〉에서 알 파치노가 마피아와 함께 추던 비극적인 춤에 비유될 수 있다. 링크는 문장의 체계를 분해하는 방법으로 사용되어, 링크 저 반대편에 있는 사이트에 대한 정보가 많아질수록 본 문장에 더욱 많은 의미가 더해지게 된다.

〈석〉의 가장 단순한 형태의 한 하이퍼링크는 무미건조한 어구에 '특별한 인용어구'로 작용한다. 이것은 일종의 방어장치 또는 신경성

[†] 〈석〉에 실린 모든 글들은 깨끗한 흰 페이지에 쓰인 짧은 칼럼이라는 일차원적 형식을 하고 있다.

SUCK.

"a fish, a barrel, and a smoking gun"
for 22 December 1998. *Updated every* WEEKDAY.

Change Is Good

The new $1 coin will be golden
in color with a distinctive
edge and will have tactile and
visual features that make it
readily discernible from other
coins.

- US Mint press release,
30 November 1998

Welcome to the Akron Numismatic

Society Newsletter. My name is

William, and I'll be your editor.

As we work together in the

웹사이트 〈석〉 http://www.suck.com

경련과 같이 반어적 역할을 하면서 말하는 내용의 진지함을 약화시킨다. 〈석〉은 촌스러운 상업주의나 퇴폐적인 언급 '그 자체'를 링크하는 것으로 악명 높았다. 반짝거리는 파란색으로 씌인 "매진"이나 "물건 많음"의 하이라이트들을 발견하고 충실하게 그 링크를 클릭한다면, 다시 원래 읽고 있던 글의 본 페이지로 되돌아가게 된다. 이런 일이 처음 발생하면 아마 자신의 실수나 프로그래머의 잘못이라고 생각할지 모른다. 그러나 조금 있으면 이 링크의 중요성에 깊이 빠지게 된다. 그 자체에 링크를 함으로써 〈석〉은 외부로 향한 하이퍼텍스트의 전통적인 관례를 깬다. 이 링크가 흥미로운 점은, 링크 자체가 지시하는 바는 저 반대편 끝에 있는— '반대편 끝'이란 존재하지 않지만—정보가 아니라 오히려 문장 안에 있다고 말하는 점이다. 본문으로 연결되는 "매진"이라 적힌 링크가 의미하는 것은 "우리는 다른 사람들처럼 우리가 상업주의적으로 유죄라는 것을 안다"는 말을 줄인 것으로, 이는 마치 어떤 의미에 대한 특별한 인용어구가 "나는 이 단어를 쓰고 있지만 진정으로 이것을 믿지는 않는다"라는 말을 함축하고 있는 것과 비슷하다. 이러한 링크는 언어에 또 다른 '차원'을 추가한 것이지, 이야기 공간 내의 한 단어에 의미를 추가한 것이 아니다. 독자는 결코 〈석〉을 탐험한다든가 또는 어떤 환경을 항해한다고 느끼지 못한다. 그저 독자는 스크린의 문장들이 묘한 활력을 전달하고 있음을 읽을 뿐이다. 그 단어들은 스스로를 반향시킬 수 있으며 하이퍼텍스트라는 방법을 통해 자체적으로 힘을 강화시키고 있다고 하겠다.

어찌 보면 스스로에 연결되는 링크는 해독하기 가장 쉬운 코드지만 다른 것들과 합쳐지면 해독하기 위해 좀더 노력이 필요하다. 연말에 실린 〈석〉의 칼럼에서 다음 문장을 예로 들어보자. 이것은 한 웹 출판사가 다른 출판사에게 보내는 연말인사처럼 보이지만, 링크를 모두 이해하는 순간 단어들이 보다 사악하고 빈정거리는 톤으로 바뀌어버린다. 이것이 바로 그 문장이다. "우리는 비록 종종 본질에서 벗어나긴 해도, 〈피드〉가 아직도 노력할 만한 가치가 있는 것이 기쁘다." 이것은 좀더 모호하기만 했다면 충분히 지적이고 무난한 문장이다. 그러나 독자는 하이퍼텍스트라는 렌즈를 통해 이 문장을 읽기 때문에 뚜렷하게 신랄한 느낌을 받게 된다. "노력"이라는 단어는 소니와 필립스에서 제작한 웹 TV를 비평하는 〈피드〉의 글에 링크되어 있고, "종종"이라는 단어는 동일한 주제로 몇 달 전 〈석〉에 실린 글과 연결되어 있다. "본질에서 벗어난"은 몇 달 앞서 발표된 또 다른 〈석〉의 웹 TV에 관한 좀 덜 비판적인 글을 연결하고 있다. 따라서 이 모든 것을 통합해보면 이 문장의 '의미'는 최초의 표현보다는 훨씬 더 복잡해진다. 프로이트의 꿈 연구처럼 그 문장은 분명한 주장과 숨은 내용을 동시에 가지고 있다. "우리는 비록 종종 본질에서 벗어나긴 해도, 〈피드〉가 아직도 노력할 만한 가치가 있다는 것이 기쁘다"라는 문장은 명쾌하고 직선적이다. 그러나 뒤이은 "이 웹 TV에 관한 흉내처럼 비록 〈피드〉가 우리보다 몇 달 뒤처져 있고 우리를 뒤따라오면서 우리 아이디어를 훔치고 있긴 하지만, 우리는 여전히 〈피드〉의 팬이다."라는 문장은 좀더 모호하다. 정신분석학으로 꿈을 해석할 때처럼 숨은 내용이 분명한 주장을 오염시키는 것이다. 링크를 판독하고 난 후에는 "노력할 만한 가치가 있는"이라는 구절이 점점 더 경멸의 뜻으로 들리게 되기 때문이다.

〈석〉의 잘난 체하는 문장을 뭔가와 비교하는 것이 이상하게 들릴지도 모르지만, 나는 그것이 자꾸만 월러스 스티븐스의 「검은 새를 보는 13가지 방법」에 나오는 유명한 이 구절과 유사하게 생각된다.

나는 무엇을 택할지 모르겠다,

스티븐스는 문자 그대로의 언어—"직접적 발언"—와 단어 '사이의' 미묘하지만 의미를 담은 침묵, 메아리, 암시와의 차이를 묘사하고 있다. 〈석〉의 하이퍼텍스트 링크는 그 차이를 좀더 넓히고 있는 듯이 보인다. 그것들은 언어 주변을 배회하고 미행하며, 직접적인 발언과 암시적 표현을 분리시킨다. 어떻게 글자 그대로의 뜻이 숨어 있다고 말할 수 있겠는가? 링크를 완전히 무시하면서 문장을 곧이곧대로 읽으면 그것이 이치에 맞는 것임을 알 수는 있지만 무언가 빠져 있다는 것을 쉽게 느낄 수 있다. 그러나 단어 자체가 문장에 필수적인 것처럼 링크가 문장 의미의 필수적인 부분이라는 것을 짐작하기란 매우 어렵다. 그것이 완전히 새로운 서술 방식이라서 이런 일들이 일어나는 것인가? 만일 이런 글에서 새로운 언어의 탄생을 목격하고 있는 것이라 해도, 분명 그것은 문자 이후의 컴퓨터 작가들이 만든 것은 아니라는 점은 확실하다.

〈석〉이 사용한 하이퍼텍스트는 실제로 함축하고 있는 의미가 그다시 큰 역할을 하지 못하므로 더 고무적이다. 그 링크를 이해하는 것은 웹 서핑의 제한적인 언어를 거꾸로 거슬러 결국 우리를 다시 원점으로 되돌아오게 한다. 〈석〉의 모호한 구문 배열에서 볼 수 있는 것은 새로운 언어의 탄생이 아니라 새로운 '속어'의 탄생이다. 이것은 합성어지만 단어나 문장에서 유래한 것은 아니다. 이것은 단어들 사이를 연결하는 속어, 관계의 속어인 것이다. 이 속어는 독자가 정보를 통합하는 방법 또는 정보와의 관계를 만드는 과정에서 진화된 것이지, 독자가 사용하는 단어에서 유래한 것이 아니다. 만약 구두점이 속어의 한 요소가 될 수 있다면, 링크라고 안 될 이유가 무엇인가?

게으른 자의 독설이긴 하지만 계층적이며 연합적인 '석'의 구문 배열에 바네바 부시가 만족했을 것이라고 추측한다. 많은 젊은이들이 오래된 관례를 바꾸는 새로운 어법을 놓고 고민하는 일이야말로 하이퍼텍스트의 미래를 밝게 하는 것이다. 결국 바로 이런 것들이 음성 언어든 출판 언어든 아니면 디지털 언어든 상관없이, 언어를 살아 있게 한다. 앞으로도 넷스케이프나 마이크로소프트는 하이퍼텍스트를 무시할지도 모르지만, 대중적 관용어가 새로운 변화를 계속 만들어가는 한, 메멕스의 꿈은 점점 더 선명해지고 현실화될 것이다.

링크의 중요성은 물론 의심할 바 없지만, 링크가 현대적 인터페이스의 유일한 언어 요소가 아니라는 점은 알아야 한다. 명령어 체계의 소멸은 인터페이스 디자인에 있어 텍스트가 이미지에 대해 가지는 주도권에 치명적인 타격을 입혔을 수는 있지만, 간단한 단어들은 현대 인터페이스에서 여전히 지대한 역할을 하고 있다. 그런 역할은 다음 세대의 정보 공간에서 점점 중요해질 것으로 보인다. 다음 장은 미래 인터페이스 디자인에 있어 다시 떠오르는 텍스트의 중요성을 보여주는 실례에 관한 것이다. 이제껏 디지털 혁명이 문자 언어에 준 가장 영향력 있는 선물인 워드프로세서에서 이야기를 시작할 것이다.

5. 셰익스피어를 연구하는 컴퓨터 학자

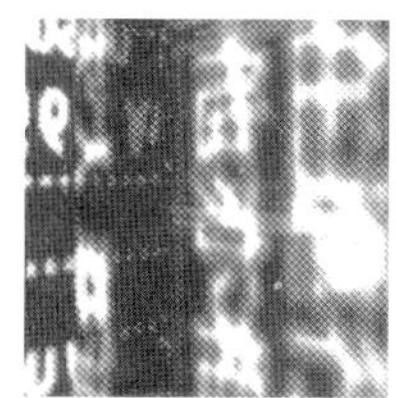

단어의 수를 세는 제한된 도구를 사용하여 컴퓨터는 영어를 사용하는 학자들이 수세기 동안 풀지 못했던 의문을 해결했다. PC의 보잘것없는 숫자 파악 능력은 이제 미묘한 문제들, 통계학적 근거보다는 언어의 '의미'와 좀더 관련 있던 문제들을 해결할 수 있다. 다시 한 번 우리는 기술이 정해진 궤도를 따라 진보하지 않으며, 대신 돌발적 도약으로 규칙적이며 점차적인 성장을 멈추게 하는 놀라운 방식으로 발전한다는 증거를 본다.

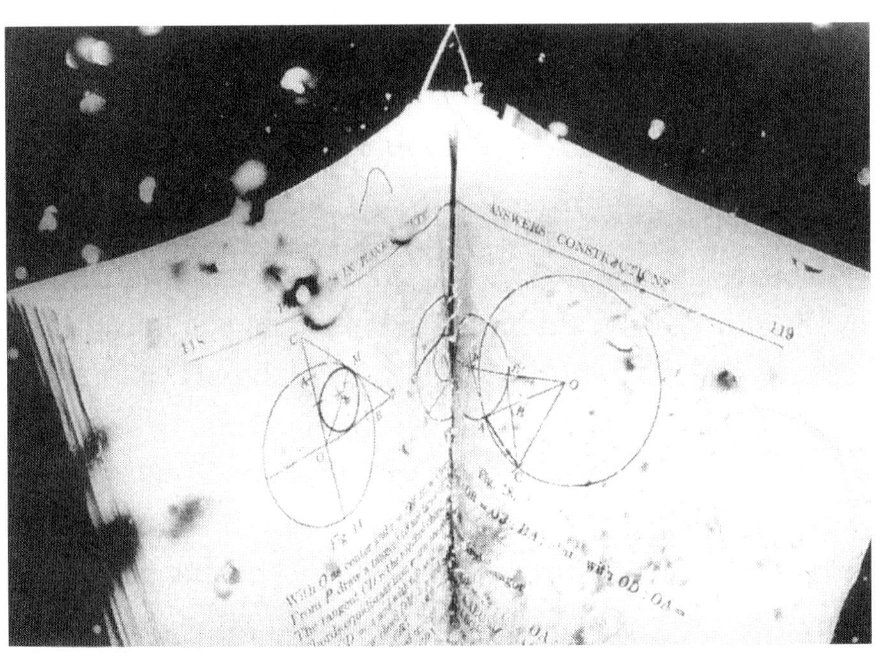
ANSWERS CONSTRUCTIONS
119

우리 부모님은 내가 열두 살 때 처음으로 가정용 PC(놀라운 32K RAM
을 장착한 Apple II)를 구입하셨다. 지난날에 대한 내 기억이 그리 뚜렷
하진 않지만 디지털 혁명 이전의 암흑기였던 그때의 삶의 리듬은 아직
도 기억난다. 친구들은 그런 내 능력을 때때로 매우 비범하다고 평가하
기도 한다. 종종 친구들은 "전에는 어떻게 이메일과 워드프로세서 없이
살았을까?"라며 놀라곤 한다. 아직도 나는 정적이며 단절적인 속도로
진행되었던 그 세계의 생활에서 일어났던 일들 대부분을 기억하고 있
다. 우리는 우리에게 무엇이 결핍되었는지를 몰랐기 때문에 아무런 문
제 없이 지낼 수 있었다. 그때 사람들은 언제나 느린 우편 서비스에 불
평하긴 했지만, 이메일이란 것을 경험한 후에야 그 느린 시간들을 견딜
수 없게 되었다.

나를 당황하게 만드는 것은 컴퓨터 없는 삶이 아니라 우리 집에 처
음으로 PC가 등장한 이후에 펼쳐진 이상한 삶이다. 나는 열두 살부터
열여덟 살까지 완전한 기능이 있는 삼십 피트 크기의 컴퓨터와 함께 살
았다. 슬픈 사실은 그 6년 동안 나는 그 컴퓨터를 오로지 발표를 위한
도구로만 사용했고, 이는 마치 학기말 과제를 마지막으로 복사하기 위
해 킨코스를 찾는 것처럼 습관적인 일이었다는 점이었다. 서류, 시, 소
설, 희곡 등 무엇을 쓰든 간에 나는 노란색 노트에 손으로 내용을 꼼꼼
히 적고, 수정하고, 그 옆에 새로운 문장을 적어 넣었다. 글이 어느 정

도 모양새를 갖추고 난 뒤에야, 나는 그것을 PC에서 타이핑했다. 글을 기계에서 창작한다는 아이디어를 왠지 신뢰할 수 없었던 것 같다. 그것은 트루먼 카포트의 유명한 표현처럼 글쓰기보다는 타이핑에 가까운 것으로서 왠지 기계적이고, 중간자적이며, 테이프에 담긴 책과도 비슷한 것으로 보였다.

이는 PC 모니터에서 뭔가 위협적인 느낌을 받는다는 수백만의 사람들에게서 볼 수 있는 일반적 감정이며, 이들은 디지털 혁명으로 인해 더 현명해졌다고 여기기보다는 당황스러움을 느낀다. 그러나 열다섯 살이었던 나는 그런 사람들에 속하지 않았다. 나는 진정으로 컴퓨터를 좋아했고, 오락실에서 보낼 수도 있었던 청소년기의 많은 시간을 컴퓨터 앞에서 보냈다. 내 또래 아이들과 마찬가지로 기초적인 프로그래밍 언어—베이식과 파스칼—를 가지고 얼마 안 되는 컬러 픽셀을 스크린에 올리거나, 유행을 따르기보다는 부르고 응답하는 형태의 당시 인기 있던 중세 이야기 탐구 소프트웨어를 즐기기도 했다. 지금 우리가 부르는 '해커'와는 비교도 안 되는 것이지만, 나는 사용 설명서를 보는 데 시간을 전혀 낭비하지 않고도 새로운 워드프로세서 프로그램을 사용할 수 있을 만큼 분명 PC에 자신이 있었다.[†] 컴퓨터에 대한 부정적인 생각도 두려움도 내게는 없었다. 그런데도 정작 컴퓨터에서 글을 쓸 수는 없었다.

그로부터 일이십 년이 지나자 나는 컴퓨터 없이 글을 쓴다는 일을 상상할 수 없게 되었다. 종이에 펜으로 쓴다는 것은 갑자기 다리가 마비되어버린 것처럼 답답하게 느껴진다. 컴퓨터 없이 글을 쓴다는 것을 '생각하면', 종이 위에 내 손이 단어들을 써가는 것을 의식하고, 그 행위 자체에 대해 생각해야만 하는 것들이 떠오른다. 그것은 매우 지겹고 힘든 일이며 워드프로세서의 간편한 진행과는 전혀 다르다. 펜과 종이는 이제 근본적으로 전혀 다른 느낌을 주는 것이 됐다. 열악한 기술만을 갖고 있어서 전화번호를 받아 적는 데나 적합한 도구 정도로 여겨지는 것이다. 손으로 책 전체를 쓴다는 것은 마치 캠코더로 영화 〈시민 케인(1941)〉을 찍는 것과도 같은 느낌이다. 물론 시도 정도야 할 수 있어도 이는 근본적으로, 사용하고자 하는 기술의 수준을 잘못 판단한 일이다. 이상하게 들릴 수도 있겠지만 나는 컴퓨터에 글을 쓰는 작가가 아니라 글자를 입력하는 사람이다. 손으로 직접 글을 쓰는 내 행위가 사라져가고 점점 줄어들었다 해도, 컴퓨터로 글을 쓰기 전에 손으로 이상하고 무의미한 낙서를 하는 과정은 더 늘어났다.

이런 상황을 점차 받아들이면서 동시에 디지털 시대 이전 어린 시절에 공책에 손으로 이야기를 쓰면서 필기체를 연습하고 글자의 둥근 부분과 내려쓰는 부분을 관찰하고 종이 위에 쓴 것들이 내 개성을 나타내며 나를 닮은 어떤 것이라고 생각하던 일을 떠올려본다. 어떤 면에서 보면 위의 두 정신 상태는 비트와 원자처럼 완전히 상반되는 개념으로 보이지만, 사실 나는 이 두 가지를 조화시키는 것이 어렵지 않다. '문자화된' 나 자신은 정상적이고 별로 하는 일 없이 움직이는 나 자신으로 강하게 되돌아온다. 어렸을 때에는 그 순환이 잉크와 종이라는 도구를 통해 완성되었지만, 오늘날은 그것은 0과 1이라는 개념에 의해 완성된다. 하지만 순환의 기본 형태는 변하지 않았다.

이전 일을 회상하면서 지금 내가 흥미롭게 여기는 것은 무언가에서 다른 무언가로의 '전환'이다. 워드프로세서로 타이핑을 할 때는 뭔가 인공적인 느낌이 슬며시 든다.† 어떻게 내가 그렇게 오랫동안 견딜 수 있었을까? 물론 당시의 소프트웨어의 기능이 썩 강력하진 못했지만

† 물론 이제 이런 이상함을 다시 느끼기 힘들게 되었다.

자르기와 붙이기, 문서 작업, 타이핑 속도 같은 워드프로세서의 기본적
구성들은 모두 갖춰져 있었다. 컴퓨터로 일하는 것은 분명히 장점이 있
었고, 나는 그것들을 잘 이해하고 인정했다. 그러나 그 장점들은 기계
를 둘러싼 가짜 같은 분위기를 없앨 만큼 강력하지는 못했다. 스크린
위 내 글은 왠지 진짜처럼 보이지 않았던 것이다. 나는 몇 가지 단계가
생략된, 풍자된 이미지를 느꼈다. 마치 내가 사무실 여기저기를 돌아다
니는 재생된 복사물 같았다.

지금 궁금한 것은 무엇 때문에 내가 완전히 다른 편에 서게 됐는가
하는 점이다. 컴퓨터를 사용한 지 5년쯤 지나서 스크린 위 밝은 픽셀들
에서 나를 발견하게 만들고 그 위의 글자가 내 생각의 진정한 연장이라
느끼게 만든 것은 무엇이었는가? 물론 당시에는 그것이 무엇인지 완전
히 인식하고 있지는 못했지만, 지금은 인터페이스 디자인 이상의 무언
가가 나를 스크린 위 언어 공간으로 이끌었다고 생각한다. 흰색 화면,
활자 관리, 앨런 케이의 윈도우 등으로 이루어진 맥의 '책상 위 종이'
라는 메타포가 실제의 종이 세계에 있던 나를 매혹시켰다. 나는 '사용
자 환상'에 빠져들어 거기 영원히 묶이게 되었다. 맥을 구입하기 전부
터 나는 워드프로세서의 장점을 알고 있었지만, 내가 진정한 글쓰기로
컴퓨터를 편안하게 받아들이게 되는 데에는 완전히 구현된 그래픽 인
터페이스가 큰 역할을 했다. 12포인트의 뉴욕체 글씨가 처음으로 스크
린에 나타나기 전에는 흰색 위에 검은색 픽셀이 지나가는 것이 전부였
다. 이전의 모든 것은 그저 타자에 불과했다는 것이다.

수백만의 사람들이 나와 비슷한 경험을 했을 것이다. 두뇌가 자연
스럽게 스크린의 지루한 빛에 저항하고, 그것을 부자연스럽게 여기며
불편하게 느끼는 그런 경험 말이다. 그러다가 사용자의 경험 안에서 무

엇인가가—아마도 마우스의 '직접 조작' 혹은 화면의 해상도에 대한 경험이—변화하여 갑자기 기계 앞에서 편안함을 느끼게 되는, 더 이상 소프트웨어에 저항하지 않는 상황에 순응하게 되는 것이다. 무의식적으로 워드프로세서에 직접 글을 쓰게 되면서 글에 대한 생각을 조정하는 전 단계가 사라지게 된다.

여기에는 좀더 직설적인 것과 좀더 간접적인 두 가지 교훈이 존재한다. 그래픽 인터페이스가 오늘날 워드프로세서 프로그램의 거대한 시장과 상품의 기능성뿐만 아니라, 보고 느끼는 측면을 중요시하는 시장을 만드는 데 핵심적인 역할을 했다는 것은 분명하다. 우리 대다수는 명령어 체계 인터페이스 시대의 워드프로세서를 어렵게 사용했지만, 오늘날의 디지털 글쓰기의 편안함과 유연함은 데스크탑 메타포의 미학적 혁신에 힘입은 바 크다. 이는 또한 소프트웨어가 예전보다 유혹적이고 시각적으로 매력적인 존재로 변했다는 뜻이기도 하다. 강화된 시각적 감성은 스크린 위의 언어와 씨름하며 창작하는 우리 정신을 북돋워 준다.

그러나 이것은 지난 십여 년간 워드퍼펙트와 마이크로소프트 워드가 세운 판매 기록 이상으로 아주 중요한 것이다. 또한 이것은 사용자 인터페이스가 빠른 속도로 세련되어지면서 사람들이 워드프로세서에 더 편안함을 느끼는 장기적인 경향 이상으로 확대된다. 여기서 진짜 흥미로운 점은 워드프로세서가 글쓰는 방법을 바꾼다는 사실이다. 이는 우리가 단지 글쓰는 작업을 완성하기 위해 새로운 도구에 의존하기 때문만이 아니라, 컴퓨터가 근본적으로 우리가 문장을 도출하는 방식과 글을 쓰는 사고 과정을 변화시키기 때문이기도 하다. 작업 과정에서 이런 변화는 다양하게 나타나며, 가장 근본적인 것은 디지털 글쓰기의 빠른 속도가 책 두께를 변화시켰다는 사실이다. 실행 취소 명령이나 맞춤법 검사를 언급하지 않더라도, 빨라진 속도 덕에 예전에 펜과 종이를 사용한다면 다섯 장 정도를 휘갈겨 쓸 시간에 열 페이지를 충분히 쓸 정도가 되었다. 그리고 몇몇 디지털 글쓰기 형식—이메일이 가장 대표적인 예가 될 것인데—이 보여주는 우발적이고 즉각적인 특성은 거의 대화를 주고받는 것과도 유사해서, 문자 편지와 전화 통화를 합친 것과 같다.

하지만 워드프로세서가 내게 준 가장 흥미로운 부수적 요소는 개념적인 형태의 문장과, 종이나 스크린으로의 물리적 전환 사이의 관계가 변화되었다는 사실이다. 펜과 종이 또는 타자기로 글을 쓰던 시절에는 문장을 쓰기 전에 먼저 머리 속에서 정리해야 했다. 그 과정에는 분명한 전후 순서가 있었다. 주어와 동사, 수식어, 종속절 등을 미리 결정하고, 일이 분 동안 그 순서를 생각해보고 조합이 괜찮다고 생각되면 노란 노트에 쓰기 시작했다. 이는 당시 내가 쓰던 도구를 이용하는 한 최선의 방법이었지만 일단 쓴 후에 단어 순서를 바꾸는 것은 문서를 지저분하게 만들기 십상이었다.[†] 맥 인터페이스의 신호음이 컴퓨터로 글을 쓰도록 나를 유혹하고 나서 이 모든 방식이 바뀌게 되었다. 문장을 타이핑하기 전 그 문장을 먼저 충분히 생각해보는 나는 익숙한 시작-멈춤 방식으로 글을 쓰기 시작하지만, 곧 워드프로세서가 수정 과정에서 발생하는 불편함을 없애준다는 사실을 깨닫는다. 문장이 올바르지 않다면 마우스를 몇 번 움직여 단어들을 재정리하고, 언제나 마술 같은 '삭제' 키로 불필요한 것들을 순식간에 지우면 된다. 몇 달 후 나는 문장을 만드는 방법이 본질적으로 변화했음을 알게 됐다. 생각과 타이핑의 과정이 겹치기 시작한 것이다. 문장 구성, 시작 구절, 삽입구 등 머리 속에 문장이 떠오르면 심사숙고하기도 전에 그 단어들을 스크린 위에 쳐넣는다. 그리고 나서 동사나 문장을 완성하는 전치사구를 고르기 시작한다. 대부분의 문장들은 망설임 속에서 시도와 실수를 거듭하며 완성되고, 문장이 괜찮아 보일 때까지 몇 개의 다른 문장 구성이 시도된다.

그것은 미묘한 변화임에도 불구하고 매우 중요하다. 내 글쓰기의 근본적인 구성요소가 워드프로세서로 인해 변화된 것이다. 완성된 문장이라는 전체 단위로 시작되던 나의 글쓰기가 결국 불연속적 구절의 구성요소 안에서 더 작은 단위를 가지고 시작되게 되었다. 물론 이것은 나의 문장 스타일에도 엄청난 영향을 미쳤다. 이전의 과정은 최대한으로 복잡한 문장의 한계를 결정하는 것이었는데, 머리 속으로 전체 문장의 단어를 생각하고 있어야 했기 때문에 자연스럽게 머리가 문장을 더 단순하고 직접적인 구조로 끌어내리기 마련이었다. 부사절이 너무 많으면 원래 생각의 줄기를 놓치기 쉽기 때문이다. 하지만 나는 워드프로세서를 쓰면서 소단위 집단의 단어를 확대하여 문장을 만들어나갈 수 있었다. 문장 전체의 형태를 걱정할 필요가 없었기 때문에, 나는 어느 위치에건 또 어느 때건 수식어를 마음대로 덧붙일 수 있게 되었다. 주어 동사의 일치에서 오류를 범했더라두 언제든 다시 수정할 수 있기 때문이다. 그래서 내 문상들은 마치 새로운 이민자들이 몰려든 직은 마을처럼 엄청나게 부풀었다. 문장은 셀 수 없는 부수적 생각들과 과시적 암시들로 가득 차고, 끝없는 수정으로 이루어지게 되었다. 이런 글쓰기는 당시에 프랑스 기호학에 사로잡혀 있었던 내 연구에 도움이 되지는 못했지만, 그 연구에 대한 문장들을 예전처럼 노트에 적어가며 쓸 수 없었을 것이라는 점은 안다. 컴퓨터는 내가 글을 편리하게 쓰도록 해주었을 뿐 아니라 무엇을 쓸 것인가에 대한 내용 자체도 변화시켰는데, 이런 점에서 컴퓨터가 내 사고방식에도 엄청난 영향을 미쳤다고 생각한다.

초기 그래픽 인터페이스가 단어 조합법을 바꿔놓았다면, 최근 인터페이스 디자인은 마치 언어적 조작 가능성의 실험을 이미 모두 마쳤다는 듯 글자 자체의 측면을 완전히 무시해왔다. 그렇지만 워드프로세서의 역사가 보여주듯이 글자를 디지털 형태로 전환하는 데에서 예상치 못한 엄청난 효과가 파생될 수도 있다. 현대 인터페이스의 경향이 단어의 역할을 별로 효과적으로 도와주진 못하지만, 하이테크 세계가 대부분 그렇듯이, 드러나는 것만으로 판단해서는 안 된다. 실제로 우리는 워드프로세서의 등장으로 도래한 글자 패러다임만큼이나 중요한 글자 패러다임 전환의 최고 절정에 있는지도 모른다. 어쩌면 모든 요소들이 그런 혁명적 전환을 기다리고 있으며, 우리에겐 단지 일관된 전체 안에 요소들을 한데 묶는 해결책으로 소프트웨어가 필요할 뿐일지 모른다.

물론 이런 근시안적 시각은 매우 익숙한 이야기다. 새로운 기술은 언제나 그 출발부터 잘못 이해돼왔고, 주로 그 기술과 가장 가까운 사람들의 오해를 받곤 한다. 1877년부터 1881년까지 에디슨은 20세기의 주요한 발명에서 절반에 가까운 물품을 고안해냈지만, 가장 생산적이었던 그의 멘로파크* 시절의 몇 에피소드들은 천재성만큼이나 잦은 그의 실수와 오해를 잘 보여준다. 축음기에 관한 이야기가 가장 훌륭한 예가 될 것이다. 에디슨은 애초 이 기계를 전화 통화를 녹음하여 저장하는 기계, 즉 전화선 상에서 순식간에 사라져버리는 소리를 위한 음성 저장 기계로 구상했었다. 1세대 전화 사용자들이 통화를 형태로 남기지 못하는 것을 못마땅하게 여겼으므로 에디슨은 인쇄된 전보 종이 같

* 미국 뉴저지 주 북동부 미들섹스 군의 마을로 1876~87년에 에디슨의 실험실이 있던 곳이다.

은 물질적 바탕을 전화에 부여하는 방법을 연구한 것이다. 그리하여 그는 전화의 부수적인 장치로 전화 통화를 계속 녹음하는, 일종의 자동응답기와 비슷한 장치로 축음기를 만들어냈다.

에디슨은 이와 같은 가설에 도달하기까지 두 가지 실수를 저질렀다. 녹음된 음악을 재생하는 축음기의 능력을 간과했다는 점과, 전화 통화 내용을 규칙적으로 녹음할 것이라고 가정했었다는 점이 그것이다. (결국 틀린 것으로 드러나긴 했지만) 이 가정들은 각 매체의 가장 근본적인 성격에 관한 것이라는 면에서 에디슨의 계산에서는 거의 볼 수 없는 중대한 실수였다. 에디슨은 축음기가 주로 대중적인 재생장치보다는 개인적인 '녹음' 매체가 될 것이라고 잘못 가정했다. 그리고 또 그는, 사람들이 전화의 직접성이 주는 생동감에 완전히 적응하게 되고 결국 통화 내용 녹음은 매우 예외적인 경우, 즉 기자, 도청하는 사람, 대통령의 행적을 기록하는 역사학자들이나 사용할 것이라고는 예상하지 못했다.

에디슨의 이런 실수는 아마도 용서받을 수 있을 것이다. 결국, '재생'과 '실황'이라는 매체 개념은 1880년대에는 거의 존재하지 않았던 것이었고, 그 단어 자체도 당시에는 존재하지 않았었다.[†] 일단 축음기에 대한 에디슨의 실수에서 알 수 있는 것은 기술 혁명의 역사가 운 좋은 사건과 멋진 실수의 역사라는 것이다. 또한 눈에 띄는 실수는 새로운 기술과 아주 '가까운' 곳에서 발생한다는 점을 보여주기도 한다. 기계들은 발전 과정 속에서 어두운 면과 그릇된 부분을 벗어버린다.[†] 이렇게 잘못된 해석은 복잡한 기술이 전후 소비주의가 지배하는 시장에 내던지게 되면 더욱 걷잡을 수 없게 된다. 카우치 포테이토들과 기계 중독자들은 언제나 단지 새롭다는 이유로 아무 생각 없이 제품을 구입

[†] 전화기가 만들어지기 이전 '실황' 매체를 경험하자면 알 수 없는 소리로 축약된 모르스 부호를 배워야만 했고, 소리의 '재생'은 천공카드로 연주되는 피아노 정도에만 적용될 수 있는 개념이었다.

[†] 라디오는 초기 월드와이드 웹처럼 다수에서 다수로, 아래에서 위로 전파되는 방식으로 시작되었지만, 곧 *RCA*와 *NBC* 같은 전국 네트워크가 지배하는 형식으로 통합되었다.

한다. 윌리엄 깁슨이 『뉴로맨서(1984)』에서 "실제 사회는 생산자들이 결코 생각하지 못한 제품 고유의 새로운 용도를 만들어낸다."고 쓴 것 처럼.[1]

컴퓨터는 특히 이상에서 보았던 것과 같은 그릇된 해석에 그 약점이 노출되어 있었다. 디지털 기계들은 타고난 형태 변환장치다. 디지털 이라는 것은 그 자신을 마우스 클릭으로 재창조해간다는 것을 의미한다. 계산기에서 회계장부로, 워드프로세서로, 비디오 편집기로 쉽게 변화하고는 다시 처음으로 돌아가기도 하는 것이다. 그러므로 생각하는 기계의 진화 경로가 잘못된 방향 전환과 일탈로 점철되어 있다는 사실은 그리 놀라운 것이 아니다. 그 가운데 몇몇은 '규모'에 대한 오판인데, 그 대표적인 예가 **IBM** 회장인 토마스 와슨 2세가 1943년 전설적인 연설에서 컴퓨터는 궁극적으로 세계 시장에서 약 다섯 대 정도만 팔릴 것이라고 말했던 사례다. 그리고 몇 가지는 '목표'에 대한 오판인데, 에디슨의 축음기 이야기처럼 기술이 궁극적으로 어떻게 사용돼야 할지에 대해 오해하는 경우를 말한다.

1970년대 중반 애플 Ⅱ가 처음으로 시장에 등장하여 폭발적 인기를 누리기 몇 년 전, 인텔의 한 엔지니어가 회사 간부회의에서 퍼스널 컴퓨터 제작에 대해 열정적으로 연설했다. 그는 소비자들이 당시에 텔레비전, 스테레오, 진공청소기를 구입하듯 미래에는 디지털 기계를 살 것이라며 미래에 대한 그의 시각을 펼쳐 보였다. 당시 거대한 컴퓨터 본체가 일반적으로 수십만 달러에 팔리고 있었던 것과 비교하면, 인텔이 이미 1만 달러 미만의 가격으로 퍼스널 컴퓨터를 만들 만한 기술(전자 칩, 통합 회로, 전력공급장치)을 보유하고 있었다는 사실에 주목하지 않을 수 없다. 그러나 간부들은 오늘날 우리는 누구나 아는 질문,

‘사람들이 퍼스널 컴퓨터로 무엇을 할 것인가?’에 대한 답을 원했다. 그 엔지니어는 만족할 만한 답을 갖고 있지 않았으며, 가장 그럴듯한 시나리오로 내놓은 것이 컴퓨터가 전자 버전의 요리법을 관리하는 것이었다. 회계 처리 프로그램, 워드프로세서, 비디오 게임처럼 퍼스널 컴퓨터를 위해 고안된 그 모든 최고의 하이테크 응용프로그램에서 그가 겨우 생각해낸 것은 엄마의 참치찜 조리법의 디지털 버전이었던 것이다. 그것은 마치 바퀴를 발명하고서 이것이 문이 닫히지 않게 괴는 장치로 얼마나 훌륭한가를 증명하는 것과 마찬가지였다.

인터페이스 또한 수년 동안 잘못된 평가를 받아왔다. 우리는 이미 많은 사람들이 ‘보고 느끼기’라는 초기 맥의 개념에 대해 진지한 비즈니스 용품보다는 장난감 혹은 오락실 게임에 더 적합하다고 평가했음을 보았다. 윈도우즈 95 같은 프로그램들이 최초의 맥 디자인보다 덜 장난스럽거나 덜 만화 같은 것은 아니다.[†] 어떻든 간에 고해상도 컬러 모니터와 빠른 스크린 재생 기술이 등장하면서 현대 인터페이스는 이전보다 훨씬 활발해지고 더 장난감처럼 되었다. 바뀐 것이 있다면, 어떤 컴퓨터 그래픽이 좋은가라는 우리의 기대다. 1980년대 중반에는 최고의 비주얼 디스플레이는 워 그래프를 그리는 데에 필요한 것이었고, 움직이는 픽셀들은 〈로드 러너〉와 〈아스테로이드〉 같은 게임을 위해서나 사용되었다. 그런데 그래픽 인터페이스 혁명이 이 모든 것을 바꿔놓은 것이다. 우리는 이제 본능적으로, 깜빡이는 아이콘과 데스크탑 패턴 그리고 아래로 내릴 수 있는 메뉴 등의 비주얼 메타포들이 중요하며 결코 없어서는 안 될 ‘인지적’ 기능을 가지고 있다는 사실을 안다. 그것들은 이해할 수 있고 잘 정리된 모습으로 우리가 정보를 상상할 수 있게 도와준다. 이제 아무도 더 이상 컴퓨터 그래픽을 생각 없는 손장난으로 여기지 않는다.

　　그러나 그래픽 인터페이스는 여전히 잘못 이해되고 있다. 초기에 부정적으로 평가되던 것과는 달리 오늘날의 잘못된 개념은 GUI의 기초 원리를 '지나치게 많이' 신봉하는 데서 기인한다. 많은 현대 인터페이스 디자인에는 하나의 어리석은 일관성이 흐르고 있는데, 그것은 이 분야에 실리콘 밸리가 맹목적인 시각을 갖고 있기 때문이다. 아이콘과 비주얼 메타포가 지배하는 세계에서 '텍스트'—이미지나 애니메이션이 아닌 문자와 단어—의 역할은 할리우드 서사극에서 지나가는 행인처럼 점차 사소한 것으로 여겨지고 있다. 언어는 이런 불균형한 패러다임에서 언제나 이미지보다 열등한 것이다. 글쓰기 방식의 역사(특히 상형문자에서 음성문자로의 변천)에 대해 조금이라도 아는 사람은 현재의 우선순위가 매우 이상하다는 사실을 감지할 것이다. 다행히도 오늘날의 기울어진 우선순위는 너무 불균형해서 오래 지속될 수 없을 듯하다. 아마도 21세기에는 '텍스트' 혁명이 인터페이스 디자인을 거대한 도약으로 발전시킬 것이다.

　　텍스트에 대한 이러한 혐오에는 수긍이 가는 이유가 있다. 새로운 세대의 심리학적 언어로 표현하면, 현대 인터페이스는 명령어 체제에서 해방된 이후 앓아온 정신적 충격 증후군과 아직도 싸우고 있는, 회복 단계에 있다. 컴퓨터는 숫자로 시작되었지만 초기에는 텍스트의 막강한 지배—녹색 형광 모니터 위에 그리고 천공카드에 각인된 수수께끼 같은 명령어들의 지배—하에서 발전되었다. 사실 원래 '인터페이스'는 자판으로 입력하면 프린터나 모니터로 출력을 조심스럽게 전달하는, 단지 텍스트의 또 다른 언어일 뿐이었다. 컴퓨터와 사용자 사이의 관계를 지배했던 베이식, 코볼, 유닉스, 도스 같은 중요한 컴퓨터 언어들은 텍스트에 근거한 것이었다. 비트맵에 기초한 알토*나 윈도우즈 95와 비교하면, 앞서 열거한 오래되고 텍스트에 기초한 경험들은, 영화

* 제록스가 개발한 워크스테이션

* 미국의 테크니컬러 모션픽처가
발명한 색채영화 시스템의 명칭

의 가치 척도가 대본에서 테크니컬러*로 대체된 것 같이, 이제는 생명을 다한 듯하고 직관력도 없어 보인다. 이제껏 수많은 문제들의 원인이 문자였는데, 왜 스크린 위 문자로 무엇인가를 하려 하겠는가? 심리치료사들이 억압된 기억과 감정의 장애물을 없애버리듯, 좋은 인터페이스는 텍스트를 제거한다. 텍스트 명령어는 초기 컴퓨터의 가장 나쁜 점이었다. 이는 초기 컴퓨터의 아킬레스건으로, 현대 인터페이스가 스크린 위의 문자에 대해 혐오스럽게 반응하는 것을 설명해주는 유일한 논리적인 이유다. 우리는 이를 도스 콤플렉스라 부른다.

그러나 새로운 세대의 텍스트 인터페이스 도구는 GUI의 모든 진정한 발전을 위해 컴퓨터 사용 경험을 바꿀 것을 약속하는데, 이는 하이테크 세계가 문자혐오증으로부터 회복할 것이라는 예상이기도 하다. 나는 이런 새로운 인터페이스가 둔탁하고 애매한 구문의 유닉스나 도스와는 전혀 다른 것이 될 것이라고 확신한다. 고맙게도 C 프롬프트는 죽은 문자가 되었다. 새로운 텍스트 인터페이스는 학생이 라틴어 동사 변화를 외우는 것처럼 사용자에게 애매한 명령어를 기억하도록 강요하는 대신, 사용자가 오늘날의 데스크탑 메타포 방식으로 정보를 탐색하는 과정을 돕게 될 것이다. 새로운 텍스트 도구는 멀리서 바라본 빅토리아 시대 도시 진망과 흡사한, 데이비드 글런터가 "탑사이트"[2]라 부르는 것과 같은 역할을 하게 될 것이다. 명령어 체계는 사용자를 편집 모드와 정확한 문장 구성의 세밀함으로 구속했었다. 그러나 새로운 도구는 전체를 보는 방법이 될 것이다.

몇 가지 분명히 해야 할 것이 있다. 가장 전형적인 현대 인터페이스조차도 텍스트를 여러 가지 다른 방법으로 사용하고 있다. 물론 텍스트는 문서의 '내용'을 비롯한 워드프로세서, 프레젠테이션 소프트웨어 그리고 페이지 레이아웃 프로그램에 등장한다. 또한 그 텍스트들은 여전히 컴퓨터를 실행하기 위한 도구인 명령어로서 중요한 역할을 하고 있다. 보통의 메뉴를 끌어내리면, 여전히 사용 가능한 명령에 대한 문자 설명이 보일 것이다.[†] 문자는 여전히 하드 드라이브 정보를 탐색하기 위해 필요한 자료의 중요 부분이다. 맥 파인더나 윈도우즈 파일 관리자를 파일의 자세한 이름 없이 그저 암호화된 아이콘만으로 탐색한다고 상상해보라. 그것은 단지 모호한 아이콘으로 만들어진 수프에 불과하다. 어린 학생의 스웨터에 이름표를 다는 것처럼 아이콘에 붙은 텍스트 이름은 매우 중요하다. "키신저라는 단어가 포함된 모든 문서를 찾아라."라는 검색 요청은 근본적인 탐색 도구로, 텍스트 없이는 절대로 불가능하다.[†]

텍스트는 이미 현대의 그래픽 인터페이스 안에서 자신의 길을 광범위하게 찾아가고 있다. 불행한 것은 그래픽 인터페이스가 문자를 다루는 방법에는 혁신적인 것이 전혀 없다는 사실이다. 3D 파일과 〈밥〉 형식의 움직이는 캐릭터 사용으로 시각 언어는 눈부시게 향상되었지만, 낡아빠진 텍스트 언어는 지난 이십 년간 거의 변하지 않았다.[†] 진화론의 관점에서 볼 때, 텍스트 인터페이스 요소들은 단일한 유전적 구성에 고정되어 있는 듯 보인다. 그러나 이제 새로운 텍스트 인터페이스의 적용이 서서히 등장하고 있다. 이 새로운 종류에서 가장 주목할 만한 것들은 대통령 선거를 둘러싼 정치와 엘리자베스 여왕 시대의 문학 비평이라는 의외의 분야에서 비롯되었다고 한다.

1996년 3월, 『뉴욕 매거진』은 클린턴 대통령 선거 캠페인을 바탕으로 한 작자 미상의 실화소설 『원색』의 숨은 저자를 밝히는 커버 스토리를 출간하였다. 두 달 전에 출간된 그 책의 저자가 누구인지에 대한 추리가 문학계와 정치계에서 들끓고 있었다. 『뉴욕 매거진』 편집자들은 자신들의 주장이 다른 언론들의 엄격한 비판에 맞서게 되리라는 것을 알고 있었다. 『뉴욕 매거진』의 전직 기자이며 현재 『뉴스위크』의 칼럼니스트인 조 클라인이 『원색』의 저자임이 거의 확실하다는 이야기는 『뉴욕 매거진』 편집인들에게 큰 충격을 주었다. 다른 언론의 비난 그 자체는 그렇게 대단히 충격적이지 않았다. 이미 클라인은 작가 리스트에 후보로 올라 있었으며, 그와 클린턴 사이의 비뚤어진 애증관계는 저자의 심리학적 프로필과 꼭 맞았기 때문이다. 충격적이었던 것은 이 기사의 출처였는데, 그것은 출판인이 흘린 메모나 클라인의 휴지통을 뒤져 찾은 쓰레기에서 온 것이 아니었다. 문제는 『뉴욕 매거진』이 바자르 대학의 별로 알려지지 않은 영문학 교수 돈 포스터에게 『원색』의 컴퓨터 분석을 맡기는, 잡지의 명성을 위협할 만한 일을 감행했다는 사실이었다. 결국 근거 없는 가설과 탁상공론식 추적으로 미스터리에 대한 가장 믿을 만한 결론이 기계로부터 도출되었다.

컴퓨터가 어떻게 그런 결론에 도달할 수 있었는가? 그리고 왜 사람들이 기기에 관심을 가졌는가? 디지털 기술이 지난 오십 년 동안 엄청나게 발전하긴 했지만 분명히 책을 읽고 이해할 수 있을 만큼 발전하지는 못했으며, 저자의 정체를 추적하기에도 매우 불충분한 것이었다. 이진법 코드로 이루어진 몇몇의 단순한 문장이 1990년대의 그 거대한 문학 추리 사건을 해결하도록 한 것은 과연 어떤 작업이었나?

이에 대해 한마디로 답하자면 컴퓨터가 텍스트로 유용한 작업을 하기 위해 문서를 '이해할' 필요는 없다는 것이다.[†] 수백만 달러와 수

많은 사람의 노력이 인공지능AI—통계를 내는 동시에 의미체계를 따라 언어를 이해하는 컴퓨터—이라는 성배를 찾기 위해 소모되었다. 이 일이 가능하게 되려면 일이십 년은 기다려야 한다는 상황에도 불구하고, 세상은 '의미'를 해석해줄 도구를 간절히 기다리고 있다. 다행히도 불완전하나마 그 목표에 보다 근접하는 시도가 있다. 언어는 의미체계로만 구성되어 있는 것이 아니라고 알려져 있다. 활자화된 언어에는 또한 통계학적 성질이 있는데, 그것은 대부분 인간의 지각 능력 밖에 있는 성질이다.†

모든 텍스트는 성경의 용어색인처럼 문장 구성 순서가 아닌 빈도에 따른 단어 목록으로 요약될 수 있다. 이것은 다른 어떤 것보다도 수와 깊은 관계가 있는데, 예를 들어 이 장에서는 'the'라는 단어가 687번 나오고 'interface'라는 단어가 11번 나온다. 영어를 사용하는 사람이라면 누구나 'interface'란 단어가 'the'보다 훨씬 더 많은 내용을 나타낸다는 것을 즉시 파악할 것이다. 단어 목록에서 모든 관사, 대명사 그리고 전치사를 무시하도록 지시하고 컴퓨터가 그 차이를 인식하도록 미리 조작할 수도 있을 것이다. 하지만 보다 나은 해결책은 컴퓨터가 문서 몇 개를 비교하여 스스로 그런 판단에 이르도록 하는 것일 것이다. 예를 들어 이번 장의 일부분과 애플의 '휴먼 인터페이스 지침'의 부분 및 스티븐 킹의 소설 『샤이닝(1977)』의 일부가 있다고 하자.

앞서 열거한 세 개의 문서들을 모두 컴퓨터에 입력하고 각각의 단어 목록을 만든다. 컴퓨터에게 세 텍스트에서 가장 자주 등장하는 단어들을 제거하도록 지시해보자. 만약 표본이 방대하다면 각 문서에서 대명사, 전치사, 관사가 걸러지고 즉시 필요한 단어들이 추출될 것이다. 남는 것은 'interface, bitmap, mouse, overlook, blood' 같은 보다 의미가 분명한 단어들이다. 실제로『샤이닝』의 단어 목록은 다른 두 개와 매우 동떨어진 아주 독특한 것이다. 단어 수를 세는 것만 훈련된 컴퓨터가 비록 그 차이가 나타내는 '의미'가 무엇인지는 설명할 수 없을지라도, 컴퓨터는 스티븐 킹의 소설과 이 책 사이의 차이를 감지할 수 있다. 그러나 이 장과 애플의 지침서 사이의 차이는 보다 모호하다. 두 문서가 비교적 일반적이지 않은 단어들(interface, click 등)의 사용빈도가 높다는 공통점을 갖고 있기 때문이다. 시스템 언어 이론에 따르면 이런 단어들은 많은 정보를 가진다. 또한 흔치 않다는 이유로 이들은 보다 의미 있는 것으로 된다. 마치 "그는 코가 있다"는 설명보다 "그는 로마인 모양의 코가 있다"는 설명이 보다 많은 정보를 가진 것처럼 말이다.[†] 거의 모든 문서들은 'the'라는 단어를 포함하고 있지만, 'interface'라는 단어를 포함한 문서는 드물다. 'interface'라는 단어의 사용은 우리에게 그것을 포함한 문서에 대해 보다 많은 것을 알려준다. 비록 그 차이를 '찾아내기' 위해서는 보다 광범위한 영어 사용의 표본이 필요하긴 하지만 말이다. 광범위한 범위의 표본이 없다면, 그 결과는 우연의 일치로 중복 사용된 용어들을 지나치게 강조하는 경향을 갖게 된다.[†]

여기에서 전문용어에 대해 분명히 할 필요가 있다. 컴퓨터가 문서 사이의 차이를 '본다'고 말할 때, 이것은 컴퓨터가 그런 차이를 실제 '이해한다'는 것을 의미하지 않는다. 아마도 더 정확하게 표현하자면 컴퓨터가『샤이닝』과 애플 지침서 사이의 구분을 기록한다는 것이 될 텐데, 왜냐하면 컴퓨터는 그 구분을 수치로 표현할 수 있기 때문이다. 숫자들은 각 문서의 의미에 대한 무엇인가를 나타낸다. 비록 그것이 진흙탕에서 어른거리는 분명치 않은 것일지라도 말이다. 컴퓨터는 그 의미를 직접적으로 인지하지는 못해도, 통계학적 반영을 통해 흐릿하게는 감지할 수 있다.

† 거의 모든 사람들이 코가 있지만, 모든 이의 코가 로마인의 코를 닮지는 않았다.

† 여기에 열거한 제한적인 표본에서 'bitmap'은 세 개 문서의 3분의 2에 등장하는 흔한 단어가 된다.

그런 흐릿한 감지 능력은 현대 PC의 강력한 문서 처리 능력에 놀랄 만큼 많은 정보를 줄 수 있다. 우리는 마술처럼 정확하게 단어를 세는 숫자 파악 능력에 익숙해져 있지만, 만약 그 동일한 능력이 더욱 찾기 어려운 정보를 추적하는 데 방해가 될 수도 있다면 어떻겠는가? 물론 컴퓨터는 컴퓨터 사용설명서와 공포소설 사이의 차이를 인식하기는 하지만, 아마도 열 살짜리 보통 어린이들도 그런 인식은 할 수 있을 것이다.[†] 하지만 보다 높은 목표를 향해 컴퓨터가 가진 숫자에 대한 탁월한 능력을 재조정할 수는 없을까? 의미, 스타일, 억양 같은 보다 높은 언어학적 성격들을 통계학이라는 렌즈를 통해 감지하는 것이 가능할까? 기계가 읽는 방법을 배우지 않고도 언어를 이해할 수 있을까?

그 질문에 답하기 위해 우리는 셰익스피어 연구에서 불후의 미스터리 가운데 하나, 즉 디지털 기술의 통계학적 분석을 통해 해결된 하나의 의문을 다시 시험해볼 필요가 있다. 모든 엘리자베스 왕조 시대 문학비평의 불가사의한 수수께끼 가운데, 셰익스피어의 연기 활동만큼 애매하고 알 수 없는 것은 거의 없다. 오랫동안 학자들은 셰익스피어가 자신이 집필한 모든 연극에 출연했다고 결론을 내렸다. 하지만 실제로 확인된 것은 그가 두 개의 연극에서 맡았던 역할, 『햄릿』의 유령과 『뜻대로 하세요』의 아담 역할뿐이었으며 다른 역할들은 의문으로 남아 있다. 셰익스피어의 작품이 주로 공연된 글로브 극장의 상연 일정 기록은 수세기 동안 보전되어왔기 때문에 모든 작품 공연일자를 알 수 있다. 또한 우리는 그의 작품 활동에 대한 근거 있고 정확한 연표를 가지고 있기 때문에 정확하게 그의 연기와 집필 사이의 중복되는 부분을 알아낼 수 있다. 달리 말해 셰익스피어가 『오델로』에 출연하면서 『리어 왕』을 썼으며, 『헨리 4세』를 쓰면서 『베니스의 상인』에 출연했다는 사실을 안다는 것이다. 우리가 모르는 것은 그가 당시 연극에서 어떤 역할을 했는가 하는 점이다.

하지만 우리는 적어도 돈 포스터가 명석하고 놀랄 만큼 확실한 아이디어를 발견하기 전까진 알 수 없었다. 만약 셰익스피어가 정말로 다른 연극 대본을 집필하면서 한 연극에서의 역할을 위해 대사를 암기했다면, 아마도 두 연극 사이에는 어느 정도의 관련이 발생했을 것이다. 매일 밤 연기하는 반복적 행위는, 일하는 동안 머리 속을 맴도는 아침 TV 프로그램의 맑은 벨소리처럼, 아마도 셰익스피어의 머리 속에 몇몇 단어들을 맴돌게 했을 것이다. 단어들은 서로 다른 리듬으로 일상적 표현 안에서 순환한다. 사랑했던 이의 이름, 태어난 지역에서 다져진 문법, 기본 색깔과 숫자 등의 어떤 단어들은 평생 동안 우리와 함께하며 어떤 순간에도 즉시 사용될 수 있도록 남아 있다. 어떤 단어들은 개인이 그것들을 말하는 것보다 더 거대한 힘에 의해 나타났다가는 사라지기도 하는데, 유행하는 속어의 변천, 기술 혁명에 관한 이상한 표현, 광범위한 인구 통계적 유행에서 비롯된 '민족적' 관용어 등이 그렇다.[†] 하지만 대부분의 단어들은 마치 정착할 수 없도록 저주받은 유랑악단처럼 습관적으로 사용되는 단어의 범주를 들락날락하며 그 중간 어느 곳인가에 위치한다. '심오하다'라는 단어는 머리 속으로 무의식적으로 들어서서 의식 가장자리에서 몇 주 동안이고 머물면서 사용될 때를 기다린다. 그리고 그 몇 주 동안 진지하고, 격렬한 혹은 풍자적인 과장의 말씨가 요구되는 상황이 발생할 때마다 '심오하다'는 단어는 태엽장치처럼 움직이기 시작한다. 그러나 곧 다른 경쟁 단어—예를 들어 '중요한' 혹은 '중대한'—가 이식되면, '심오한'은 가끔 사용되는 단어들을 위한 음침한 구석으로 밀리게 된다.

포스터의 해결 방법은 위대한 셰익스피어도 그와 유사한 언어적 습관을 가졌을 것이라고 가정했던 것이었다. 셰익스피어가 자신이 외운 대사가 나오는 연극을 공연하는 동안, 그가 어휘를 구사할 때 연극에 나온 단어들이 자주 등장하지는 않았을까? 셰익스피어의 연기 활동에 사용된 언어가 그의 희곡 집필에 영향을 주었을까? 포스터는 이에 대한 답을 구하기 위해 셰익스피어가 그의 전 활동을 통하여 사용한 의미 있는 단어들 중에서 채 열 번도 사용되지 않았던 단어만의 통계를 추적하도록 특별히 프로그램된 컴퓨터를 이용했다. 컴퓨터는 이 단어들을 두 가지 단계로 나누어 분석했는데, 첫째, 개별적 역할[†]로 등장한 경우와, 둘째로 연극 작품 전체에 등장하는 경우로 나눠 분석했다. 만약 연극배우로서의 셰익스피어가 희곡작가로서의 셰익스피어에 영향을 주었다면, 어떤 연극들에는 먼저 제작된 연극의 한 부분에 나오는 단어들이 흩어져 등장할 수도 있었을 것이다. 많은 정보를 담고 있는 단어들이 흩어져 분포하는 것은 너무 어렴풋하고 변화무쌍해서 인간의 눈에는 띄지 않지만, 컴퓨터의 천재적인 패턴 인식 능력으로 추적하는 것은 단지 시간 문제였다. 포스터의 직감은 정확했다.

실험실의 결과는 지문처럼 정확하고 분명한 것으로 드러났다. 각각의 연극은 또 다른 연극을 그대로 반영하고 있었는데, 고아가 유전자 테스트라는 과학으로 가족과 재결합하는 것처럼, 많은 정보를 담은 단어들이 공통적으로 사용되는 것으로 드러났던 것이다. 이렇게 단어가 겹치는 예는 연기와 집필의 연대기를 따르고 있었다. 실험 결과는 실제로 포스터의 예상을 훨씬 뛰어넘었다. 에드워드 돌닉이 『애틀랜틱』에 쓴 것처럼 그 분석결과는 여러 가지 다른 각도로 뒷받침될 수 있었다. "이 작업은 우리가 이미 다른 배우가 맡았다고 알고 있던 역할을 결코 셰익스피어의 것이라고 분석하지 않았다. 셰익스피어의 것이라고 명명한 역할은 여자나 아이의 역할이 아닌 성인 남자의 역할로 모두 그럴듯해 보인다. 이 테스트는 먼저 공연되고 있던 연극에 무작위로 흩어져 있는 특이한 단어들이 후에 집필 중이던 연극의 한 역할에 몰려 있는 식으로 절대 잘못된 방향으로 진행되지 않았다. 포스터의 테스트가 잘못된 결과를 보여준 경우는, 셰익스피어가 하나의 연극에서 절대로 동시에 출연하지 않았을 두 개의 배역—『리차드 2세』의 병자와 정원사—을 연기했다고 나온 사례뿐이다."[3]

단어의 수를 세는 제한된 도구를 사용하여 컴퓨터는 영어를 사용하는 학자들이 수세기 동안 풀지 못했던 의문을 해결했다. PC의 보잘 것 없는 숫자 파악 능력은 이제 미묘한 문제들, 통계학적 근거보다는 언어의 '의미'와 좀더 관련 있던 문제들을 해결할 수 있다. 다시 한 번 우리는 기술이 정해진 궤도를 따라 진보하지 않으며, 대신 돌발적 도약으로 규칙적이며 점차적인 성장을 멈추게 하는 놀라운 방식으로 발전한다는 증거를 본다. 물을 그릇에 담고 점차 방의 온도를 낮춰보라. 기온이 내려가면서 물도 차가워진다. 그러나 어느 순간 그런 변화가 멈추고(이 경우는 섭씨 0도에 이르는 순간을 말한다) 더 이상 물은 차가워지지 않고 얼음이라는 앞서 진행되던 것과는 근본적으로 다른 새로운 성질의 것이 등장한다. 보다 적은 문자 정보를 다루도록 만들어진 느린 기계는 문서 하나의 용어색인을 만드는 데에는 적합하지만, 문학의 찌꺼기나 세는 별로 정교하지 못한 기계에 지나지 않는다. 그러나 처리 과정이 하나가 아닌 수백 개의 문서에서 단어 사용에 관한 '비교' 연구가 가능할 정도로 빠르고 놀랍게 강화되면서, 통일성이라는 새로운 국면으로 접어들게 된다. 컴퓨터는 학식 있는 교수들과 셰익스피어를 열심히 연구하는 전문가들보다 한수 위인 문학작품 탐정으로 등장한다. 『애틀랜틱』에 실린 글에서 돌닉은 포스터의 소프트웨어가 문학 연구에 있어 "앞으로 올 것에 대한 신호"라고 과찬하고 있다. 그러나 컴퓨터화

된 문학은 엘리자베스 왕조 연극의 애매한 내용을 파악하는 것을 훨씬
뛰어넘는 영역으로 확장된다. 10년 이내에 포스터 프로그램의 개정판
은 거의 모든 퍼스널 컴퓨터의 휴먼 인터페이스 안에 포함된 기본 도구
가 될 것이며, 오늘날의 윈도우나 아이콘처럼 사용자 경험의 핵심이 될
것이다.

포스터 연구의 가장 놀라운 점은 아마도 사용한 프로그램의 '단순함'
일 것이다. 결국 언어의 통계학적 특징은 단어의 빈도 수에 제한된 것
이 아니다. 실제로 주어진 텍스트의 여러 가지 모델을 구성하는 데에는
컴퓨터가 사용할 수 있는 수백 가지 특성이 있다. 어떤 특성을 따를지
결정하는 것은 당신이 무엇을 찾고 있는가에 달려 있다. 예를 들어 당
신이 문서의 상대적 복잡성을 측정하려고 한다고 하자. 당신은 컴퓨터
에게 각 문장의 길이를 측정하도록 명령할 수 있을 것이다. 쉼표, 대쉬
(-), 콜론(:), 세미콜론(:)으로 구분된 절의 수를 추적함으로써 문장 구
성이 얼마나 복잡한지를 측정하는 것이다. 단순히 단어의 평균 문자수
를 세는 것만으로도 "Minima Moralia"와 "The Cat in the Hat"을 구별
하기엔 충분하다. 위의 세 가지 특성을 모두 합치면 텍스트 문서에 대
해 유용한 복잡성 순위를 만드는 일도 충분히 가능할 것이다.

　만일 당신이 작가의 스타일에 가까운 어떤 것을 연구하고 있다면,
복잡성 테스트는 보다 광범위한, 무기고에 저장된 하나의 무기일 뿐이
다. 포스터의 셰익스피어 분석 같은 단어 사용빈도 연구는 한 작가의
'성문聲紋'을 대부분 밝혀낼 수는 있지만, 문서의 단어들을 디지털 용어
색인에 쌓아버림으로써 언어가 가진 근본 특성을 무시하게 된다. 단어

와 그 연속적인 순서는 개별적 단어 자체만큼이나 한 작가의 목소리를 특징짓는 중요 부분이다. 작가들은 종종 글을 쓸 때 예측 가능한 문구들에 의존한다. 이것들은 보통 상투적인 형태를 하고 있는데, '우리는 폭군을 잘 돌봐주었다', '중심을 잡지 못했다', '비처럼 퍼붓는 행렬' 등이다.[†] 하지만 상투어는 모든 사람들이 사용하는 까닭에 정보를 많이 담고 있지는 않다. 작가들은 보다 개성적인 단어들을 사용한다. 예를 들어 "광적인 위대함" 같은 구절을 선호한다든가 혹은 문장에 "감옥"이란 단어가 나올 때마다 미셸 푸코의 이름을 덧붙인 단어들을 형성하는 식이다. 이런 언어학적 패턴은 한 작가의 문체 특징에 대해 많은 것을 설명해줄 수 있다.

포스터는 위의 기법들을 섞어서 『원색』의 작가에 관한 미스터리를 '해결'하는 데에 사용했다. 전반적인 방법은 하이테크를 이용한 비교-대조 실행으로, 셰익스피어의 경우와 비슷했다. 셰익스피어 연구의 경우에는 각 연극의 언어를 각 배역의 언어와 비교하는 것이었고, 『원색』의 경우에는 소설의 본문을 조 클라인, 『뉴요커』의 시드니 블루멘탈, 소설가 리사 그룬왈드를 비롯한 20여 명의 주요 예상 작가들의 작품 초록들과 비교했다. 포스터는 자주 사용되지 않는 단어들의 중복은 물론 그런 단어군까지도 컴퓨터기 찾아보게 했나. 이들 대부분의 작가들이 '예리한'이라는 단어와 '클린턴'이라는 단어를 자주 사용했을 것이지만, 만약 한 작가가 '예리한'과 '클린턴'을 같은 문장 내에서 자주 사용했다면 컴퓨터는 그것을 찾아내었다. 단어들의 나열 순서도 단어 자체만큼이나 중요했다.

마침내 그렇게 해서 도출된 결과는 셰익스피어 연구와 마찬가지로 명백했다. 조 클라인이 『원색』의 저자였던 것이다. 출판된 그의 다른

[†] 어떤 이유에서인지 "강력한 robust"이라는 단어는 컴퓨터 세계에서 최고 기술의 운영체제를 위한 선택의 변형자가 되었다.

작품들과 『원색』 사이의 중복이 다른 작가들보다도 몇 배는 더 많게 나타났던 것이다. 이후에 클라인은 억울함을 표시하면서 "저널리스트로서의 명예"를 걸고 자신이 저자가 아니라고 단호하게 부인했다. 그는 지나가듯이 "책의 시작에서부터 저자가 누구이든 그것이 내 작품과 매우 유사하다고 분명히 느꼈다."라고 언급하면서 기술적인 증거를 부정했다. 그는 어떻게 '컴퓨터'가 한 작가의 작품에 익숙해졌는지, 인간 독자들에게는 불행하게도 없는 정확성으로 작가의 서명이 없는 다른 작품을 밝혀낼 정도로 익숙해졌는지를 보는 데는 실패했다. 몇 달 후에 클라인이 그 책을 썼다고 고백하기 위한 기자회견을 가졌을 때, 그는 포스터의 컴퓨터 분석에 대해 또 한 번 미묘하게 비꼬는 말을 내뱉었다. 그는 자신을 『원색』의 저자라고 지목하는 "믿을 만한 증거"가 나타날 때까지 기다렸다고 했다. 컴퓨터 연구는 그 수준에 분명히 도달하지는 못했었다.

포스터의 탐지 작업은 패턴 인식 소프트웨어가 인간의 읽기 능력보다 훨씬 더 우수한 일, 즉 텍스트 도큐멘트에 대해 매우 훌륭한 일들을 몇 가지 할 수 있다는 것을 분명히 해야 했다. 컴퓨터는 십여 년 전에 겨우 그림 그리는 것을 배웠다. 현재 컴퓨터의 셰익스피어 연구로는 단지 기술이 어디까지 왔는가를 제시하는 것에 불과하다. 그러나 셰익스피어와 『원색』은 단지 시작일 뿐이다. 그 두 예에서 컴퓨터는 작가의 성문을 드러내는 '문체적 동질성'을 찾고 있었다. 그 시도에서 각 텍스트에 숨은 '의미'는 대부분 질문의 범주 밖을 맴도는 주변적인 것이었다. 물론 작가 미상 텍스트의 저자를 예측하는 것은 대단한 재주지만, 그것이 대부분의 컴퓨터 사용자들이 매일 행하는 일이라고 할 수는 없다. 정보를 다루는 데 있어서 거의 대부분의 문제는 문체가 아닌 의미론적 문제에 관한 것이다.

188

다행히 패턴 인식 도구는 문학 탐색에만 제한된 것이 아니다. 그 도구는 문서 사이의 의미론적 관계를 인식하는 데에 매우 노련하기도 하다. 이것이 어떻게 사용될 것인가를 이해하기는 쉽다. 단순하게 가장 흔하게 사용된 "많은 정보를 포함한" 단어 네 개의 목록을 불러내는 것만으로도 주어진 텍스트의 의미에 대해 많은 것을 얻을 수 있다. 이 장에서 나온 'interface, textual, pattern, Foster'라는 리스트를 생각해보라. 심지어 이 간략한 형식만을 보고서도 당신은 이 장의 주제를 어렴풋이 알 수 있다. 진보된 패턴 인식 소프트웨어와 "강력한" 색인 도구로 무장한 미래의 운영체제는 현재의 문서 이름, 작성 날짜, 파일 크기를 표시하는 방식을 이용해 더 빠르게 이런 핵심어 요약 기능을 처리할 것이다. 1996년 초, 애플은 편리한 새로운 파인더 소프트웨어의 선전판을 발표했는데, 여기에는 모든 파일 디렉토리에 '가장 대표적인 단어'로 분류하는 도구가 포함돼 있었다. 문서 내용을 바꾸는 데에 따라 많은 정보를 포함한 단어의 목록이 새로운 언어에 의해 변화한다. 언뜻 보면 이것은 가정에서는 결코 사용할 일이 없는 우스운 특성 또는 허울뿐인 진보로 보일지 모른다. 하지만 이것은 중요한 인터페이스 혁명의 시작을 내포하고 있다.

이제까지 컴퓨터 데스크탑의 변형 형태인 파일 관리 소프트웨어는 문서 크기, 마지막으로 수정한 날짜, 제작 응용프로그램 같은 문서의 외적인 모양만을 다뤄왔다. 문서의 내용과 관련된 유일한 자료는 파일 이름뿐이었다. 그리고 이것조차 한계가 있다.[†] 애플의 많은 정보를 포함한 단어 목록은 극적인 변화를 가져왔는데, 최초로 컴퓨터가 하드 드라이브에 저장된 내용, 즉 문서의 '의미'를 측정하게 된 것이다.[†] 이제껏 우리의 파일 디렉토리는 문서의 외관, 저장된 정보의 외골격 그리고 사용자가 지정한 이름에만 제한되어왔다. 애플의 새로운 파인더는 그 외부 표면을 넘어 내부에 깔린 중심 의미를 검색하는 최초의 것이다. 그리고 이것은 그저 시작에 불과하다.

많은 정보를 포함한 단어라는 개념은 웹의 검색엔진이나 마이크로소프트 워드의 발달된 "검색" 명령을 사용해온 이들에게는 익숙한 것이다. 그 차이는 물론 키워드 검색에 있다. 컴퓨터가 아니라 사용자가 스스로 많은 정보를 포함한 단어들을 결정한다는 것이다. 종종 이 과정은 검색 결과에서 쓸데없는 정보(혹은 '소음')를 제거해가면서 단어 조합에 시간을 보내게 만든다. 이것은 좋은 화질을 위해서 TV 안테나를 이리저리 움직이는 행동이 디지털로 옮겨간 것이라고 할 수 있다. "셰익스피어"에 대한 검색은 특히 소음투성이가 된다. 상관없는 수백만 개의 문서들이 화면에 떠오르기 때문이다. 그러나 '셰익스피어'와 '돈 포스터'에 대한 검색을 하게 되면 그 결과는 완전히 다른 것이 된다. 수백만 개의 파일 대신 열 개나 스무 개의 파일이 나타난다. 이 가운데 몇 가지는 쓸데없는 것—『로미오와 줄리엣』에 인용된 옥스퍼드의 신사 don 윌리엄 포스터의 대사 스크립트—이지만, 대부분의 파일들은 바자르 대학교수인 돈 포스터와 그의 엘리자베스 왕조 시대 문학 연구와 관련된 것이다. 대부분의 웹 서퍼들은 이렇게 정제된 방법을 일주일에 몇 번 또는 그 이상 사용한다. 그들은 찾고자 하는 것을 분명히 알지만 그것을 가장 잘 대표하는 키워드의 조합을 모르기 때문에 많은 검색 요청에 몇 번의 시행착오를 반복하는 것이다.

새로운 텍스트 인터페이스는 이 과정을 새로운 방향으로 뒤바꾸는 것이다. 한 예로 이제는 컴퓨터 자체가 주어진 문서의 내적인 특징을 확실히 인식하며 스스로 기능적인 키워드 목록을 만들 수 있다. 그러나 여기에는 그 이상의 것이 있다. 『원색』의 일화에서 보았듯, 이런 패턴 인식 기술은 '비교학적 연구'에는 대단히 훌륭하게 적용된다. 실제로 문서 사이의 관계를 인지하는 패턴 인식 기술 능력은 사람과 비슷한 정도의 무시무시한 언어 기술에 근거한 것이다. 포스터가『뉴욕 매거진』을 위해서 저자를 추적했던 방법을 생각해보자. 그는 컴퓨터에『원색』저자의 특징을 힘들게 묘사하거나 또는 저자의 스타일을 가장 잘 대표하는 키워드 목록을 만들 필요도 없었다. 그 대신 그는 저자라고 의심되던 작가들이 쓴 문서 샘플과 책 전체를 통해 가장 잘 드러나는 언어학적 패턴을 비교하여 컴퓨터가 스스로 밝혀내게 했다. 사실 그런 비교학적 배경이 없이는 클라인의 대중적 작품과 이름을 밝히지 않은 글 사이의 관계가 드러날 수 없었을 것이다. 컴퓨터는, 비교되는 다른 무관한 텍스트를 통제하는 연구가 없으면 그 관계를 인식할 수 없다. 이것은 다음 예로 생각해볼 수 있다. 당신이 지구의 동물계를 잘 알지 못하는 외계인에게 애완용 고양이와 사자와의 관계를 설명하고자 한다고 가정한다면, 몇 종류의 개와 말을 함께 보여주는 편이 보다 효과적일 것이다. 그렇지 않으면 고양이와 사자는 서로 닮아 보이기도 또 달라 보이기도 해서 진정한 해답을 찾기에는 불충분한 비교가 될 것이다. 이것은 컴퓨터의 패턴 인식 기술에도 똑같이 적용된다. 컴퓨터에 비교가 될 만한 문서들을 더 많이 입력할수록, 비례적으로 언어에 대한 인지능력이 향상된다.

이러한 패턴 매치 기술이 일상적 컴퓨터 사용에 어떤 영향을 미칠 것인가? "탐색" 혹은 "파일 검색"이라는 명령어에 무슨 일이 일어났는가를 생각해보자. 당신은 키워드 검색의 시행착오에서 머물지 않고, 그저 문서를 하나 선택하여 컴퓨터에게 그와 비슷한 다른 문서를 찾도록 명령하면 된다. 우리는 사용하고자 하는 전반적 기준을 결정할 수 있다. 주제는 동일하지만 더 수준이 높은 문서 또는 선택한 문서와 어느 정도 비슷한 모든 문서, 혹은 그 문서와 유사한 표현 양식의 논문을 검색하도록 기준을 설정할 수 있는 것이다. 그러면 소프트웨어가 당신이 정한 기준에 맞는 패턴 매치 알고리즘을 만들고, 컴퓨터 능력 안에서 모든 단어들을 훑어보고는 참고 텍스트의 윤곽과 나머지 자료들과의 관계를 구성한다. 사용자가 "이 문서와 비슷한 모든 것을 찾아라"고 말하면, 컴퓨터는 기준 문서와 각 문서들이 가지는 연관성에 순위를 매겨 열 개의 관계된 텍스트를 걸러내며, 또한 목록에 오른 각 텍스트마다 많은 정보를 포함한 단어가 '중복' 되는 경우를 보여준다. 몇몇 유사점은 통계적으로는 훌륭한 것이더라도 사용자에게는 별 도움이 안 되는 것일 수도 있다. 예를 들어 당신이 텍스트 인터페이스라는 아이디어에 매료되어 이번 장과 관계된 문서를 웹에서 찾는다고 치자. 당신은 돈 포스터의 보다 전통적인, 로우테크의 셰익스피어식 비평에 관한 문서로 돌아갈 수 있다.[†] 하지만 컴퓨터 피드백은 당신에게 개괄적인 공통점을 정밀하게 보여줄 뿐만 아니라 두 문서가 공유하는 키워드들도 함께 보여준다. '텍스트' 와 '인터페이스' 라는 단어의 중복수를 따질 때, 목록의 하위권에 있는 한 문서가 포스터의 글보다는 전반적인 점수에서는 낮을지라도 훨씬 더 관계가 있을 것이라는 사실을 금방 알 수 있다. 키워드 검색이라는 힘든 작업은 컴퓨터에 입력되어 있다. 사용자는 그저 "이것과 비슷한 것을 찾아라" 고 말하면, 소프트웨어가 나머지 일을 하게 된다.

현재 우리는 이렇게 몇 가지의 드문 학문적 성공과 하나의 강력한 검색엔진을 가지고 있을 뿐이지만, 그것만큼 인터페이스 디자인의 패러다임을 전환시킬 만한 것은 없다. 이 새로운 도구의 중요성을 이해하기 위해서 애플 파인더의 초기 원형으로 돌아가보자. 애플은 이미 앞서 말한 기능들을 비교적 안정적인 코드로 작동하도록 설치했다. 그 기능들 가운데 무엇이 실용화되고 안 되고는 또 다른 이야기이긴 하지만 말이다(이는 슬픈 일이 아닐 수 없다). 초기 파인더에서 '브이-트윈'이라 불렸던 애플의 패턴 매치 엔진은 흔해빠진 "검색"이라는 명령어를 훨씬 뛰어넘는 것으로, 데스크탑의 기초에 있는 정보 필터링 과정에 통합된 맥 사용자 인터페이스의 근본적인 부분이 된다. 여기서 텍스트에 기초한 인터페이스의 진정한 혁명을 분명히해야 하겠다.

애플의 브이-트윈 장치는 검색 결과를 디스크 아이콘이나 그 밑에 쌓인 하위 폴더처럼 안정적이고 접근하기 쉬운 맥 데스크탑의 영구적인 요소로 만든다. 애플 언어에서 이 새로운 아이템은 "보기"라고 불리는데, 그 이유는 앞으로 우리가 이해하게 될 것이다. 언뜻 보면 "보기"는 일반적인 폴더나 하위 디렉토리처럼 보이고 작동한다. "보기"가 아이콘으로 나타나고, 그 아이콘을 클릭하면 분류된 파일들을 드러내는 다른 아이콘을 포함한 윈도우가 열리며, 그 아이콘 하나를 클릭하면 문서가 열리게 되는 점에서 그렇다. 여기까지는 좋다. 하지만 아이콘을 드래그하여 "보기" 윈도우에 파일을 "덧붙이고자" 하면 문제가 복잡해진다. 이것은 아마도 휴먼 인터페이스 형식에서 두 번째로 익숙한 것인 더블 클릭의 결과지만, "보기" 윈도우에서 그것을 행하면 작동하지 않는다. 파일은 기부덩하고 원래 위치로 놀아가버린다. 이 시점에 이르면 우리는 "어? 나는 이것이 인터페이스 디자인의 빛나는 새 길을 여는 한 본보기가 되리라고 생각했었는데. 사용자의 경험이 이를 확인하는 모든 증거가 되어야 하는 것이 아닌가? 내 아이콘을 거부하면서 이 윈도우는 지금 뭘 하고 있는 거지?"라고 말하게 된다.

하지만 이 경우에 '계란을 깨지 않고서는 오믈렛을 만들 수 없다'는 오래된 속담을 적용할 수 있을 것이다. "보기" 윈도우가 맥의 관행에서 너무나 색다른 것이라는 사실은, 이 변화가 언뜻 보면 별 것 아닌 듯 보일지라도 얼마나 급진적인가를 증명해주고 있다. "보기"는 그 자체로 패턴 매치 요청의 결과이기 때문에 "보기" 윈도우에 직접 파일을 입력할 수 없다. 사용자는 브이-트윈 검색엔진의 언어를 사용하여 전반적인 특징을 명시해야 한다. 예를 들어 "내 하드 드라이브에서 이 문서와 '유사한' 모든 문서를 찾아라"고 명령해야 한다. 그러면 컴퓨터는 어떤 문서가 그 요구를 충족시키는가를 결정하고 그것들을 "보기" 윈도우에 위치시킨다.[†] "파일 검색" 요청의 결과가 일시적인 것과 달리 "보기" 윈도우는 프로그래머들이 '영구성'이라 부르는 무언가를 가지고 있다. 일반 폴더처럼 "보기"도 휴지통에 버릴 때까지는 데스크탑에 남아 있다. 그렇게 남아 있는 동안 브이-트윈 소프트웨어는 원래의 검색 요청과 맞아떨어지는 새 파일이 생길 때마다 정기적으로 "보기" 내용을 갱신한다.

　학문적인 분야에서 너무 많은 예를 든 것 같으니 이제 실무에서 예를 들어보자. 당신이 변호사이며 전화 회사를 위해서 독점 반대 소송을 진행중이라고 가정하자. 당신의 하드 드라이브에는 말 그대로 이 소송과 관련이 있는 수천 가지 문서들이 저장되어 있다. 그 문서들은 당신이 모은 소송서류, 웹에서 다운로드받은 과거 판례, 사무실 내 메모들, 직접 손으로 쓴 서류 등이다. 거기에는 또한 그 프로젝트와 직접 관련이 없는 다른 파일들도 상당량 저장되어 있는데, 그것들은 다른 재판을 위해 모은 파일들, 반독점 법안과 아무런 관련이 없는 과거 판례들, 왜 전달됐는지도 모르는 메모들, 식료품을 사기 위해 직접 쓴 메모, 혹은 아무도 모르게 집필 준비중인 소설일 수도 있다. 이 모든 문서들은 하드 드라이브라는 미로에 거주하면서 당신이 분류학적 이치에 맞도록 조직해주길 기다리고 있지만, 그것들은 직접적으로 이 특정 소송을 진

† 컴퓨터는 각 문서의 복사본 혹은 '가상본'을 "보기"에 위치시키고 원본은 이전의 위치에 남아 있는 것이다.

행하는 데에는 장애가 된다. 말하자면 당신은 모든 메모들을 안전하게 "메모" 폴더에 저장했고 모든 소송서류들은 "소송서류"라는 디렉토리에 담아두었지만, 당신에게 진짜 필요한 것은 어떤 위치에 있든 현재 진행중인 반독점법과 관련된 모든 문서들을 살펴보는 일이다.

바로 이 부분이 "보기" 윈도우가 쓰일 부분이다. 관련 문서를 찾아 파일 디렉토리를 손수 뒤지는 대신, 당신은 반독점법 소송의 광범위한 문제를 대표하는 파일 하나를 선택해서 그것의 텍스트적 특징들에 기초하여 하나의 "보기" 윈도우를 만들면 된다. 컴퓨터가 관련 문서의 '의미'를 찾아내어 꼼꼼하게 당신의 파일에서 가능성 있는 공통점을 훑어본다. 그 요구에 맞는 모든 파일은 "반독점"이라는 "보기" 윈도우에 저장된다. 그 윈도우는 컴퓨터는 파일에 생기는 모든 변화에 맞춰 그 내용을 계속 손질한다. 처음에 컴퓨터가 하드 드라이브를 검색하여 20세기 초 독점금지법 단속반원의 사사로운 경험을 다룬 당신 소설의 한 부분을 선택한다. 몇 주 후 당신이 그 경로를 제거하면, 그 파일은 "보기" 윈도우에서 사라진다. 그러고 나면 그 소송의 법적 진행을 설명하는 초고로 당신이 쓴 새 메모가 즉시 "보기" 파일 리스트의 맨 위에 나타나게 되는데, 처음으로 윈도우의 성격을 정의한 지 몇 달이 지난 후에도 이런 일은 계속된다. 당신이 하드 드라이브의 자료 집합에 어떤 변화라도 주게 되면 "보기" 윈도우가 자동적으로 그 변화에 자신을 맞춰가기 때문에 그 내용이 '활발하게 움직인다'는 것이다. 이것이 사용자가 직접 "보기" 윈도우의 내용을 조작할 수 없는 이유이며, 컴퓨터는 내용이 늘어나는 데 따라 문서들을 이리저리 움직이면서 "보기" 윈도우 내 파일의 흐름을 조절한다. "보기"란 명칭은 그 자체로 이 시스템의 변화무쌍함과 적응능력을 반영할 수 있도록 고안된 것이었다. '폴더'라는 단어는 문서의 영구적이며 물리적인 집을 의미하지만, "보기"

는 단지 새로운 다른 것에 그 길을 내어주는, 일시적이며 스쳐가는 세계의 변화를 바라보는 하나의 방법일 뿐이다.

그러나 활발하게 움직이는 윈도우 개념에 진정한 전환이 있는 것은 아니다. 만약 이런 뒤죽박죽 속 어딘가에 진정한 패러다임 전환이 있다면—나는 있다고 확신한다—그것은 공간이 아니라 의미체계에 의해 지배되는 윈도우 개념일 것이다. 1968년 엥겔바트의 혁신적인 시연에서부터 그래픽 인터페이스는 '공간적' 원리를 기본 구성 원칙으로 삼아왔다. 주어진 폴더에 파일이 나타나는 것은 누군가가 거기에 입력했기 때문이었다. 이 책의 제1장에서 보았듯 엥겔바트의 새로운 공간적 사고에는 뭔가 근본적으로 자유로운 것이 있었는데, 그것은 명령어 체계의 역사적 제한 그리고 시각적 기억에 대한 인간의 잠재력을 해방시키는 것이었다. 그러나 그 혁명도 한계가 있었다. 하드 드라이브 그리고 셀 수 없고 또 숨어 있는 화면 밖 웹에 존재하는 수천 개의 파일들을 다루면서, 낡은 공간적 방식으로 파일을 체계화하는 것은 더 이상 이치에 맞지 않는다. 그래픽 인터페이스는 다음 같은 한 가지 전제에 의존하고 있는데, 그것은 '내가 이 파일을 여기에 놓으면, 이것은 여기에 남을 것이다'라고 규정하는 일이 아직도 유용하다는 것이다. 디지털 기술에 대해 처음에 논의했듯 이런 공간적 관례가 완전히 허구라는 것을 우리는 알고 있다. 주어진 문서 뒤에 존재하는 데이터는 실제로 하드 드라이브의 자성체 표면에 목적 없이 흩어져 있으며, 그 데이타를 데스크탑 위에 나타내는 하나의 단일화된 아이콘은 인공적인 하나의 시각적 메타포인 것이다. 그것은 아주 쉽게 스무 개의 아이콘으로 표시될 수도 있다. 데이터는 이 세계 안에서 어떤 물리적 공간도 가지고 있지 않다. 데스크탑 위의 공간적 좌표는 단순히 하나의 환영이며 눈속임인 것이다.

사실상 "보기" 윈도우가 하는 일은 데스크탑을 또 다른 환영에 따라 체계화하지 못할 것이 무엇인가라고 말하는 것과도 같다. 공간이 아니라 '의미'를 가지고 체계화하지 못할 것은 무엇인가? 적어도 물리적 위치—폴더나 데스크탑 위—에 존재하는 문서라는 전반적인 아이디어는 실제 세계의 한계로부터 불필요하게 가져온 그저 덧없는 유산일 뿐이다. 아마도 단순히 디지털 미개척지를 건너기 쉽도록 그런 공간 좌표를 요구했던 것이겠지만, 이제 새로운 환경에 적응하기 위해 우주 왕복선이 발사 성공 후 무거운 로켓 추진 엔진을 떼어버리듯 그 낡은 사고 습관을 버릴 수 있어야 한다.

우리는 파일 관리 도구가 의미에 의해 작동하는 것처럼 행동하는 것을 좋아하는데, 그래서 폴더에 "기사제목", "고객정보" 같은 이름을 붙인다. 하지만 실제로 각 폴더는 단순히 '이 폴더 안의 파일은 내가 여기에 입력했기 때문에 여기에 있다'라는 동어반복적 원리에 의해 규정된다. 이 원리는, 컴퓨터가 파일과 폴더의 관계에 대해 알고 있는 모든 것이다. 물론 이것은 실제 세계에서 일이 진행되는 방법이기 때문에 완전하게 이치에 맞는 것처럼 보인다. 하지만 〈밥〉과 〈매직 캡〉에서 보았듯, 좋은 표현 방법이라고 알려져 있는 물리적 공간에는 몇몇 한계가 있나. 그래서 워드프로세서는 기계식 타자기의 자판을 그대로 재생시키지 않았으며, 사진 수정 소프트웨어는 사진을 인화하는 순간에 갑자기 문을 열고 들어오는 사람을 저장하지는 않는 것이다. 보다 훌륭한 실제 세계의 몇몇 '형상'들이 디지털로 전환되면서 사라졌다. 한 문서가 하나의 위치를 차지한다는 아이디어도 아마 그런 손실 가운데 하나일 것이다.

의미 체계 인터페이스가 실제로 어떻게 작동하는가? 당신은 여전히 폴더의 내용을 제어하겠지만 그 제어는 인터페이스 자체의 패턴 매치 소프트웨어를 통해서 조금씩 드러나는, 보다 간접적인 것이 될 것이다. 어떤 폴더들은 단순한 특성—'호박' 이라는 단어를 포함한 모든 문서—에 의해 규정될 수도 있다. 어떤 문서들은 비교연구—"호박 파이 조리법"이라는 문서와 유사한 모든 문서—에 의해 명시될 수도 있다. 또한 컴퓨터가 뒤죽박죽 속에서 감지한 의미 체계적 관계에 따라 모든 문서들을 구분하게 만들 수도 있을 것이다. 그러나 어떤 구성체계 원칙의 결합을 따르더라도 두 가지 요인 때문에 이 시스템은 오늘날 일이 진행되는 방식과는 상당히 달라진다. 우선 '하나의 문서, 하나의 위치'라는 전반적 아이디어가 완전히 사라질 것이다. 호박파이 조리법이 당신이 선택한 개괄적인 특성을 말하는 단어에 따라서 스무 개의 서로 다른 폴더에 나타날지도 모른다. 물론 이 모든 상이한 외관은 동일한 텍스트 파일을 가리키는 것이므로, 오늘날 버전 제어에 어려움은 없을 것이다. 이렇게 파일이 있는 곳이 증가하면 처음에는 당황할 수도 있을 테지만, 시간이 지나면 거기에 익숙해질 것이다. 사실 그 혼란에서 가장 당황스러운 부분은 아마도 예전의 공간적 모델과 새로운 의미 체계적 모델 사이에 반드시 필요한, 중복되는 부분일 것이다. 어찌 되었든 의미 체계적으로만 표시되는 어느 문서는, 문서의 언어적 특징에 접근할 정도로 패턴 매치 요청이 충분치 않다면, 간단히 시야에서 사라질 것이다. 한 문서의 특정한 단어 목록이 의미 체계적 그물망으로 떨어져 사라지는 경우를 대비해서 반드시 백업 시스템을 만들어야 한다. 이 시스템은 각각의 문서에 적어도 하나의 복사본을 만들어 항상 사용 가능한 상태로 유지하도록 디자인됐다.

하지만 가장 중요하고 또 가장 난처하기도 한 변화는, 의미 체계 파일 시스템이 당신의 데이터 체계에 대해 보다 많은 제어를 가할 것이라는 점이다. 개괄적인 분류야 당신이 결정하겠지만, 인간의 몫으로 남겨질 보다 나은 판단들을 (반드시) 포함하여 무엇이 어디로 가는가와 같은 중요한 결정들을 기계가 하게 될 것이다. 이 새로운 권한을 인터페이스의 진보로 볼 것이냐 아니면 엄청난 퇴보로 보아야 할 것이냐에 관한 문제는 텍스트 인터페이스 분야의 깊은 곳까지 확장된다. 실제로 이 문제는 현재 하이테크 세계에 대해 분노하는 지식인의 논의에서 가장 핵심에 있는 것이다. 다음 장에서는 이런 논의의 범위에 대해 연구할 것이다.

6. 나, 당신의 충실한
비서가 되겠어요!

처음 이십 년 동안 인터페이스 디자인의 지배적인 모델은 건축학이었다. 인터페이스 디자이너들은 이진법 코드를 앞으로 개척될 어떤 공간으로 생각했다. 새로운 인터페이스 패러다임은 우리를 올림피아의 무표정한 시선에 보다 가까이 다가서게 만든다. 0과 1은 인성과 물리적 형상, 학습 능력을 갖고 개인에 더 가까운 어떤 것으로 조직되는데(공간이 아닌 인격으로서의 컴퓨터), 우리는 이 새로운 창조물(디지털 '인격들')을 에이전트라 부른다.

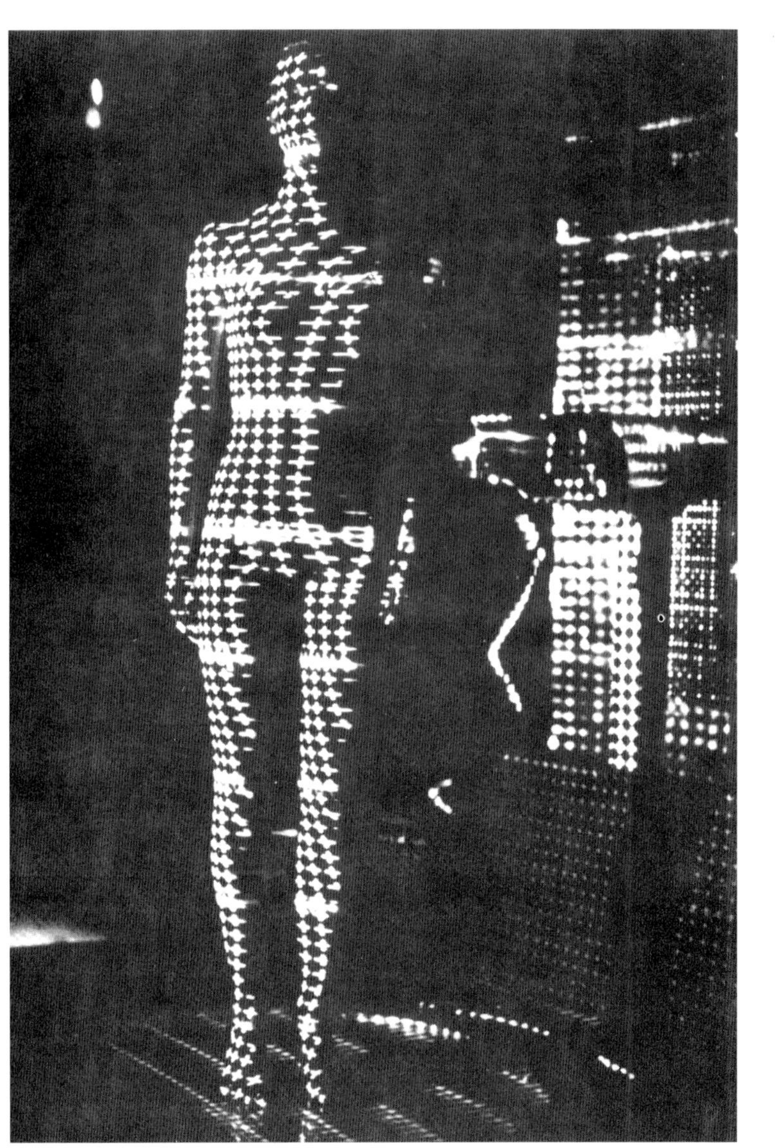

1816년 가을, 독일의 작가 호프만은 야심적인 첫 소설을 출판한 지 몇 달 후에 베를린을 본거지로 하는 소규모 문학 정기간행물에 『모래-사나이』라는 단편소설을 발표했다. 카리스마 넘치는 괴짜들이 지배하던 당시, 호프만은 진정 진기한 인물이었다. 실패한 작곡가이자 만성 알코올 중독자인 그는 고딕양식의 개념과 심리적 망상을 넘나들며 로봇의 무시무시한 매력을 소설에서 보여주었다.[†] 비록 인정받기까지의 행로가 쉽지 않았을지언정 『모래-사나이』는 여전히 불후의 명작으로 남아 있다. 이 글에는 나다니엘이라는 이름의 몹시 신경질적인 '신뢰할 수 없는 나레이터', 사람들의 눈을 뽑는 것을 아주 좋아하는 사악한 목수, 그리고 기계인형일 수도 아닐 수도 있는 아름다운 어린 공주 올림피아가 나온다.

『모래-사나이』는 비평에서 성공을 거두기까지 험난하고 독특한 길을 걸어야 했다. 보편적인 문학 평가 기준에서 몇 가지에 부적합했기 때문이다. 프로이트는 전후 시대의 걸작 『쾌락 원칙을 넘어서』를 쓰는 중, 호프만의 이야기에 대한 작은 논평을 썼다. 이것은 프로이트가 남긴 드문 문학비평에 속한다. 제1차 세계대전의 솜 전투*나 이프르 전투*에서 병사들에게 강요한 학살과 혼란의 반복 혹은 눈을 잃은 사람들의 '근본적인 충격'으로의 끝없는 반복처럼, 프로이트는 논평 「기괴함」에서 새롭게 재해석한 반복 충동의 피해자로 나다니엘을 재탄생시켰다. 「기괴

[†] 『제인 에어(1813)』와 영화 감독 데이비드 크로넨버그를 압축한 합성인간을 상상하면 된다.

* 솜 Somme 전투: 제1차 세계대전 중 프랑스의 솜에서 영-프 연합군과 독일군이 2회(1916, 1918년)에 걸쳐 벌인 격전

* 이프르 Ypre 전투: 1915년 독일군이 연합군에게 독가스를 사용해 큰 타격을 입힌 전투. 3차에 걸쳐 발발

함」은 호프만의 원작처럼 어렵고 색달랐다. 개인적 일화에서 소신 없는 문학 비평, 적나라한 정신분석 이론에 이르는 산만한 내용의 글이었다. 「기괴함」은 1960, 70년대 후기구조주의 학자들이 그 글을 재해석하기까지 그리고 이에 따라 『모래-사나이』를 재해석하기까지, 두 세대에 걸쳐 학자들의 무시를 당할 만큼 모호한 성격의 글이었고, 프로이트의 경력에 있어서도 부수적이고 소소한 작업이었다. 후기구조주의 학자들은 프로이트의 평론이 나다니엘의 신경성 질환에 대한 논리적인 분석과 범죄 사실의 고백 사이에서 주저하는, 의미론의 논증 불능에 관한 참다운 사례 연구라고 했다.[†] 『모래-사나이』는 단편소설 장르에서 정통적인 고전으로 인정받을 때까지, 문학 이론가들의 비평을 극복하면서 계속 연구되었다.

명작으로 향하는 호프만의 우회적 진로에서 특별히 이상한 점은 발견되지 않는다.[†] 그러나 정신분석과 해체적 해석 모두는 『모래-사나이』에 큰 해를 끼쳤다. 이 작품은 기계들에 대한 친밀함을 보여주는 사례로 밝혀졌는데, 특히 디지털 기계들은 (버커츠의 운명 예언에 반대하여) 우리가 문학에 대해 더 나은 감각을 갖도록 도울 수 있다. 컴퓨터의 역사를 안다면 호프만의 글을 더 잘 이해할 수 있을 것이다. 『모래-사나이』는 20세기에 이르는 길(인간에게 해를 끼치는 기계의 위험과 유혹)이라는 이야기를 주제로 한 최초의 위대한 문학적 표현이기 때문이다. 『모래-사나이』는 웰스*, 〈2001 스페이스 오디세이〉의 할Hal, 〈블레이드 러너〉의 복제인간으로 통하는 모든 전통의 기초를 세운 글 중 하나다. 최근까지의 문학에서 로봇을 인간에 비유하는 관습은 시트콤에서의 인간에 대한 잘못된 수사나 추리소설의 성의 없는 결말처럼 우리 이야기 관습에서 매우 친숙하다. 다른 모든 공상과학 소설은 남녀 양성을 가진 인공적 장난감들을 매력적으로 다루었고, 심지어 지식인의 소설조차 리처드 파워스의 훌륭한 소설 『갈라테아 2.2(1995)』처럼 기계와 인간의 불명확함을 다루었다. 한때 낭만주의 전통에 묻혀 있던 로봇 나다니엘의 집념과 그들이 만들어낸 불안은, 20세기의 마지막 해에 충분히 제 구실을 할 수 있게 된 평범한 이야기 표현이 되었다.

인간과 기계의 합성물을 둘러싼 근심은 문학적인 표현 이상이다. 호프만의 단편소설에 나오는 기계인형의 기괴한 매력과 〈블레이드 러너〉에 나오는 복제인간들이 품는 자신에 대한 의혹들은, 현대 인터페이스 디자인의 진원지에 위치한 상상력의 풍부한 주제들이다. 호프만은 이전의 어떤 것들보다도 힘차고 활발한 새로운 기계 장치들이 유럽을 에워싸던 산업시대 초기에 이 글을 썼다. 그 당시에 자동화된 움직임에서 마력을 가진 어떤 것을 발견하지 못하는 것이 거의 불가능할 지경이었으며, 마찬가지로 그에 매료되지 않는 것도 불가능했다. 그것이 맨체스터를 처음 방문한 많은 이들이 혐오와 찬사 사이에서 혼란을 느꼈던 이유다. 호프만의 단편소설은 그런 열망—생체 기계의 밀고 당김—을 창조적 미디어로 전이시키려는 하나의 시도이며, 마찬가지로 〈블레이드 러너〉와 〈2001 스페이스 오디세이〉는 영화로 이러한 시도를 했다. 이들 장편소설, 영화, 단편소설은 인간과 기계의 새로운 합성물에 대한 이해와 격해지기 쉬운 혼합을 어떤 방법으로든 위협적이지 않은 창조적 형태로 전이시키려는 모든 시도들이다. 그것은 청중들에게 어떤 카타르시스 또는 해방감을 제공한다.

지난 십 년 동안 인터페이스 디자이너들은 산업 세계의 주요 논제가 되어온 디지털 로봇에 점점 흥미를 갖게 되었다. 어떤 의미에서 디자이너들은 인간에게 해를 끼치는 기계들의 위험과 미래, 그 혼합에 대한 우리의 염려를 해결하려는 의도에서 의미 있는 창조적 작업을 행하

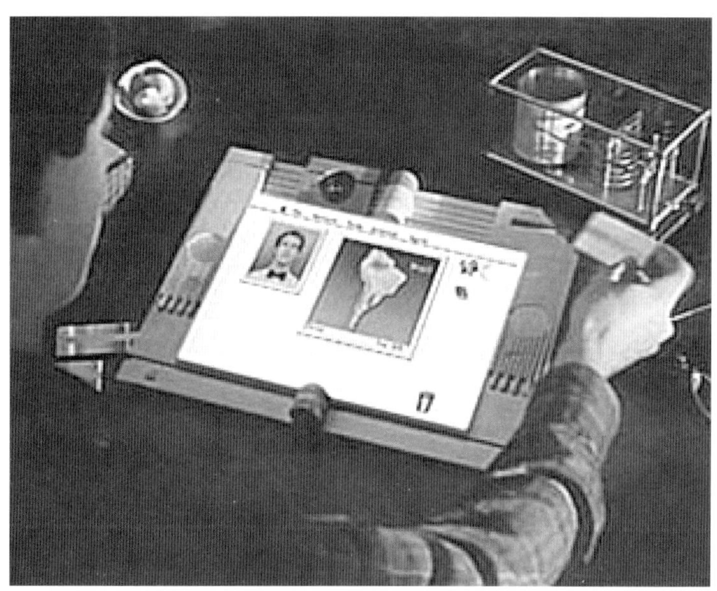

애플사가 1989년 발표한 가상미래영화 〈지식항해사 The Knowledge Navigator〉

는, 호프만의 상상력 풍부한 후계자들이다. 그러나 호프만의 유산은 지금에 와서야 확실해지고 있다. 처음 이십 년 동안 인터페이스 디자인의 지배적인 모델은 건축학이었다. 인터페이스 디자이너들은 이진법 코드를 앞으로 개척될 어떤 공간으로 생각했다. 새로운 인터페이스 패러다임은 우리를 올림피아의 무표정한 시선에 보다 가까이 다가서게 만든다. 0과 1은 인성과 물리적 형상, 학습 능력을 갖고 개인에 더 가까운 어떤 것으로 조직되는데(공간이 아닌 인격으로서의 컴퓨터), 우리는 이 새로운 창조물(디지털 '인격들')을 에이전트라 부른다.

에이전트란 무엇인가? 거기에는 여러 정의가 있다. 일반적인 개념은 1950년대 존 매카디의 정보 수집 소프트웨어까지 거슬러 올라간다. 그러나 그 용어 자체는 그 후 몇십 년이 흐르도록 고도의 기술적 전문어로 취급받지는 못했다. 1989년, 애플은 〈지식항해사〉라는 제목의 유명한 비디오를 발표했다. 그것은 파워 북의 화면 상단 모서리에 턱시도를 입은 품위 있는 배우를 배치한 것이었다. 이때부터 디지털 하인이라는, 에이전트의 고정관념이 시작되었다. 이 비디오는 마치 윌리엄 파웰이 마티니를 한 잔 더 주문하듯, 최종 사용자(섬차 감소하는 열대 우림을 연구하는 교수)가 대학의 온라인 데이터베이스에서 필요한 기록을 찾기 위해 픽셀로 이루어진 자신의 조수를 이따금씩 내보내는 장면을 보여주었다. 집사 메타포는 틀림없이 귀족적 매력을 지녔다.[†] 그러나 그것은 단지 슬라이드 쇼나 오락에 불과했다. 〈지식항해사〉가 남긴 위대한 유산은 정보 집사가 결국 사람이었다는 사실에 있다.

애플의 디지털 지브스는 의인화된 에이전트라는 전통의 시작이 되

[†] 첨단기술업계에는 수년 동안 집사 지브스에 대한 농담이 가득했다.

었다. 이러한 당시의 유산은 완벽하게 이치에 맞는 것으로, 매킨토시는 데스크탑, 휴지통, 폴더, 마우스 등 시각적 메타포의 수사법을 완성한 선구가 되었다. 만약 당신이 전자電子를 생명 없는 물체로 변형할 수 있다면, 왜 진화론적인 사슬의 조금 더 높은 곳을 겨냥하지 않는가? 왜 컴퓨터를 수다스럽고 친절하며 지각력이 있는 사람으로 생각하지 않는가? 우리 대부분은 파일을 다운로드하도록 그들을 부추기고, 플로피 드라이브의 오류에 대해 그들에게 악담도 하면서 어떠한 방법으로든 기계와 이야기를 한다. 왜 컴퓨터에게 동등한 반응 양식을 부여하지 않는가? 만약 PC와 이야기하고자 한다면, 그들에게도 응답할 기회를 주어야 할 것이다. 이런 이유로 의인화된 에이전트가 태어나게 되었다. 덫에 걸린 파리 또는 동화 속 마귀처럼, 당신의 모든 변덕스러운 생각에 묶인 작은 사람이 모니터 화면에 갇혀 있는 것이었다. 애플의 비디오가 처음 등장한 이후 8년간, '인격을 갖춘' 에이전트는 초기 평론의 극찬에도 불구하고, 대중 흥행에서는 실망스러운 결과를 보여주었다. 마이크로소프트와 애플 모두는 어설픈 의인화(마이크로소프트의 〈밥〉의 불필요한 손님, 애플의 언어 인식 소프트웨어)를 시도한 제품들을 발표했다. 그러나 평판은 대체로 좋지도 나쁘지도 않았다.

에이전트가 항상 의인화를 요구하지는 않는다. 그들은 쉽게 웹 브라우저, 대화상자 또는 텍스트 문서의 형태를 취할 수 있다. 가장 기대되는 에이전트 중 어떤 것은 초인 또는 다국적 회사의 대표처럼 무대 뒤에서 남몰래 한결같이 일만 한다. 보이지 않는다는 것이 그들 힘의 원천이다. 또한 에이전트는 좋아하는 거주환경이 서로 다르다. 어떤 에이전트들은 고독한 아첨꾼이다. 그들은 당신의 행동을 지켜보다가 기회가 왔을 때 당신을 도우면서 컴퓨터 하드 드라이브로 이주하여 영원히 거기에 머무른다. 다른 에이전트들은 정보를 찾아서 넷을 가로질러 돌아다니고, 전달할 뉴스가 있을 때만 집으로 돌아오는 전문 관광객들이다. 어떤 에이전트들은 사교적이다. 그들은 이야기와 제안을 서로 교환하고, 다른 에이전트들과 상의하여 당신을 위해 적절한 자료를 편집한다. 이러한 세 부류는 에이전트를 이용하는 인터페이스가 갖는 세 가지 가능성의 범위('개인적' 에이전트, '순회적' 에이전트, '사회적' 에이전트)를 보여준다. 각각은 인간과 컴퓨터의 상호작용에 대한 서로 다른 이해를 내포한다.

특정한 변이를 하나 선택한다는 것은 다른 결과를 낳는다. 에이전트가 우리 생활에 점점 더 스며들면서, 그 결과는 파일 관리나 비행기 예약 등의 정해진 일상 훨씬 이상으로 확장될 것이다. 블록버스터 영화의 출현으로 우리와 영화의 관계가 바뀌었고 연재소설의 등장으로 우리 독서 습관이 바뀌었듯이, 에이전트는 대중적 취향의 출현에 깊은 영향을 미치게 될지도 모른다. 에이전트를 위한 디자인 선택은 대부분의 현대 인터페이스와 함께, 그 선택이 없었다면 연결되지 않아 보였을 경험 영역들을 변화시키면서 더 큰 문화로 나아가게 될 것이다. 『미디어의 이해』에서 맥루한의 요점은, 새로운 과학기술 형태들(텔레비전, 라디오, 책)이 우리 감각 사이의 힘의 균형뿐만 아니라 다른 미디어에 대한 우리 경험도 변화시킨다는 것이었다. "라디오가 유성영화의 개념을 변화시킨 것만큼 신문 기사의 형태도 바꾸었다" "TV는 라디오 프로그램, 영화 또는 다큐멘터리 소설 형식에 과감한 변화를 일으킨다"고 맥루한은 주장했다.[1] 에이전트는 인터페이스 목록 중 가장 독립적이고 자율적인 도구기 때문에 그 영향력은 가장 멀리까지 미치고 가장 민감할 것이다. 그것이 지적인 에이전트의 디자인을 대표이사나 기술 관리자들에게 맡겨서는 안 되는 이유다.

에이전트 소프트웨어에 관해 곤혹스러운 점 하나는 에이전트 자체의 겉모습을 유연하게 표현할 수 있다는 점이다. 이 책의 전반적인 주제는 시각적 메타포가 그들이 나타내는 기본 기능만큼이나 중요하다는 것이다. 표면상 에이전트는 이 규칙에서 제외된 것처럼 보인다. 에이전트의 세 가지 타입(개인적, 순회적, 사회적)은 집사, 말하는 개, 문자 보고서, '의인화된 신문' 등 다른 많은 방법으로 표현될 수 있다. 지적 에이전트의 기술적 측면에서 시각적 메타포는 에이전트 자체의 기본 동작만큼 중요하지는 않다.[†] 그렇다면 여기에 또 다른 의문이 생긴다. 그 기본 동작은 실제로 인터페이스의 영역에 속하는가?

이 질문에 대한 대답은 지적 에이전트의 본질과 관계된다. 제1장에서 보았듯, 현대의 그래픽 인터페이스는 '직접 조작'으로 정의된다. 사용자는 촉각을 이용하여 즉각적으로 일을 한다. 즉 파일을 지우기 위해 컴퓨터에게 말을 하는 대신, 당신은 그것을 휴지통에 집어넣는다. 근본적인 결과[†]는 같다. 그러나 그래픽 인터페이스는 당신이 스스로 일을 하는 듯한 착각을 불러일으킨다.

인터페이스를 사용할 때의 편리함은 대부분 데이터 작업의 보다 간접적인 방법들에까지 적용되는, 직접 조작의 성향에서 비롯되는 것이다. 그러나 에이전트는 그런 규칙에 따라 움직이지 않는다. 대신 간접적 조작의, 보다 어려운 체제에서 일한다.

이름에서 알 수 있듯이 에이전트는 대리인이자 대변인이다. 그들은 당신을 위해 일을 한다. 소프트웨어 에이전트에 책임을 위임할 수 있다는 것은 당신이 매우 자유로워진다는 사실을 의미하지만, 상당한 대가를 요구하기도 한다. 실제 같은 느낌이 드는 전통적인 인터페이스에서의 직접 제어는, 마치 데스크탑 관료주의처럼 당신의 명령이 대리인들을 통해 조금씩 전달되는, 보다 간접적인 시스템에 길을 내주었다. 예를 들어 '개인적' 에이전트의 기본적인 과업 중 하나인 "휴지통 비우기"를 보자. 당신이 디지털 쓰레기를 버리기 전에 데스크탑 위에 한동안 쌓아놓는 습관을 가진 컴퓨터 사용자라고 하자. 당신은 두세 시간마다 휴지통에 아이템을 던져버리면서 일정 용량의 데이터가 모여야 휴지통을 비운다. 개인적 에이전트는 이 행동을 관찰했을 것이다. 이 일이 몇 번 반복되면 그는 "나는 당신이 2MB에 이른 후 쓰레기를 비우려고 하는 것을 보아왔습니다. 당신을 위해 이 일을 자동적으로 해드릴까요?"라고 공손히 말할 것이다. 또한 에이전트는 오스카인 당신의 펠릭스가 되기로 결심하고* 자진해서 휴지통의 쓰레기를 더 규칙적으로 비워주려고 할지 모른다. 그러나 어느 경우에라도 에이전트는 마우스 조작이나 메뉴 명령 등의 직접 조작에 의해 한 번 실행되었던 작업을 수행한다.

지적 에이전트의 지지자들은 사용의 편리함 면에서 거대한 진보가 될 진환을 고려하나 휴지통을 직접 조작하는 것보다 디 쉬운 한 가지 방법은, 다른 누군가가 당신을 위해 그 일을 하게 하는 것이다. 그것은 충분히 직관력 있어 보인다. 그러나 컴퓨터에게 부가적인 통제를 양도하는 일에는 위험이 따른다. 초기 그래픽 인터페이스 혁명은 기계가 아닌 '소외된 대중'을 보다 똑똑하게 만들면서 사용자에게 권한을 부여하는 것이었다. 에이전트는 우리에게 이익이 되는 결말을 위해 보다 큰 권한을 마이크로프로세서에 주는 것으로, 앞서 말한 경향(소외된 대중을 똑똑하게 만드는)과는 반대로 일한다. 그것은 지적 에이전트에게

* 미국의 코미디 작가 닐 게이먼의 〈이상한 커플 Odd Couple〉(1965)의 두 주인공. 펠릭스는 지나치게 깔끔하고 오스카는 지저분하고 부주의한 인물이다.

작곡가이자 작가인 야런 러니어는 가상현실 개념을 개척했다.

‘지능’을 부여하는 새로운 권한(물론 만화 속 꼭두각시 또는 디지털 집사로 표현된 것이 아닌)이다.

　　이런 지능이 좋은 것인지에 관한 의문은 매우 오래되고 수수께끼 같은 것이다. 인터페이스 디자이너들이 그 답을 최초로 제시한 사람들은 아니었다. 호프만이 『모래-사나이』를 출판한 지 10년 후에 또 다른 유럽 낭만주의 작가는 생명 없는 물질에 지능을 부여하는 일에 따르는 위험을 경고한 책을 출판했다. 『프랑켄슈타인(1818)』이 그것이다.

만약 지적인 에이전트에 관한 논쟁이 메리 셸리 소설의 주제를 반영한다면, 야런 러니어는 『프랑켄슈타인』에서처럼 마을 사람들을 모아 프랑켄슈타인 박사의 훌륭한 성을 공격할 것이다. 음악가이자 가상현실의 발명자인 러니어는 지난 2년 동안 에이전트에 대항하여 오랜 논쟁을 해오고 있다. 1995년 초 그는 「에이전트의 문제점」이라는 제목의 짧은 글을 웹에 발표하고, 계속하여 「소외된 에이전트」로 논의를 확대했다. 1년 후 그는 〈핫 와이어드〉의 「브레인 테니스」에서 대대적으로 다룬 에이전트 기술을 둘러싼 격렬한 논쟁에서 사회적 에이전트의 대모인 MIT의 패티 매스에게 도전했다.[2] 그 주제는 러니어가 상당한 열정을 가지고 있던 것으로, 그는 "지적인 에이전트에 관한 아이디어는 그릇된 것이며 사악한 것이다" "나는 이것이 문화와 사회의 가까운 미래까지 존재할 매우 중요한 쟁점이라고 믿는다"라고 매우 과격하게 썼다. 그의 말은 애니메이션으로 표현된 제복을 입은 사람과 강아지에게는 너무 강한 표현이었다. 왜 그런 적개심이 소프트웨어로 향하는가? 격렬하게 비난하는, 더 공격적인 문화적 적대자들이 없는가?

그렇기도 하고 아니기도 하다. 러니어는 지적 에이전트에 대한 증오를 지나치게 강조했을 수도 있지만, 논점의 중요성을 과장하지는 않았다. 최근 대부분의 첨단기술 논쟁처럼 러니어의 반론은 복잡한 논점을 간략화해서 쉽게 바꾸었지만, '좋은' 인터페이스 디자인과 '사악한' 지적 에이전트 사이의 대립을 잘못된 방향으로 이끌었다. 1994년 여름 『하퍼스』에서 진행됐던 버커츠와 존 페리 발로의 논쟁처럼, 극과 극은 그들이 나타내는 정반대의 모습만큼이나 불명료함을 내포한다. 에이전트는 여러 다른 모습으로 나타날 것이며, 그 영향은 다양한 방향의 정보 공간을 통해 잔잔한 파문을 일으킬 것이다. 그 중 어떤 것은 실망스러울 것이지만, 어떤 것은 정말로 자신감을 줄 것이다. 새로운 과학기술이 단 한 사람의 목소리로 말하는 일은 좀처럼 없다. 그 점이 우리가 그렇게도 매혹되는 하나의 이유다. 그래도 확실한 사실은 이들 새로운 과학기술의 영향이 지금 우리가 상상하는 것보다 훨씬 더 심오한 것이 되리라는 점이다. 그리고 이는 러니어의 논의가 큰 도움이 되었다는 사실에서도 알 수 있다. 새로운 과학기술의 영향은 적절한 정도로 대중의 논쟁을 확장시킨다. 우리는 최신 스프레드시트 패키지의 특징에 대해 논하는 것이 아니라, 적어도 새로운 과학기술의 보다 넓은 문화적 영향에 관해 이야기하고 있다. 그것이 지적 에이전트에 대한 러니어의 이의 제기를 진지하게 받아들이려는 이유다.

저 반대 의견들을 이해하기 위해서 첫째, 어떤 에이전트에 관하여 이야기하고 있는지를 명백히할 필요가 있다. 논의의 대부분에서 '개인적 에이전트'는 러니어의 공격 대상에 포함되지 않는다. 이 에이전트는 프랑켄슈타인보다 이고르에 가깝다. 그들은 가장 근본적인 일만을 거들면서(일정한 간격을 두고 휴지통 비우기, 이메일 분류, 바이러스 소프트웨어 실행) 연구소 주위를 살금살금 숨어 다닌다. 『와이어드』의 전

웹사이트 〈제너럴 매직〉 HTTP://www.generalmagic.com

면 광고는 당신에게 이들 프로그램들이 진정한 '지적인' 에이전트라고 말하고자 한다. 그러나 속아 넘어가지 말라. 확실히 그들은 간접 조작의 규칙에 의해 살아간다. 그러나 그들의 소위 지성이라는 것은 단지 마케팅 캠페인 슬로건일 뿐이다. 그들은 아주 소량의 위임된 권한으로 생존할 뿐인데, 그것은 악담이면서 축복의 말이기도 하다. 당신에게 먼저 묻지 않고 하드 드라이브를 백업하는 권한을 허가받은 에이전트는 길을 가다 우연히 암에 대한 치유법을 발견하지는 못할 것이다. 그러나 마찬가지로 독단적인 결정으로 당신의 디스크를 삭제하는 일도 없을 것이다. 특히 기술 발전의 초기 단계에 당신의 개인 에이전트를 통제하는 것은 이해할 수 있다. 당신은 자신의 분명한 허가 없이 대리인이 당신의 데이터에 관여하는 것을 원하지 않는다. 비록 그 관여가 흥미로운 결과를 끌어낼지라도.

아니, 유혹은 당신의 에이전트가 다른 사람들의 정보에 관여하는 지점에서 발생한다. 진짜 위협적인 것은 '순회적' 에이전트다. 그것은 컴퓨터 본체에 묶였던 밧줄을 풀고, 가상공간 미지의 땅을 향해 출발한다. 러니어가 설명하듯, "당신이 흥미를 가질 에이전트의 양식은 만화 양식이 될 것이다. 그리고 당신은 에이전트의 눈을 통해 만화 양식으로 변형된 세계를 볼 것이다. (…) 광고는 뇌물이나 해킹을 통해 에이전트를 제어하는 기술로 변할 것이다." 여기서 상상한 순회적 에이전트는 아마도 대리자 에이전트의 개념과 가장 가까운 양식일 것이다. 에이전트는 일시적 행동방침을 넘어 전쇼 페르소나를 통해 변하고, 다른 에이전트를 상대하는 과정에서 당신을 대표한다. 이제부터는 단지 형태만 변한 것이 아닌 실질적인 개인 비서다. 1994년 후반, 이 소프트웨어의 첫 상업용 제품은 대단한 선전과 함께 출시되었다. 같은 해에 실리콘 밸리는 제너럴 매직이라는 회사를 시작하면서, 텔레스크립트 작성 환경을 소개하였다. 빌 앳킨슨과 앤디 헤르츠펠드가 공동으로 창설한 제너럴 매직은 미래의 에이전트 소프트웨어 회사로 몹시 과대선전되었다. 그리고 텔레스크립트는 그것의 도스(에이전트를 위한 운영체제)가 될 것이었다.

텔레스크립트는 기술적으로 말해 운영 체계가 아닌 커뮤니케이션 프로토콜(컴퓨터 상호 간의 대화에 필요한 통신규약)이었다. 그것은 에이전트가 자기들끼리 거래를 할 때 사용할 공용 언어를 제공했다. 이론적으로 이것은 지극히 매혹적인 제품이었다. 주식이 확실한 가격에 도달한 후에 팔도록 에이전트에게 지시하고, 주식의 변화를 관찰하기 위해 소프트웨어 에이전트를 경영 컨설턴트 회사에 파견하는 시나리오를 상상해보자. 에이전트는 재무 네트워크에 가입하여, 사용자에게 연락 없이 몇 주 또는 몇 달 동안 주식 동향을 주시한다. 주식이 예정된 가치에 도달하면 에이전트는 "팔라"는 명령을 집행하고, 그 수익을 사용자의 은행 계좌에 입금한다. 그리고 에이전트는 가장 싼 카리브해 왕복 여행 티켓을 찾아 온라인 여행사를 순회한다. 에이전트는 가장 경제적인 요금으로 그것을 구입하고 사용자의 컴퓨터로 되돌아와, 비행기 일정을 계획하고 어떤 잠재적 문제가 있을지를 사용자의 월간 계획에서 확인한다. 만약 회의가 휴가중에 잡혀 있다면, 에이전트는 다른 참석자들에게 이메일로 즉시 통보하고 모두가 납득할 수 있는 새로운 회의 시간을 잡는다.

기술적 수준에서 텔레스크립트에 숨겨진 마법은 네트워크 커뮤니케이션을 작동하는 방법을 근본적으로 변화시켰다는 점에 있었다. 현존하는 모델은 원격 처리상의 호출RPC이란 이름으로 통했다. 텔레스크립트는 원격 프로그래밍RC이라 불리는 새로운 방식을 제안했다. RPC

방식에서 온라인 서비스로 정보를 검색하기 위해서는 사용자와 서버를 직접 연결하는 것이 필요하다. 서버의 정보 내용은 끊임없이 변하기 때문에, 전화선을 통해 서비스에 연결해보거나 이용 가능한 파일들을 대강 훑어보지 않고서는 최근의 데이터가 무엇인지 측정할 길이 없다. 그것은 사용자와 네트워크에 매우 비능률적인 시스템이다. 만약 당신이 특별히 핵심적인 데이터[†]가 전달되기를 기다린다면, 당신은 시간과 돈을 소모하면서 기다리던 정보가 네트워크에 업로드될 때까지 반복해서 로그온해야 한다. 수많은 사용자들이 그들이 원하는 자료가 나타나기를 기다리면서 서버를 찾아 헤매기 때문에, 네트워크는 그 결과로 증가된 메시지의 양을 처리하도록 그 스스로 강요당한다.

　텔레스크립트에 의해 실행된 원격 프로그램 작성 모델은 이런 쓸데없는 반복을 제거했다. 사용자는 15분마다 로그온하는 대신 짧지만 효과적인 활동으로 네트워크와 통신한다. 만약 당신이 보스니아의 최신 유행어를 원한다면, 당신의 텔레스크립트 온라인 뉴스 서비스에 연결한 후, '보스니아'를 포함하는 모든 기사를 찾으라고 지시하는 텔레스크립트 에이전트를 재빨리 업로드한다. 이 에이전트는 이메일 메시지 같은 단순한 불활성 문서가 아니라 소형 프로그램의 일종이다. 그것은 당신이 서비스와 연결을 끊은 후에도 또는 보다 긴급한 문제 해결을 위해 컴퓨터로 돌아온 후에도 계속해서 원격 하드 드라이브에서 실행될 것이다. 에이전트는 새로운 호스트 컴퓨터 환경[†]에 머무르면서 하루 24시간 동안 공급되는 뉴스를 감시한다. 보스니아와 관련된 이야기가 도착한 순간, 에이전트는 당신의 컴퓨터에 연결하여 하드 드라이브에 저장하고, 임무를 성공했다는 결과를 알린다.

　이런 시나리오에서 사용자와 서버 사이의 완전한 교류는 직접적인

† 에이전트를 원격 사이트로
급파하는, 텔레스크립트 용어
로 "가라"는 명령

의사소통의 간단한 두 가지 범위에서 설명될 수 있다. 사용자의 관점에서 보면, 최초의 명령†과 원했던 결과 (에이전트가 이야기를 가지고 돌아오는) 사이의 정보 데이터 처리 시간은 전적으로 무대 뒤에서 일어난다. 아직 나타나지 않은 파일들을 찾아 헤매느라 낭비되는 시간은 없다. 온라인 서비스는 에이전트가 원격 서버에 머무른 기간 동안, 편의 시설을 제공하고 아주 적은 요금을 차례로 청구할지도 모른다. 제너럴 매직은 에이전트에 의해 기록된 체류 시간을 '텔레클릭(특별히 텔레스크립트 네트워크를 위해 디자인된 전자화폐의 새로운 형태)'으로 청구했다.

이런 가상의 텔레스크립트 시나리오들은, 급료를 지출하지 않고도 개인 비서와 연구 보조원을 고용한 것처럼, 정보광의 소원을 이뤄준 것 같다. 그러나 텔레스크립트의 양식은 인간의 대리자인 에이전트라는 개념 이상이다. 지적 에이전트가 거주하는 온라인 서비스는 각자 개별적인 목표를 추구하는 디지털 생활 형태로 생태계를 풍요롭게 하기보다는 작은 규모의 저장장치 형태인 듯 보인다. 스스로 생명을 유지하는 에이전트들로 떠들썩한 서버는 구식 기계보다는 개미 집단을, 목화에서 무명실을 뽑는 기계물레보다는 유전자를 더 닮았다. 러니어가 놀란 것은 부분적으로 이런 유기적 특성에 원인이 있다. 그는 이들 새로운 에이전트 집단에서 매디슨 애비뉴의 세력 범위가 불길하게 확장되는 양상을 본다. "오늘의 에이전트들은 내일의 반항적 에이전트들이 될 것이다. 이것은 변칙적인 해킹을 필요로 할지도 모르지만, 또한 보다 부드럽게 변화할지도 모른다. 반동 작용은 마치 꽃이 벌에게 구애하듯이, 그들을 유인하기 위해 에이전트 내부구조에 관한 정보를 얻을 것이다. 보통의 네티즌들은 이런 정보를 가질 수는 없을 것이다. 그래서 그들은 벌을 유인하지 못할 것이며, 사라질 것이다."

텔레스크립트는 프로그램을 작성하는 훌륭한 작품이었음에도 그 상업적 면에서는 간신히 살아남는 정도에 그쳤다. 비록 실패의 이유들이 러니어의 반대 의견과는 무관했지만 말이다. 의사소통의 문제들은 텔레스크립트를 서서히 쇠퇴시켰다. '순회적' 에이전트는 광범위한 세계의 언어에 대해 놀랄 만큼 무지했다. 웹이 대중 의식의 경향으로 변한 것과 마찬가지로, 제너럴 매직은 전매특허인 커뮤니케이션 프로토콜에 모든 것을 걸었다. 하지만 그것은 공개된 인터넷 표준과 호환이 불가능했는데, 이 사실은 텔레스크립트에게 치명적인 것이었다.[†] 그러나 텔레스크립트가 계획한 것처럼 자율적인 에이전트는 넷에 이런저런 방법으로 곧 나타날 것이다. 그것들은 야런 러니어에 의한 에이전트와 반항적 에이전트의 냉엄한 생태로 귀착할 것인가? 아니면 조금 덜 위험한 다른 대안이 있는가?

호프만으로부터 필립 딕에 이르는 인간과 기계의 합성물은 사이보그 문학의 오랜 전통에서 대개 인간의 욕망과 얽히면서 곤란한 상태에 빠진다. 기계 공주에 관한 나다니엘의 강박관념과 영화 〈프랑켄슈타인〉의 신부에 대한 갈망, 그리고 〈블레이드 러너〉에서 복제 여인에 대한 해리슨 포드의 괴로운 집착을 생각해보자. 사이보그가 그들 스스로를 간단한 일들에 제한하는 한, 그들과 우리의 관계는 비교적 고요한 상태로 유지된다. 그러나 일단 그들이 취향과 욕망의 이해하기 어려운 심리적 영역에 접어들면 대혼란이 생겨난다. 인간은 그들을 도와줄 수 없지만 그들의 성향과 갈망을 기계에 투영할 수는 있다. 그러면 기계는 변함 없는 호의로 대답하거나, 적어도 그러는 척한다.[†] 대부분의 사이보그 문학이 주는 교훈은 본능적 욕망의 생활에서 기계와 인간의 혼합은

[†] 제너럴 매직은 그 미래가 매우 의심스러움에도 불구하고, 웹과 호환되는 텔레스크립트를 계속 개발하게 될 것이라고 주장했다.

[†] 그 과정은 프로이트가 정신분석학에서 묘사한 전이 및 역전이와 다르지 않다.

필연적이고, 피할 수 없이 파괴적이라는 것이다.

이와 비교할 만한 주제를 지적인 에이전트에 관한 러니어의 비평에서 찾아볼 수 있다. 에이전트가 단지 분명하게 한정된 명령만을 수행하는 한 문제는 거의 발생하지 않는다. 비교적 수학적인 명령들에는 더 나은 결과를 보여준다. 에이전트는 오백 달러보다 적은 돈으로 비행기 표를 사도록, 또는 10% 미만의 주가 수익률을 나타내는 기술 관련 주식을 사도록 급파된다. 이런 종류의 에이전트는 '문화와 사회의 미래'에 대해 별로 위협적이지 않다. 당신을 위해 오직 휴지통만 비우며 집에만 틀어박혀 있는 개인적 에이전트처럼, 구체적이고 수량화할 수 있는 방식들을 따르는 순회적 에이전트는 상당한 소프트웨어의 진보로 보일 것이다. 따라서 프로그래머들은 그것들을 결합시키기 위한 공동의 언어를 제안할 수 있을 것이다.

그러나 보다 의욕적인 에이전트 팬들의 궁극적인 목적은 비행기 티켓을 예약하고 주식을 팔라고 지시한 일만을 충실하게 해내는 소프트웨어 그 이상의 것이다. 진정 비약적인 발전이란 에이전트가 당신이 항상 잊고 지내는 기념일 하루 전에 꽃을 배달시킨다거나 한 달 동안의 신용카드 사용 내역을 통해 당신이 피자를 많이 먹었다는 사실을 파악한 후 영양사와 만날 약속을 해놓는 것처럼, 사람들의 요구를 미리 알아서 처리할 때에 나타날 것이라고 우리는 들어 알고 있다. 이런 많은 무형의 제품들로 인해 시나리오는 이론상 더할 나위 없이 매력적으로 들린다. 그러나 배송된 제품들이 도착할지라도 광고에서만큼 원활하게 작동되지는 않을 것이라 의심하는 것은 어쩔 수 없는 일이다.

첩보 활동의 세계에서처럼 지적인 에이전트의 주요 문제점은 그들이 누구를 위해 일을 하는지가 항상 분명하지 않다는 것이다. 즉흥적인 행동 없이 당신의 명령만을 따르는 데스크탑 기반 정보 집사는 당신의 활동에 관해서는 확실하게 일한다. 그러나 우리 컴퓨터들이 점점 더 영구적으로 웹에 연결되면서, 다른 서버에서 거주하다가 오직 당신에게 유용할지도 모른다고 느껴질 때에만 당신의 컴퓨터로 돌아오는 새로운 유형의 에이전트가 등장할 것이다. 자, 당신이 야구 팬이라고 해보자. 그것은 당신의 온라인 서핑 내역을 통해 알 수 있다. 당신은 패스트볼닷컴을 정기적으로 방문한다. 그곳에서 당신은 시카고 화이트삭스의 최근 득점 기록을 다시 보기도 하고, 토론 광장에 자신의 의견을 자주 게시하기도 한다. 패스트볼닷컴 서버에 거주하는 에이전트는 시카고 화이트 삭스에 대한 당신의 관심을 발견하고, 당신이 팀의 최신 정보에 관심이 있으리라고 추정한다. 앨버트 벨이 발목을 삐거나 더그 드라벡이 무안타 경기를 펼치면, 패스트볼닷컴의 에이전트는 당신의 데스크탑으로 즉시 뉴스를 발송한다.

　　이같은 종류의 지적인 에이전트는 "푸쉬 미디어*"라는 이름으로도 통한다. 가장 기본적인 개념에서 보면, 그것은 스스로 찾아가 얻는 정보와는 반대로 당신에게 다가오는 정보다.† 패스트볼닷컴의 푸쉬 에이전트는 벨이 발목을 삐었다는 소식을 알려주기 위해 당신을 추적한다. 당신은 웹 브라우저의 "부상 기록" 페이지를 다시 로딩하고, 어떤 일이 발생했는지 기다리면서 하루 종일 앉아 있을 필요가 없다. 관련 정보는 이론적으로 당신에게 직접 보내진다. 그것은 당신이 그 정보의 존재를 인식하기 전에 당신의 필요가 충족된다는 것을 의미한다. 데스크탑에 도착한 모든 것은 당신의 '개인적 취향과 선호도'에 맞춰진 것이 될 것이다. 고객에 맞는 정보와 서비스의 배달, 그것은 항상 당신보다 한 발 앞서 있다.

* 자료를 보내는 미디어

† 전통적인 웹 브라우징은 "풀 미디어 *pull media* (사용자를 끌어당기는 미디어 – 역주)"의 개념에 가깝다.

물론 이는 유혹적인 일이긴 하다. 그러나 야구 에이전트의 문제점은 당신에 대한 헌신이 단지 일시적이라는 데에 있다. 야구 에이전트의 실제 '주인'은 패스트볼닷컴이다. 그리고 이것이 왜 푸쉬 미디어 방식의 에이전트가 실제로 놀라운 것이 될 수 있는가에 대한 이유다. 비록 〈X-파일〉의 망상이 만연하는 평상시 감각에서는 그리 놀라운 것이 아니겠지만, 당신의 모든 행동은 "푸쉬"의 그림자에 의해 감시당한다(적어도 컴퓨터 바이러스의 공포는 푸쉬 에이전트의 확실한 기술생물학적 교묘함을 가졌다). 푸쉬의 위협은 훨씬 더 세속적이다. 그것은 새로운 친한 친구인 척하는 의인화된 쓰레기, 파편, 데이터 안개의 위협이다. 정보 집사만을 생각하지 말고 스팸 메일을 생각해보자.

나는 실리콘 밸리 사람들을 모른다. 그러나 매일 아침 우리 집 문 아래로 살짝 밀어넣어지는 DM은 내 '개인적 취향과 선호도'를 꽤 잘 알고 있는 듯하다. 당신은 한 주 동안 주고받은 내 메일을 훑어봄으로써 한 개인의 완전한 인간성을 그려낼 수 있다. 내 정치적 성향, 직업, 옷 입는 취향, 컴퓨터 플랫폼, 이웃들을 파악할 수 있다. 푸쉬를 지지하는 사람들은 맞춤 정보의 가치를 과장되게 말한다. 그러나 종이에 인쇄된 DM을 보내는 재래식 상인들은 이미 이런 모든 상황들을 파악하고 있는 듯하다. 즉, 메일이 주문에 의해 발송되었나고 해서 그 메일이 쓰레기가 아니라는 의미는 아니라는 것이다. 푸쉬 에이전트의 미래를 상상해보면, 즉각적으로 떠오르는 생각은 20세기 말 민주주의의 최고 업적이라는 것이다. 예를 들면 과거의 정치 지망생들로부터 오는 선전물은 타이핑된 글자와 반송 주소로 이루어진 무료증정 형식의 우편이었다. 하지만 그런 형식은 후보자 스스로가 직접 손으로 쓴 얌전한 글, 타자로 친 연락 가능한 개인의 주소, 인구통계 조사를 위한 버튼을 눌러 달라고 간청하는 직접 손으로 쓴 글들로 점차 변화되었다. 이처럼 메일이 점점 치밀하고 꼼꼼하게 변화되면서 우리가 느끼는 짜증 또한 점차 커진다. 스팸 메일 하나를 받는 것보다 더 나쁜 것은 그 스팸 메일을 열도록 사용자를 속이는 것이다.

새로운 경제 분야에서 지적인 에이전트의 작업에는 그와 비슷한 세력이 있을 것이다. 판매자들은 우리의 모든 스치듯 지나가는 일시적 생각에 대한 경험으로부터 의도적으로 추측함으로써 자신들의 광고를 '정보 서비스'로 전환하도록 집요하게 강요할 것이다. 1997년 2월『와이어드』특집기사에 실린 푸쉬 미디어에 관한 낙관적인 예문을 생각해 보자. "당신은 회의에 참석하기 위해 방문한 낯선 도시의 거리 모퉁이에 서 있다. 당신은 PDA에 나타난 도시의 지도를 응시한다. 비가 오는 것 같다. 날씨 아이콘이 깜박거리기 시작한다. 작은 물방울이 당신의 안경에 흩뿌린다. 아주 작은 우산 아이콘들이 반경 두 블록 이내에 있는 비와 관련된 용품을 파는 상점들을 보여주기 위해 지도 위에 나타난다."[3] 그것은 충분히 이치에 맞는 이야기처럼 들린다. 그러나 실제로 이 용감한 작은 PDA는 우산 아이콘을 가지고 논리의 위협적 비약을 만들어냈다.『와이어드』는 이러한 비약으로 쉽게 접근함으로써 명령에 따라 행동하기보다는 요구에 미리 대응하는 에이전트가 갖는 정말 위험한 측면을 솜씨 있게 피해나간다.

이것의 위협적인 측면은 당신이 직접 말하는 대신, 당신이 무엇을 원하는지 컴퓨터가 결정하는 데 있다.『와이어드』의 기사에 나오는 기계는 비를 감지하고, 비에 관련된 용품을 생각한다. 그러나 그것은 수천 가지 다른 것들을 바로 쉽게 생각할 수 있다(카리브해 휴가 티켓 예약, 골프 예약 취소, 벽면 공사용 알루미늄 패널 주문, '비 맞으며 걷기 좋아하는' 주민들을 위한 지역 안내광고 검색 등). 당신은 비가 올 때마다 마구잡이로 추출된 견본을 얻게 되거나 아니면 그 견본들이 모두 당신에게 한꺼번에 굴러 떨어질 것이다. 어느 경우에서든 필요한 정보와 쓰레기 정보의 비율은, 소닉 유스* 공연에서 들리는 음악과 잡음의 비율과 비슷할 것이다. 당신은 쓰레기가 아닌 것과 쓰레기를 구분하는 데 모든 시간을 쓰거나 아니면 PDA를 쓰레기통에 던져버리고 진 켈리처럼 춤을 추며 빗속으로 사라질 것이다.

지난 몇 년간 야런 러니어가 끈기 있게 논쟁해왔듯이 소위 지적인 소프트웨어는 보통 형편없는 인터페이스 디자인에 대한 핑계다. 나는 컴퓨터가 내가 무엇을 찾고 있는지 추측하는 것을 진정으로 원하지 않는다. 특히 그 추측들을 나이키와 마이크로소프트의 마케팅 부서가 후원하고 있다면 더더욱 원하지 않는다. 내가 원하는 것은 정보를 얻는 보다 나은 방법이다. 우리는 집으로 쏟아지는 더 나은 배달이 아닌, 정보 공간을 위한 보다 나은 도로지도가 필요하다. 『와이어드』는 모든 빗방울 너머로 우산을 본다. 나는 도미노 피자 점원이 "당신이 피자를 원한다는 사실을 예측했다"면서 30분마다 우리집 초인종을 울리는 광경을 본다.

당신은 알고 있는가? 두미노의 점원이 바로 맞췄을지도 모른다. 우리 중 누가 피자를 마다할 수 있겠는가. 그러나 고맙지만 나는 내 스스로 주문하는 편이 더 좋다. 당신은 단지 푸쉬 에이전트가 광고용 스팸 메일을 얼마나 빨리 보내는지에 대한 AOL의 문제점들을 관찰해볼 필요만 있을 뿐이다. 진정 필요한 것은 목표를 찾아가기 위한 보다 나은 방법이다. 그것은 강제적인 인터페이스 디자인이 항상 해왔던 일이며, 데스크탑에서 불필요한 유도 메일을 막는 유일한 방법이다. 판매업자들은 전달되는 모든 광고가 당신의 요구를 충족시키는 미래상을 생각했다. 그곳의 모든 광고판은 당신 이름을 안다. 하지만 만약 당신이 원하는 것이 광고가 더 적은 세계라면 어쩔 것인가?

지적인 에이전트는 단지 우리의 욕구를 예측하는 일만을 하지는 않는다. 그들은 우리의 취향과 미적 특성이라는, 더 막연한 영역까지 침입하기 시작하고 있다. 그런 가능성을 예측한다는 것은 최근 몇 년 동안 컴퓨터 과학이 얼마나 앞서왔는지를 다시 생각하게 하는 계기가 될 것이다. 결국 패스트볼닷컴을 자주 방문한다는 사실에서 당신이 야구 소식에 관심이 있다고 추론하는 것은 매우 간단한 논리적 도약이다. X가 Y보다 자주 방문한다면 X에게 최신 정보를 보내기 시작한다, 라는 시나리오를 통해 기본원리를 상상할 수 있다. 그러나 에이전트는 영화, 와인, 사람들에 대한 당신 취향조차도 평가할 수 있으며, 당신의 미적 감각이나 대인관계의 감성에 대한 미묘한 차이의 모형을 만들 수도 있다. 그것은 대화를 통해 유지되어온 일상생활 패러다임의 변화가 될 것이다. 우리는 욕망이 실현되는 과정에 항상 어려움이 있다는 사실을 과거의 문학사를 통해서만 알고 있다. 그 과정에서 에이전트는 당신의 개인적 취향을 평가하고, 자신만의 고유한 아이디어를 제안하기 시작한다. 에이전트는 당신의 과거 휴가 기록을 통해 팜 비치행보다는 카리브 해의 외진 해변들을 추천한다. 에이전트는 당신이 관심 있게 지켜봤던 기술 관련 주식을 충실히 매수하기보다는 오히려 과거 구입 품목에 대한 자료를 참고하여 석유화학 제품에 대한 어설픈 정보를 가지고 돌아온다. 문제는 에이전트가 세계에 대한 우리의 주관적 평가에 참견하기 시작할 때 발생한다. 그들은 점성가나 소비자 단체처럼 우리가 좋아하고 싫어하는 것을 말하기 시작한다. 러니어는 여기서 막 태어난 호박벌의, 정보 꽃가루로 보통의 에이전트를 유인하는 반에이전트들의 춤을 보았다.

그런 작은 생태계가 존재하기 전에 에이전트는 음악 CD, 휴가, 세계에 대한 우리의 주관적인 반응 같은 단순한 분류에서 진정으로 반대되는 어떤 개념을 배워야만 한다. 우리의 문화적 성향을 이해하고 있다고 설득력 있게 증명하지 못하는 에이전트는, 어떤 과정 중에서라도 취향에 관계된 일을 맡게 될 가능성이 없기 때문에 그리 위협적으로 보이지 않는다.[†] 앞으로 다가오는 러니어의 반이상적인 미래—넷은 멍청한 에이전트와, 그 에이전트 뒤에서 힘차게 분주히 돌아다니는 더 멍청한 인간들과 함께 존재한다—에서 에이전트는 우리 필요를 이해하고, 실생활의 친구와 가족보다 낫지는 않지만 적어도 그들과 경쟁할 수 있는 존재라고 우리를 설득해야만 할 것이다.

그렇다면 에이전트가 어떻게 명석함을 얻을 것인가? 러니어는 결코 그런 일은 없을 것이라고 생각한다. 인간들은 일종의 퇴화 과정에 의해 만들어진, 더 바보 같은 존재를 얻을 뿐일 것이다. 결국 취향은 상투적인 공식만으로 쉽게 전환되지 않는다. 음악과 책들에 관한 당신 취향의 근본적인 면을 생각해보자. 폭넓은 일반적 구분은 당신의 취향을 설명하는 데 유용할지도 모른다.[†] 또한 당신은 좋아하는 그리고 좋아하지 않는 예술가들의 목록을 확실히 안다. 그러나 가능한 모든 분야로 시야를 확대한다면, 이러한 일반적 개념의 유용성은 점차 감소한다. 당신은 디킨스의 엄청난 팬일지도 모른다. 그러나 그렇다고 해서 당신이 반드시 모든 빅토리아 시대 연재소설의 애호가는 아니다. X 세대라면 너바나와 펄 잼의 차이를 구분할지도 모른다. 펄 잼이 훌륭한 마케팅 능력이 있으며 너바나가 되고 싶어하는, 너바나의 더 상업적인 파생물

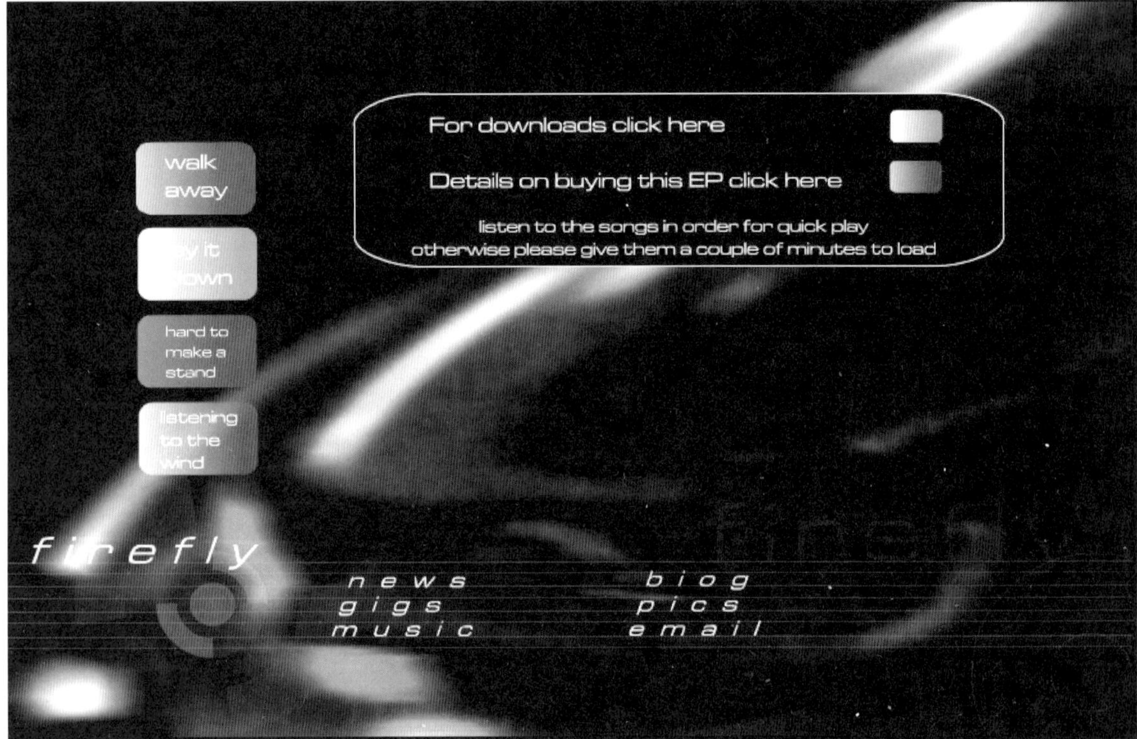

웹사이트 〈파이어 플라이〉 http://www.fireflymusic.com

이라고 인식되는 동안, 최신 유행에 아주 민감한 사람들은 커트 코베인의 너바나가 받는 존경—대중적 성공을 거뒀음에도—에 확실한 유감을 갖는다. 그렇다면 컴퓨터에게 그 차이점을 설명하라고 시도해보자. 컴퓨터 에이전트는 다음처럼 당신에 대해 제시할 수 있다. "당신은 시애틀을 본거지로 하는 과거의 작은 독립 밴드, 마약 문제에 관련된 경력이 있고 1991년에 인기를 모았던 남성으로 구성된 보잘것없는 밴드를 좋아한다." 비록 당신이 모든 가변적 요소들을 이해하기 위해 어떤 방법으로든 에이전트를 사용할 수는 있겠지만, 에이전트는 대중음악을 좋아하는 누구에게나 자명한 펄 잼과 너바나의 차이점을 여전히 찾아내지 못할 것이다.

이런 한계에 대해서 두 가지의 가능성 있는 결론이 있다. 우리 취향이 과거 만화 형식 에이전트에 더욱 더 순응(러니어의 모형처럼)하거나, 아니면 이런 형식이 지나치게 만화 같다는 사실을 깨닫고 그것을 무시한다는 것이다. 나는 결론이 후자쪽으로 귀결되리라 예상한다. 시장에 더 훌륭한 에이전트가 존재할 것이기 때문이다. 일반적인 원리[†]를 이용해 우리 취향을 설명한다면, 우리가 직접 가르치는 에이전트는 더 세속적이고 더 분석적인 '사회적 에이전트'와 똑같이, 미숙하고 교양 없어 보일 것이다. 이들 사회적 에이전트는 이미 패턴 매스의 〈파이어플라이〉 웹사이트에서 매우 훌륭히 활동하고 있다. 만약 〈파이어플라이〉가 지적인 에이전트 기술에 대한 모형으로 판명된다면, 우리 문화적 욕구의 중요한 변화는 잘 진행될 것이다. 그러나 파이어플라이의 에이전트는 러니어가 말한 어둡고 조용한 미래처럼 보이진 않을 것이다. 어느 쪽이든 파이어플라이를 통해 상상할 수 있는 미래는 매스미디어에 대한 많은 예측에 의해 무미건조하기보다는 혼란스럽게 보인다. 우리가 잠재적으로 변화하기 쉬운 이 성질을 이해하려면, 먼저 사회적 에이전트가 어떻게 작동하는지를 이해할 필요가 있다.

　　파이어플라이는 음악을 추천하도록 디자인된 단순한 프로그램으로 시작했다. 이 프로그램은 앨범 타이틀을 몇 개 던져놓고, 1에서 7까지의 점수로 그것들을 평가하도록 지시한다. 여기에는 장르, 시대, 지역 등의 어떠한 부수적 설명이 없는 단지 간단한 평가만을 입력하도록 되어 있었다. 그것은 당신의 음악적 취향이 발전해온 과정에 대한 자세한 평가들이 아니라, 단지 임의의 음반 목록과 간단한 숫자로 표시된 평가일 뿐이었다. 그 방법은 가능한 한 많은 음반들을 분류하는 것이었다. 당신이 열 개의 앨범에 대해 판정을 내리면, 파이어플라이는 다른 열 개를 신속히 제공할 것이다.[†] 결국 단순히 순위만을 정하는 과정에 대해 흥미를 잃게 될 것이고, 그리하여 파이어플라이에게 어떤 음악들을 추천해달라고 지시하게 될 것이다. 초기 소프트웨어에 포함된 버튼은 "가라 에이전트!"라며 환호했다. 당신은 그것을 클릭했고 마술은 시작되었다.

　　에이전트가 가져다준 것은 혹시라도 당신이 앞으로 좋아할지 모르는, 아직 순위에 올린 적 없는 음반 목록이었다. 첫 해에 서비스를 시도해보았던 대부분 사람들에게 이러한 모든 정보 교류 과정은 작은 신비함을 넘어 충격적이었다. 에이전트는 당신이 항상 구입하려 했던 몇몇 다른 음반뿐 아니라, 당신이 절대적으로 좋아하는 너댓 개의 음반을 반드시 가지고 돌아오며, 때때로 혼란과 잘못 연결된 짝으로 인해 실패하기도 한다.[†] 그러나 겨우 이삼십 개 앨범의 숫자로만 표시된 빈약한 분석과 컴퓨터가 만든 당신의 흥미에 대한 심리 모델에서 도출된 전반적인 영향은, 미래에서 불어온 돌풍과 같았다. 당신의 음악적 욕구에 대한 컴퓨터의 정보 탐문은 단순한 불쾌감 이상이었다. 『모래-사나이』의

마지막 부분에 나오는 재앙을 가져오는 공이나 〈블레이드 러너〉의 숀
영과 해리슨 포드의 사랑처럼, 옛날과 다름없을 기계에 의한 욕망의 시
작은 또 한 번 좌절되었다. 거기에는 음반 목록과는 상관없는 본질적인
어떤 것이 있다. 그 절반은 당신의 평범한 삶에 존재하는 첨단기술의
마법처럼 느껴지지만, 또 다른 반은 끊임없이 마음에 떠오르는 유령처
럼 느껴진다.

　　파이어플라이 뒤에 놓여 있는 마법은 "협력적인 여과장치"라는 이
름으로 통한다. 그러나 그 기본적인 전제는 단지 일반적인 상식이다.
파이어플라이는 변화하는 취향의 특성에 의존하여, 공통된 흥미를 가
지는 사람들은 다른 흥미도 공유할 것이라고 여긴다. 그것은 일종의 미
학적 이행성이다. 만약 당신과 내가 캐논볼 애덜리*를 함께 좋아하고,
당신이 또한 존 콜트레인*을 좋아한다면, 나 역시 콜트레인의 팬일 가
능성이 높다는 것이다. 사실 파이어플라이 에이전트는 지난 장에 언급
한 애플 브이-트윈 검색 엔진의 먼 사촌격이다. 파이어플라이는 경향들
을 찾아낸다. 이런 경우에는 좋아하고 싫어하는 경향들이 우리의 음악
적 성향을 만든다. 파이어플라이는 하나만이 아닌 다수의 순위에서 형
성된 공통점을 발견하면, 각각의 순위 안에서 중복되는 앨범들을 통해
추론한다. 핑크 플로이드의 팬은 1970년대 중반이 그레이트풀 데드의
팬이 되는 경향이 있다. 만약 당신이 핑크 플로이드의「달의 어두운
면」을 좋아한다면, 파이어플라이는 그레이트풀 데드의「테라핀 스테이
션」도 당신에게 딱 맞는 음악이라고 여길 것이다. 파이어플라이는 유사
한 음악적 안목의 가능성이 있는 부문에서 '이웃'을 찾는다. 만약 당신
의 취향이 프로코피예프의 팬과 비슷하다면, 당신이 이 작곡가를 순위
에 올린 적이 없더라도 그의「로미오와 줄리엣」음반을 구입할 것이라
는 추측이 가능하다. 만약 당신의 '연주'에 대한 취향이 앤스렉스의 팬

* 재즈 알토색소폰 연주자

* 재즈 테너색소폰 연주자. 작곡가

231

들과 다르다면, 당신이 다른 스피드 메탈 밴드에도 흥미를 느끼지 않을 것이라는 추측이 가능하다는 말이다.

이런 추정들은 단지 파이어플라이 마법의 한 부분이다. 그 시스템을 진정으로 강하게 만드는 요소는 에이전트에 피드백 장치를 적용했다는 점이다. 그 중 하나는 에이전트가 당신이 과거에 즐겨 들었던 음반들을 끊임없이 제공한다는 것이다. 파이어플라이는 앨범들의 순위를 정하고, 그 순위 정보가 데이터베이스로 바로 저장되어 에이전트가 그 선택에 대한 가치 여부를 판단하도록 하며, 최종적으로 당신이 그 앨범들을 평가하도록 돕는다. 내가 서너 개의 앤스렉스 앨범에 대해 평가를 끝내면, 파이어플라이 에이전트는 거기서 힌트를 얻고, 추천하기를 멈춘다. 에이전트는 스케이트 펑크 계열의 왜곡이 심한 음악을 연주하는 밴드에 흥미를 보였던 나의 초기 반응에 따라 음반을 추천했으며, 여기에는 소닉 유스와 머드 허니에 준 좋은 평가도 포함되었을 것이다. 그래서 파이어플라이는 내게 앤스렉스를 계속 강조했던 것이다. 그러나 나는 내 감수성은 확실하게 다르다고 반응하였다. 나는 전설적인 벨벳 언더그라운드처럼, 보다 실험적인 음악에 뿌리를 둔 밴드를 좋아했다. 빠른 록 음악에 헤드뱅잉을 하며 열광하는 것은 내 취향이 아니었다.

앞 장에서 언급했던 텍스트 인터페이스처럼 파이어플라이 에이전트는, 내 음악적 취향이 속해 있는 보다 큰 카테고리를 요약하거나 내 취향을 설명할 수는 없다. 다만 내 음악적 취향의 특성만을 볼 수 있을 따름이다. 우리는 에이전트로 하여금 오직 성향(파이어플라이의 경우에는 수천 명 사람들의 좋고 싫음의 성향들)만을 다루면서 서로 다른 취향 사이의 미묘한 차이뿐만 아니라, 숫자에 집착하는 우리들의 식별하기 어려운 몇몇 차이도 구별 가능하게 할 수 있다.[†] 미학적 평가 뒤

† 〈파이어플라이〉를 사용하는 재미 중 하나는 자신이 어떤 이상한 음악 애호가 모임에 속했는지를 알려고 애쓰는 것이었다.

에 존재하는 숫자는 작업의 진행 과정에서 두 가지 의미를 가진다. 첫째, 선호하는 것들의 보다 큰 그룹들은 위에서부터 아래로가 아닌, 아래에서 위로 만들어진다. 당신은 컴퓨터에게 "그런지 팬, 힙합 팬, 슬로코어 팬, 테크노 팬들이 있다. 각각의 새로운 사용자를 올바른 분류에 맞추도록 하라"고 미리 말하지 않는다. 컴퓨터는 우선 축적된 자료의 무수한 등급을 통해 대량의 표본을 만들어내고, 스스로 중복되는 성향을 찾는다. 저 성향들은 미리 정해진 장르나 시대의 고정된 분류 대신, 서로 다른 취향 집단을 위한 기초가 된다. 두 번째 요소는 에이전트의 추천을 평가하는 피드백의 반복이다. 사용자가 입력한 정보로 인해 시스템은 입력된 만큼의 새로운 정보에 적응하기 위해 스스로를 개량한다. 더 명석한 에이전트가 데이터베이스의 더 나은 정보와 사용자들로부터의 더 나은 피드백을 얻는 것이다. 아래에서 위로 조직되는 방식을 통해 컴퓨터는 인간의 인식 범위하에서 다른 어떤 방법으로 형성될지 모르는 여러 관계를 알아차리게 되며, 피드백의 반복으로 그런 사실을 습득한다.

우리는 카오스 수학과 지미 핸드릭스를 통해서 피드백 시스템이 예측 불가능하다는 것을 안다. 만델브로트가 만든 엄청난 프래탈*의 형상은, 지미 핸드릭스의 첫 앨범에 실린 〈퍼플 헤이즈〉이 조화되지 않은 소용돌이처럼 반복되는 피드백의 수학적 산물이었다. 1992년과 1994년의 선거는 민주당과 공화당의 압도적인 승리로 혼란스러웠다. 당시의 상황을 현대 미디어의 범주에서 분석하여 생각해보면, 그 혼란은 피드백의 반복에 의한 산물의 하나였다는 것을 알 수 있다. "성난 유권자"는 그들 자신의 여론조사가 낳은 산물이다. 각 여론조사가 앞선 시행된 여론조사의 결과를 분석하고 과장할수록, 국민의 분노의 표현은 더욱 거세졌다. 미국 연방정부는 대중의 시각으로 신속하게 분석한 '여

233

론조사' 결과를 발표하고, 다음날의 여론조사에 그 결과를 전달한다. 이런 과정은 계속해서 이어진다. 끊임없이 이어지는 피드백의 결과는 그 강도가 극적이고 변덕스럽게 변화하면서 점점 더 혼란스럽게 된다. 안정되고 단순한 상투적 개념의 '공통점'은 반대되는 양극 사이를 격렬하게 왕복하는, 일종의 선거 만델브로트 집합이 된다.

만약 파이어플라이의 사회적 에이전트에게 대중 취향의 한 부분을 지배할 의도가 있다면, 우리는 더욱 극적이고 즉흥적이며 예측하기 어렵게 변화한 문화적 산물이 어떤 기본 리듬과 형태를 가지는지 예상할 수 있게 된다. 우리는 매스미디어의 안정적 시스템이 아니라, 폐쇄된 것으로부터 반복적인 문화적 피드백의 보다 무질서한 영역으로 이동할 것이다. 그 변화는 꼭 재미있는 것이어야 하며, 아마도 현재의 주입식 매스미디어 시스템보다 더욱 대중적이어야 할 것이다. 그러나 그런 일시적인 혼란은 필연적으로 많은 대가를 수반할 것이다.

우리는 오직 이 새로운 피드백을 이용하는 시스템이 낳는 결과를 추측할 수 있을 따름이다.[†] 그렇다면 분류에 대한 사례연구로서, 파이어플라이가 현재 사용하고 있는 행위 양태의 믿을 만한 확장에 대해 생각해보자. 마찬가지로 우리는 모든 서핑 중독자들과 최신 유행 추종자들에 의해 주문 제작된(바이어컴의 고위 경영자가 아닌 당신의 파이어플라이 에이전트가 프로그램한) MTV를 이용할지도 모른다. 우리는 여기서 장식적인 것에 관해서가 아니라(에어로스미스 스타일이나 자신이 만든 비디오의 스타라는 터무니없는 희망이 아닌), 오직 솔직하게 오늘날의 버튼식 전화기처럼 피드백 장치 역할을 하는 종류들에 대해 이야기할 것이다. 시스템은 오늘날의 파이어플라이만큼 많은 일을 할 것이다. MTV는 열 개나 열다섯 개의 비디오들을 무작위로 제공한다. 그러면 당신은 친숙한 1에서 7까지의 기준을 사용해 각각의 순위를 정한다. 한 차례의 무작위 선택 후에 MTV는 분위기에 적합한 음악을 찾기 위해 소장 음반들을 무턱대고 뒤적이며, 첫 만남에서 어색하게 구혼하는 사람처럼 당신이 좋아하리라 생각되는 비디오들을 내밀기 시작한다. 첫 번째 제의는 당신이 선택할 수도 무시할 수도 있다. 하지만 당신은 이런 피드백 기법을 통해 에이전트를 훈련시킬 수 있을 것이다. 당신의 개인용 MTV는 당신의 감성과 동조하며 성장하기 때문에, 수많은 다른 시청자들도 각각 개인 비디오 자키를 같은 방법으로 훈련시킨다. 축적된 아래에서 위로의 과정은 전체를 움직일 수 있는 엄청난 잠재적 경향을 발생시키며, 사용자 피드백은 어떤 경향이 가치 있는가를 에이전트가 판단하도록 돕는다. 이 과정이 몇 번 반복되면, 당신이 오래전부터 선호해왔던 음악 목록을 통해 당신은 새로운 비디오가 취향에 적합한지를 예상하기에 충분히 명석한 맞춤 MTV를 가지게 된다. 그것은 완전한 시스템이 아닐지도 모르지만 이미 실현되어 사용되는 현재의 모습보다 확실히 재미있는 것이 될 것이다.

에이전트를 이용하는 MTV는 웹 방식의 파이어플라이처럼 러니어의 반대적 개념의 에이전트로부터 비난을 받을 수 있다. 이것들은 주로 대부분 특징 예술가에 찬성하여 투표함을 채우도록 디지인된 자동 프로그램 형태를 띤다. 그러나 MTV와 파이어플라이는 '사용자'들이 어떠한 강요 없이 비디오를 평가했음을 증명하는 인증 시스템을 꼭 갖추어야 할 것이다. 특정 예술가들에 관한 자료를 왜곡하기 위해 입장한 컴퓨터 사용자 수천 명이 저급한 행동으로 시스템을 망쳐놓을 수도 있지만, 이런 행동은 시스템을 방해하는 하나의 방법에 불과하다. 결국 문제는 시스템의 경향 전체를 탈취하려는 시스템 외부 요인에서 발생하는 것은 아닐 것이다. 진짜 문제는 시스템 내부의 본질적인 일시성으로부터 올 것이며, 그 일시성은 반드시 대중의 경험에 의한 다양한 반응으로부터 유도되어야 한다. 미래파 학자가 경기용 자동차와 곡사포를 합성한 것 같은 인간과 기계의 합성에 대한 비난을 받아들였듯, 어떤 사람들은 우리 세계로 들어오는 에이전트를 환영할 것이다. 다른 사람들은 비록 에이전트들이 부족한 "상호작용성"을 지녔더라도, 낡은 방법을 무시한 것을 후회할 것이다. 그렇다면 이런 모든 소란은 어디에서 비롯된 것일까?

대중음악의 발전 과정에서 당시 취향이 어떻게 나아갔는지에 대해 생각해보자. 지난 삼사십 년 동안, 대중음악 세계는 두 생태계(위에서 아래로, 하나에서 다수로 이루어진 빌보드의 다중 매체 시스템/아래에서 위로, 다수에서 다수로 구성된 지역 예술가, 하위문화, 전위 예술 시스템)로 분리되어 있었다. 대중적 취향은 대대적인 마케팅, 상호 판촉, TV 출연에 의해 주로 형성되었다. 레코드사의 경영진이 어떤 밴드를 '진출' 시킬지를 결정하면, 정신을 마비시킬 만큼 반복되는 무자비한 캠페인이 행해진다. 결국 일반 대중은 항복하고 그 노래를 좋아하게 된다. 하위문화의 측면에서 예술가들은 마치 말이 입에서 입으로 전달되는 것처럼, 서로 다른 관객들 사이에 알려진다. 이런 혼합 방식에는 보다 많은 예술가들이 존재한다. (어떤 하나의 밴드도 하위문화 분야 전체를 지배하려고 하지 않는다.) 그렇지만 역시 약간의 대중적 지지는 존재한다. 그 원천들은 보다 고르게 분포되어 있지만, 널리 퍼지는 것은 오직 소수의 상품들뿐이다.

파이어플라이 모형은 대중문화와 하위문화 사이의 낡은 이원론적 대립을 제거한다. 일례로 예술가들에게 선전 광고와 방송용 연주를 강요하는 행정부서의 명령이 없다. 그리고 후반에 상업적으로 큰 성공을 한 밴드라 할지라도 한때 하위문화 영역에서 활동했다면, 다수에서 다수, 입에서 입으로 전해지는 평가에 영향을 받는다. 첫눈에 그것은 양쪽 모두에게 유리한 이상적인 시나리오이며, 대중적 취향이 일반 대중을 변혁하는 현상처럼 보인다. 그러나 자가 조직 능력은 손쉽게 변경될 수 없을 것이다. 그것은 통렬한 비난을 수반한다.

만약 인디 레코드회사로부터 거대기업으로 흐르는 연관관계나 대학 라디오방송의 보다 개방적인 방송 예정 음반 목록들을 참고하여 유지되는 MTV의 연관관계가 존재한다면, 그 결과 오늘날 대중음악 세계의 분리된 지배 방식은 실제로 그 이익을 얻는다. 두 시스템은 서로 보완한다. 거대 레코드사는 마케팅의 힘과 반복에 의한 완전한 영향력으로, 명성이 사라진 이후에도 십 년 동안은 성공적으로 음반 제작을 계속할 수 있는 '잘 알려진 이름'의 예술가를 창조한다. 그러나 주류 음악세계는 가장 기본적인 의미에서 보수적인 시스템이다. 그것은 현재의 상태를 증폭시킨다. 레코드사의 경영진은 덜 성공한 밴드보다는 성공한 밴드를 선호한다. 한편 하위문화는 혁신을 훨씬 잘 수용한다. 그들은 상업적 성공보다 입증된 음악적 독창성을 높이 평가한다. 인디 밴드들은 '새로운' 소리로 관객들을 매혹시킨다. 주류 밴드들은 관객들이 이미 자신에게 매혹되었다는 사실 자체로 관객들을 매혹시킨다. 그러나 하위문화는 언제나 지배적인 문화로 흘러들어간다. 그리고 그 하위문화는 주류를 생생하게 유지하는, 끊임없는 혁신의 물방울이다. 레코드사 경영진은 여전히 방송용 음반 목록을 통제하지만 그들은 최근 하위문화에서 발생한 일을 바탕으로 몇 달마다 새롭고 다양한 것들을 제시한다. 그 결과는 종종 비참하지만[†], 그것은 양쪽 세계에서 모두 최고라는 느낌을 받게 된다. 당신은 인디 레코드 회사의 혁신을 통해 주류문화의 안정을 얻는다.

대중음악 세계는 어떻게 변할 것이며, MTV는 어떻게 지적 에이전트에 의해 완전히 프로그램되었는가? 우선 주류와 공급자 사이의 앞뒤로 복잡하게 뒤얽힌 관계가 진정될 것이다. MTV는 현재 그 형태에서 대중음악의 두 분야 사이를 조정한다. 프로그램 제작자들이 손수 비디오들을 선택하지만, 제작자들은 거리의 최신 언어에 민감하도록 훈련받았다. 파이어플라이의 에이전트는 모든 것을 변화시킬 것이다. 피드백 시스템들은 수학자가 '유인요소'라 부르는 어떤 초점에 끌리는 경향이 있다. 그들은 '성난 유권자'의 예처럼 자기성취의 예언을 창조하면서 스스로를 고리로 묶으려는 성향이 있다. 여론조사는 유권자의 60%가 후보자 X가 타락했다고 생각하는 점을 간파한다. 그 다음날 대부분의 유권자는 여론조사 결과를 보면서 후보자를 떳떳하지 못한 정치적 거래와 관련시켜 생각하기 시작한다. 그들의 새로운 태도는 새로운 여론조사에 반영되며 계속해서 무한대로 진행된다. 그 후 몇 달이 지나 그 수는 실제 뉴스보다 이전의 여론조사에 의해 움직여져서 꾸준히 계속 상승한다. 시스템을 변하기 쉽게 만드는 것이 피드백 기법이다. 만약 여론조사원들이 여론조사 결과를 모르는 사람들과 접촉했었다면, 당신은 보다 안정되고 신뢰할 수 있는 여론을 얻을 수 있었을 것이다.

이런 현상은 파이어플라이에 관한 작업에서 내가 비틀즈와 바하 증후군이라 부르던 것에서 이미 볼 수 있었다. 세련된 음악 애호가들이 파이어플라이에 대해 불평하는 주된 내용의 하나는, 이 시스템이 잘못 추천할 위험을 줄이기 위해 추천 정보를 축소시키는 성향을 갖는다는 것이다. 에이전트가 한 시간 동안 사용자의 앨범 순위를 훑어보고, "나는 당신이 비틀즈의 〈서전트 페퍼스 론리 하트 클럽 밴드〉와 〈골드베르크 변주곡〉을 좋아하리라 생각한다"라고 추천하는 것은 매우 가치 없는 일이다. 그 평가는 충분히 정확할지도 모른다(우연히도 당신이 두 음반 모두를 좋아한다). 그러나 그 정보는 당신에게 가치가 없다. 단지 당신이 이미 음반을 갖고 있기 때문이 아니라, '모든 사람'들이 비틀즈와 바하를 좋아하기 때문이다. 이미 알고 있는 정보를 전하는 지적인 에이전트는 필요하지 않다. 당신이 에이전트에게 바라는 것은, 전혀 들어본 적은 없지만 당신의 취향에 완벽하게 들어맞는, 세상에 잘 알려지지 않은 음반을 찾아내는 것이다. 하지만 비틀즈와 비슷한 성향의 음반을 찾을 수 있는 많은 데이터가 있음에도 불구하고, 파이어플라이 에이전트는 그것을 시도하려 하지 않는다. 불운한 에이전트의 관점에서 생각해보자. 파이어플라이 에이전트는 거의 항상 비틀즈를 추천 음반으로 제공하며, 사용자는 호의를 가지고 응답한다.[†] 모든 에이전트가 하려는 일은, 경험에서 나온 추측을 만드는 것과 그 보답으로 높은 순위를 받는 것이다. 파이어플라이 에이전트는 잘 훈련된 개처럼 전설적인 네 개의 추천 음반이 사용자로부터 긍정적인 반응을 얻는 가장 신뢰할 수 있는 방법임을 곧 배운다. 그래서 에이전트는 확실한 추천 품목으로 비틀즈에 의존하기 시작한다.

이 특별한 문제를 해결하는 방법들은 있다. (파이어플라이 중 어떤 것은 최신 소프트웨어에서 이미 실행해왔다.) 애플의 브이-트윈 엔진이 'the'와 'and' 같은 낮은 정보를 가진 단어를 제외시켰던 것처럼, 파이어플라이 에이전트는 모든 사람들이 좋아하거나 싫어하는 음악가들을 제외하거나 적어도 그 중요도를 줄일 수 있다. 하지만 이 상황은 그것 자체로 효과적일 뿐이다. 개개의 예술가에 관한 폭넓은 아이디어와 친숙함을 포함한 종합적인 여론은 대중매체의 전형적인 예에 속하며, 이런 선전 활동은 대중의 생각 속에 특정 음악가들을 고정시켜왔다. 상의하달 방식 체계는 모든 사람들이 보다 적은 수의, 예측 가능한

[†] 물론 에이전트는 사용자가 "그래, 나는 비틀즈를 알고 있어. 그럼 내가 아직 모르는 것을 내게 말해줘."라고 불평하는 것을 알 수는 없다.

음악을 듣도록 명령하면서 오래전부터 사람들이 좋아하는 똑같은 음악들 속을 헤매는 경향이 있다. 그것이 우리가 일반적으로 초기 밴드들을 좋아하는 하나의 주요 원인이다. 비틀즈와 바하 증후군은 일종의 비연속적인 역사의 반복이다. 그것은 발전이 없는 계층적 관리체제에서 대규모로 형성되었던 취향을 평가하는 자기조직화 시스템이다. 그렇다면 만약 음악세계가 파이어플라이처럼 아래에서 위로 향하는 시스템에 의해 새로 형성된다면 어떨까? 그럴 경우 우리의 취향에는 어떤 일이 발생할까?

확실히 우리의 취향과 음악세계는 다양해질 것이다. 표준화된 문화의 일상적인 관습(모든 사람들이 팝송을 외우고 있다)이 일반적으로 널리 알려지는 일은 점점 줄어들고, 파이어플라이 소프트웨어가 보여주는 일치된 경향에 따라 보다 작은 분야로 세분될 것이다. 세분화된 각 집단은 현재보다 더 여러 분야와 '혼합'하여 새로운 형태를 만들어내며, 그들 스스로 강화하려고 할 것이다. 그 집단은 예측하기 어려워질 것이고, 설명하기는 더욱 어려울 것이다. 그러나 그들은 새로운 청취자들을 잡아당기는 강한 중력을 발휘할 것이다. 그 집단에서 개개의 예술가들은 현대 여론조사의 변하기 쉬운 리듬에 따라 격동과 진정을 반복할 것이다. 소수의 핵심 청취자(특정 음악 그룹의 모든 특성을 전반적으로 좋아하는 성향을 가진 청취자)를 매혹하는 새로운 밴드는, 오늘날의 최신 대중음악 상황보다 훨씬 빠르게 방송 목록의 정상에 도달할지도 모른다. 이처럼 자기 스스로 매력을 만드는 사람들은 아주 적은 통계학적 예외에도 불구하고 성공할 수 있는 잠재력을 가진다(여러 해 동안 싸구려 술집이나 공연 오프닝 무대에서 일하지 않고, 음반 회사의 스카우트 담당이 주목할 때까지 자신의 능력에 만족하고 있을 뿐이다). 좋은 청취자들을 우연히 발견한 밴드는 하루아침에 일류 밴드로 급상

승할 수 있으며, 같은 방식으로 갑자기 이름 없는 존재로 추락할 수 있다. 피드백 시스템은 그런 방식으로 작용하는 경향이 있다. 이 시스템에는 절대적인 이유가 없기 때문에, 여러 가지 극단으로 악화될 수 있다. 그들은 전통 또는 역사에 관해서는 귀 기울이지 않는다. 만약 음악 사업이 음반 선전을 위해 점점 사회적 에이전트에 의존하게 된다면, 감정의 동요는 스스로 강화되면서 점점 음악에서 우리가 무엇을 좋아하고 싫어하는지를 명백히 할 것이다.

이것은 지적 에이전트가 가진 주된 모순일지도 모른다. 비평가들이 우리에게 에이전트의 특권에 사로잡힌, 지루하고 활력 없는 미래를 예언하는 동안, 진정한 유산은 혼란으로 또는 예측할 수 없음으로 드러날 것이며, 우리의 오랜 음악적 욕구는 조각 조각 찢겨져 분해될 것이다. 물론 앞에서 언급한 사이보그 문학은 단순히 설명하기에는 불분명한 미래를 가진다. 〈블레이드 러너〉와 『프랑켄슈타인』의 인간과 기계의 합성물들은 복잡한 문제를 단순화하고 해결하며, 인간의 노동을 줄여주는 역할로 세계에 들어왔다. 그러나 결국 그들은 무질서한 기계들이었다. 미래의 진짜 사이보그가 소설에서보다는 안정된 존재이기를 바랄 뿐이다.

7. 우리가
생각하는 대로

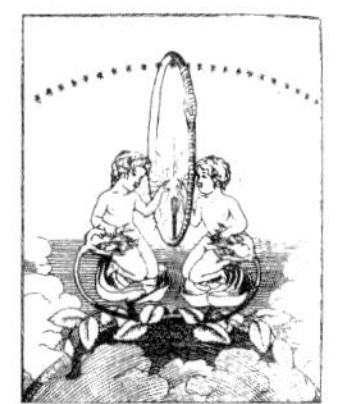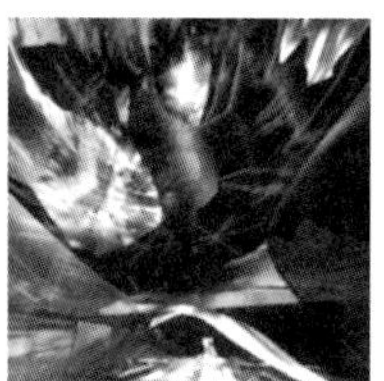

중요한 기술의 시대에는 언제나 그 시대의 지배적인 예술적 형태가 있다. 예를 들어 르네상스 시대의 수학적이며 광학적인 혁신은 원근법 회화의 기하학에서 가장 잘 나타나고 있으며, 산업혁명 시대의 사회적 함성은 삼부작 소설을 통해 나타났다. 디지털 시대는 그래픽 인터페이스를 통해 나타날 것이므로, 이제 우리는 이미 제작에 들어간 상상의 작업을 인지하고 앞으로 다가올 상상의 혁신에 대비해야 할 때를 맞고 있다. 정보 공간은 우리 시대 위대한 업적의 상징이고, 우리는 앞으로 수십 년 동안 그것을 받아들이며 시간을 보내게 될 것이다.

1980년대 후반에 있었던 '캐논 전쟁 canon wars' *을 지켜보았던 사람들이라면, 역사학계와 문학 연구 모임에서 최근 새로운 형태의 역사 연구 방법을 실험하고 있다는 사실을 알고 있을 것이다. 이는 지금까지 침묵해왔던 집단들의 시각으로 과거의 특수 연구, 대중의 역사, '고고학' 등을 연구하는 것이다. 새로운 등장인물들은 이제는 익숙해진 공장 노동자, 정신병자, 미국 원주민, 일하는 여성, 범죄자 그리고 동성애자들이다. 이런 '다른 사람' 의 출현은 진보적 사상가들의 지지를 받음과 동시에, 윌리엄 베네트와 디니쉬 수자 같은 보수적이며 과거의 원칙으로의 회귀를 주장했던 학자들의 비웃음을 샀다. 아마도 유행을 따르는 사람들이나 더 좋은 경쟁 제품에 의해 뒤처진 것이 되어버린 기계만이 아니라 모든 구식 기술은(물론 우수한 기술을 가졌음에도 불구하고 시장에서 전혀 인기를 얻지 못했던 기계들까지), 그 위에 수북이 쌓인 먼지 더미를 제기할 시기를 맞은 듯하나. 이제 우리 사회의 역사가 그동안 버림받고 억압받았던 것들을 지지한다면, 아마 우리 첨단기술 역사에서도 동일한 운명의 역전이 일어날지도 모른다.

과연 이런 역사는 어떤 모습을 하고 있을까? 대부분은, 평생 동안 수백 개의 특허상품을 만들었지만 그것으로 한푼도 벌지 못했던 괴짜들과 방랑자들이 지배하는 역사일 것이다. 19세기 자본주의 연구의 중심이 되었던 도시의 젊고 세련된 신사만큼은 아니지만, 관념적인 발명가와 기계에 열광하는 사람은 방랑자에 가까운 모습으로 그 순간을 보냈다. 우리 대부분은 마지막 부분에서 여주인공이 자살했다는 사실 때문에 『보바리 부인(1857)』을 삼류 소설로 기억하겠지만, 실제로 이 소설은 아마추어 발명가인 괴짜 약제사 오메가 명예훈장을 수여받는 것으로 끝난다. 이 소설의 결말을 플로베르의 암울한 모순, '근대적 어리석음'이라는 병리학적 강박관념의 상징이라고 볼 수 있을 것이다.[†] 그러나 또한 그 결말은 앞날에 대한 놀라운 예견으로 볼 수도 있다. 엠마 보바리가 현대 사회의 선정적인 기삿거리인, 교외에 사는 가정주부의 등장을 예견한 문학적 선조라고 한다면, 오메는 새로운 농기계를 만들면서 여가를 보내는 신사 또는 어두컴컴한 방안에서 야금술과 최면술을 실험하고 있는 20대의 천재 같은, 당시 시대를 대표하는 인물이라고 할 수 있다.

보수적인 시각에서 보면 오메는 19세기 후반 기업자본주의의 표준적 기호인 프랑스판 에디슨이나 무능력자 정도로만 보일 것이다. 심지어 이제는 에디슨조차도 쓸모없이 낡아빠진 기계의 또 다른 역사에서 핵심적인 역할을 하기도 한다. 그는 최초로 전기 통신망을 발명하고 최초의 축음기에 "메리는 어린 양이 있네"라는 노래를 불렀을지 모르지만, 한편으로는 멘로 파크와 웨스트 오렌지 사이에 위치했던 실험실에서 쓸모없는 것들을 끊임없이 만들어내기도 했다. 물론 이것은 당연한 일이다. 오믈렛 같은 중요한 발명들을 위해서는 몇 개의 계란을 깨뜨려보아야 한다. 그 깨진 달걀 껍질을 관찰하며 시간을 보내면서 모든 첨단기술 발전을 촉진하는 '창조적인 파괴', 포기, 실책들에 대해 더 많이 배울 수 있을 것이다.

비록 그 결과가 진지한 연구라기보다는 이상한 기계들의 쇼처럼 보인다고 해도 이러한 연구에 대해 완전히 학문적인 논평을 할 수도 있을 것이다. 중요한 기술적 진보로부터 앞을 내다보는 일이 얼마나 어려운지를 보여주고 기계적인 세부사항 너머로 광범위한 사회적 영향을 볼 수 있다면, 결국 이 흥미로운 역사 연구들은 괴짜와 쓸모없는 기계 장치들이 아니라, 논리적인 통찰력과 그 획기적인 발명에 집중되리라 생각한다. 축음기와 그 미래의 용도에 대한 에디슨의 설명을 기억하는가? 결과적으로 그 설명 가운데 얼마나 많은 부분이 축음기 기술의 사용에 적용되었는가? 아주 적은 부분만이 적용되었을 뿐인데, 이는 기술의 역사가 의도하지 않은 결과와 그 분야에 대한 제한적 시각으로 이루어져 있기 때문이다. 에디슨에게 있어 녹음기는 기능이 강화된 전화기라는 매체일 뿐이었다.[1] 사람들은 아마 그 장치에서 미리 녹음한 음악을 종종 듣기도 하겠지만, 에디슨은 말로 기록된 편지를 우편체계를 통해 서로 주고받는 데에(오늘날의 음성 메일에서 즉각적인 전달이라는 성격을 제외한 것과 비슷한 용도에) 이 기계가 주로 쓰일 것으로 생각했었다.

언제나 그렇듯이 "실제 사회는 물건을 위한 새로운 용도를 만들어 낸다." 여기서 놀라운 점은 실제 사회가 기술을 수용한다는 점이 아니라 그보다 앞서 우리가 물건의 적절한 용도를 쉽게 예상하지 못한다는 점이다. 이것은 마치 새로운 사실에서 받는 날카롭고 명쾌한 충격—모든 발명 신화의 유레카의 순간 같은—은, 막연한 생각에서 굉장한 사실을 드러내기도 하지만 발견한 양만큼의 정보를 가려버리기도 한다는 사실과도 같다. 목소리를 녹음하는 한 가지 방법을 우연히 알게 되었지만 그것이 무엇에 좋은지는 알지 못하는 것이다. 데스크탑 PC의 등장을 예견하긴 했지만, 그것이 하는 일로는 기껏해야 요리법을 정리하는 정도밖에 상상하지 못하는 것이다. 이것은 첨단기술 체계의 변화의 정점에서 나타나는 어려운 문제로서, 운 좋게 어떤 기술적 개혁을 이루었지만 그 발견 너머에 있는 것을 보기 어렵다는 말로 설명될 수 있을 것이다. 앞을 보지 못함과 통찰력 있음. 당신은 다른 하나를 소유하기 전에는 나머지 하나를 가질 수 없다.

PC의 가장 오래된 선조로 평가되는 부시의 메멕스 장치만큼 이런 측면을 확실하게 보여주는 것은 없다. 4장에서 보았듯이, 메멕스가 가진 관계의 힘에 대한 부시의 견해는 월드와이드웹의 하이퍼링크는 물론 근대적 PC의 저장과 검색 능력의 많은 부분까지 내다본 것이었다. 하지만 이것은 「우리가 생각하는 대로」에 대한 선택적인 숨은 부분을 드러내는 해석으로, 부시의 시각에서 미래를 옳게 생각했던 부분만 강조하고 통찰력이 떨어지는 많은 부분은 무시하고 있다. 메멕스는 책상 앞에 앉아 문서를 저장하고 글을 쓰고 자료를 체계화하고 계산을 가능하게 하는 정보 처리 기계라고 할 수 있다. 이같은 설명은 1997년경의 일상적인 PC에 대한 묘사처럼 들린다. 그러나 지금 우리에게 실용화되지는 않았기 때문에 그리 중요하게 느껴지지 않지만, 천공기를 사용하여 불필요한 구성 요소들을 떼어내는 장치라는 다른 개념으로 메멕스를 묘사할 수도 있다. 다음과 같은 발상을 살펴보자.

1. 사용자가 문서를 읽음에 따라 사용자의 이마나 안경에 장착된 카메라는 문서를 촬영함으로써 정보를 얻는다.
2. 촬영된 문서는 '건식 사진'으로 전환되어 작은 마이크로필름 형식의 이미지로 메멕스 본체에 저장된다.
3. 메멕스의 저장 방식은 롤 필름이 왼쪽에서 오른쪽으로 직선 이동하는 형식을 취하는데, 롤 필름의 각 프레임에는 수천 개의 축소된 문서들이 수록돼 있다.

4. 사용자는 메멕스의 데스크탑에서 멀리 떨어져 있는 경우에도 일상 언어를 사용하여 텍스트를 입력할 수 있는데, 여기에는 전파를 이용한 무선통신을 통해서 텍스트가 전송된다.

이러한 발상은 계속될 수도 있었을 것이다.[†] 각각의 문장에서 묘사하고 있는 기계는 현대 데스크탑 PC와는 완전히 다른 종류의 것으로 보이며, 도리어 사진복사기의 기능을 가진 향상된 마이크로필름 장치와 비슷한 기계라고 할 수 있다. 어떤 사람들은 이런 말에 대해 사소한 부분을 놓고 트집을 잡는다고 할지 모른다. 만약 그렇다면, 부시가 마이크로프로세서 또는 비디오 모니터를 예견하지 못했다면 어떠했을까? 물론 그가 데스크탑 정보 프로세서라는 기초적인 예견을 했다는 것만으로도 충분하다. 당시 어느 누구도 그런 놀랍고 비약적인 생각을 하지 못했기 때문이다. 그가 건식 사진에 현혹되어 주의가 산만해졌다 한들 그것이 과연 무슨 상관이란 말인가?

메멕스 건식 사진기가 장치 자체에 근본적인 영향을 주지 않았다면, 이런 이의 제기는 설득력이 있었을 것이다. 사진과 관련된 매체는 고정된 불변의 것으로서, 일단 한 페이지를 스냅사진으로 찍으면 그것은 그 형태로 영원히 동결된다. 부시의 장치에서도, 사용자가 직접 입력한 메모라도 일단 마이크로필름에 포착되면 계속 그 상태로 결정되어 남아 있다. 그 메모는 "단서"라고 하는 부시의 훌륭한 방식을 통해 다른 문서들과 링크되어 '상호작용' 할 수 있지만, 실제로 그 메모의 단어를 수정하고, 단락을 더하고, 전체 과정을 지우는 것 같은 "편집"을 할 수는 없었다. 부시가 고안한 강력한 관계 도구를 이용하여 문서를 구성할 수는 있었지만, 그 내용을 수정할 수는 없었던 것이다. 문서의 내용을 바꾸는 능력은 (다른 어법을 실험해보고, 순서를 바꾸고, 문장을 자르고 붙이는) 디지털 컴퓨터의 두드러진 특징이라고 할 수 있으며, 컴퓨터를 그 이전의 기계들과 구분하는 것이기도 하다. 문서의 초안을 입력할 수는 있지만 그 이후의 어떤 변화도 허락하지 않는 워드프로세서나 스프레드시트 프로그램을 상상해보자. 물론 그것은 놀랄 만한 제품이기는 하지만, 온도 조절 기능이 없는 오븐이나 한 개의 방송국에 주파수가 영원히 고정된 라디오처럼 디지털 매체에 대한 근본적인 오해를 보여주는 부분이다. 직접 조작의 힘은 현대 컴퓨터에서 필수적이며 핵심적인 능력이다. 그렇지만 바네바 부시는 이 모든 것을 예상하지 못했다.

이런 관점은 부시의 예언적 논문을 비난하고자 하는 것이 아니라, 우리의 역사적인 순간에 대해 그리고 인터페이스 디자인이라는 낯설고 새로운 재료에 대해 보다 폭넓은 논의를 소개하고자 하는 것이다. 물론 부시는 그의 글에서 이전의 누구보다도 20세기 후반의 기술을 잘 묘사했는데, 이런 점에서 디지털 컴퓨터 연대기에서 자랑스러운 자리를 차지할 만하다.[†] 하지만 놀라운 통찰력에도 불구하고, 부시는 PC를 규정하는 특징인 디지털 정보의 적응력을 보지는 못했다. 이런 사실은 첨단 기술세계를 이해하고자 하는 사람에게 시사하는 바가 크며, 그것은 이 책의 중심 주제와 맞닿아 있기도 하다. 새로운 기술이 탄생하는 시점에는 모든 종류의 왜곡과 오해가 나타나기 마련인데, 그 오해들은 기계가 실제로 어떻게 작동하는가에 대한 것만이 아니라 보다 민감한 문제들—그 새로운 기술이 어떤 경험의 영역에 속하는 것인가, 그것의 가치는 어느 정도인가, 그로부터 파생하는 간접 효과는 어떤 것인가—에 관한 것이기도 하다.

이십 년 전만 해도 그래픽 인터페이스는 컴퓨터 초보자를 위한 가

† 제 4장에서 논의했던 바와 같이, 오늘날의 인터페이스 디자이너들은 메멕스 구조의 특정 요소에 좀더, 충실해야 할 것이다.

상의 훈련 기구로, 마치 장난감처럼 여겨졌다. 이제 그래픽 인터페이스는 진지한 컴퓨터 작업에 꼭 필요한 것으로, 기능적이고 사용하기 쉬우며 전문가와 초보자 모두를 위한 기본 도구로 받아들여진다. 하지만 그 효율적 개념을 넘어 그래픽 인터페이스를 소설이나 성당 또는 영화처럼 복잡하고 생동감 있는 매체로 보기 위해서는, 여전히 더 수행되어야 할 것이 많다. 기술이상주의자와 기계화에 반대하는 사람들 사이에 벌어진 최근의 논쟁은 문제를 해결하는 데 별 도움이 되지 못했다. 한쪽은 인터넷을 "불의 발견 이후 가장 위대한 발명품"이라 말하는 반면, 다른 한쪽은 느리지만 보다 내적인 인쇄매체적 의식이 인터넷으로 인해 죽음을 맞이했다고 말한다. 우리 시각을 가로막는 격정에 찬 선언들 없이 새로운 기술이 가져올 문화적 충격을 예견하기란 매우 어렵다. 실제로 이것은 「우리가 생각하는 대로」에서 얻은 가장 중요한 교훈이다. 이것이 의미하는 바는 이미 죽은 예언이나 잘못된 선례라기보다는 오히려 사색적이며 설명적인, 과거를 무시하거나 미래를 포기하는 의도가 없는 순수한 논문 자체의 어조인 것이다. 바네바 부시는 근대적 PC의 몇 가지 중요한 요소를 무시했을지 모르나, 그의 글이 보여주는 전반적인 감성은 앞으로 나타날 기술 비평의 모범이 될 것이다.

그렇다면 우리 시대의 맹점은 무엇일까? 이미 그 내답 몇 사시(텍스트에 대한 이미지의 과도한 지배, 데스크탑 메타포의 한계, 그리고 지적인 에이전트의 잠재적인 혼란)를 앞에서 살펴보았다. 그러나 첨단 기술을 상상하는 일에는 보다 근본적인(근본적이기 때문에 더 인식하기 어려운) 맹점이 있는데, 그것은 인터페이스가 갖고 있다고 여겨지는 일반적인 경험 영역과 관련된 것이다. 최근까지만 해도 인터페이스 디자인의 중심 시장은 기껏해야 괴짜들과 컴퓨터가 취미인 사람들에게만 해당되었다. 맥과 윈도우의 등장으로 데스크탑과 아이콘이 대중에게 알려졌고, 웹의 인기는 브라우저와 하이퍼텍스트에 하위문화의 매력을 덧붙였다. 이 모든 발전은 인터페이스 관객이 확대되었다는 사실을 암시하고 있지만, 그럼에도 인터페이스라는 매체 자체는 여전히 기능성과 편리함을 증대하는 것이 고작인 수준에 머물고 있다. 우리는 놀라운 디지털 미래를 약속하는 수많은 광고들을 보고 있지만, 광고들이 전하는 내용은 공연 티켓을 예매하고, 먼 거리에서 X-레이 결과를 받아 보고, 이메일을 통해 친척들에게 사진을 보내는 정도의 너무나 평범한 것들이다. 이런 현상은 미래에 대한 편협한 시각과 무모한 지지가 이상하게 혼합된 것이다. 우리는 매일 수십 번씩 디지털 혁명이 모든 것을 바꿔놓을 것이라는 말을 듣지만, 이 새로운 체제하에서 무엇이 구체적으로 변할 것인가를 놓고 생각할 때 떠올리는 것은 기껏해야 해변에서 팩스를 보내는 정도의 진부한 공상이 전부다.

디지털 혁명이 가져오는 가장 근본적인 변화는 단지 감각적이거나 새로운 프로그램 작성 기법 같은 것이 아니다. 그것은 3D 웹 브라우저나 음성 인식 또는 인공지능의 형태로 나타나진 않을 것이다. 근본적인 변화는 인터페이스 자체에 대한 우리의 '포괄적인' 기대에 있을 것이다. 우리는 인터페이스 디자인을 예술의 한 종류—아마도 다음 세기의 예술 형태—로 생각하게 되고, 그런 광범위한 변화로 인해 수백 개의 필연적인 영향이 나타날 것이다. 그 영향들은 우리 일상생활에 광범위하게 침투하여 이야기 전달 방식, 물리적 공간 인식, 음악에 대한 기호, 도시 디자인을 바꿔놓을 것이다. 이런 변화들은 너무 미묘하고 점진적인 것이어서 대부분의 사람들이 인식하지 못할 것이다. 설사 그 변화를 인식한다고 해도 그 변화들과 인터페이스의 관계를 깨닫지 못할 것이다. 왜냐하면 식료품 가게의 진열장처럼 다양한 요소들이 서로 다른 분야에 속한 것으로 나타날 것이기 때문이다. 그러나 기술문화의 역사는 새로운 기계로부터 생겨난 예상치 못한 부수적 영향들이 기계를 둘러싼 사회를 점차적으로 변화시키는 혼합의 역사다.

이런 과정과 가장 많은 유사점을 가진 역사적인 예가 바로 회화에서의 원근법 발명이다. 15세기 초 브루넬레스키와 알베르티는 2차원 평면에 깊이 있는 환영을 만드는 한 가지 방법을 고안했다. 그들의 기법—소실점, 화면과 같은—은 그저 또 다른 눈속임 회화*나 호기심 어린 작품으로 볼 수도 있었다. 분명히 이것은 중세미술의 혼란한 시각적 공간에 대한 진보였지만, 또한 예술가들이 키아로스쿠로*, 카메라 옵스큐라*, 점묘법* 등의 다른 새로운 기술로 그들의 작품을 발전시켜왔던 것과 같은 종류로 볼 수도 있었다. 그렇지만 원근법은 작품에 대한 한 화가의 사소한 기술적 발전 이상으로 대단한 것이었다. 알베르티와 레오나르도 다 빈치의 수학 연구는 유럽 회화의 공간적 언어를 변화시켰을 뿐 아니라, 회화를 보다 높은 인식 단계로 끌어올려 화가 자신의 사회적 역할까지 변화시켰다. 즉, 회화를 대중적인 오락보다는 과학이나 철학에 가까운 것으로 향상시켰고, 이렇게 함으로써 예술가에 대한 전반적인 개념을 지성적인 것으로 바꾸게 한 것이다. 더 중요한 것은 14, 15세기를 지나면서 원근법이 시각적 영역을 신 중심의 시점에서 인간 중심의 시점으로 변화시켰다는 사실이다. 이는 당시 학자, 예술가, 과학자들이 물질과 인간 신체의 생생한 사실감을 바탕으로 작품을 만들면서 가능해진 것이다. 원근법은 기술적 혁신으로 시작되었지만, 결과적으로 우리가 르네상스라 부르는 것을 만들게 해주었다.

정보 공간의 발견은 알베르티의 놀라운 발명에 따른 변화만큼이나 광범위하고 다양한 사회적 변화를 발생시킬 수 있다. 그리고 바로 이 점이 왜 우리가 매체의 풍부함과 복잡성, 표현 범위 그리고 그 문화적

* 2차원의 화면에 3차원적 공간의 환상이 느껴지는 그림

* 그림에서 물체에 입체감을 주기 위해 빛과 어둠의 효과를 이용하는 것

* 3차원적 공간을 평면상에 재현하기 위해 르네상스 시기에 고안된 원근법의 하나로, 오늘날의 카메라의 암실 원리와 비슷하다.

* 자연의 빛을 화면에 정착시킬 수 있는 방법으로 고안된 인상주의의 기법. 선명한 원색을 섞지 않고 그대로 사용한다.

의미를 인정해야 하는가에 대한 중요한 이유다. 중요한 기술의 시대에는 언제나 그 시대의 지배적인 예술적 형태가 있다. 예를 들어 르네상스 시대의 수학적이며 광학적인 혁신은 원근법 회화의 기하학에서 가장 잘 나타나고 있으며, 산업혁명 시대의 사회적 함성은 삼부작 소설을 통해 나타났다. 디지털 시대는 그래픽 인터페이스를 통해 나타날 것이므로, 이제 우리는 이미 제작에 들어간 상상의 작업을 인지하고 앞으로 다가올 상상의 혁신에 대비해야 할 때를 맞고 있다. 정보 공간은 우리 시대 위대한 업적의 상징이고, 앞으로 수십 년 동안 그것을 받아들이며 시간을 보내게 될 것이다.

이 책은 인터페이스 분야에 관한 준비 단계의 개론일 뿐이며, 새로운 정보 표현 방법을 어렵게 모색하는 형성기 새 매체의 일부일 뿐이다. 우리는 앞으로 몇 년 동안의 인터페이스가 어떻게 성장할지를 예상할 수 있다. 지금부터 십 년쯤 후에는 데스크탑 메타포가 오늘날 명령어 체계 인터페이스가 주는 느낌처럼 낡고 당혹스러운 느낌을 줄 수도 있다. 반면 어떤 인터페이스 요소들은 시간이 흘러도 계속 남을지 모른다. 예를 들어 윈도우는 분명 영속성을 갖고 있는 것처럼 보인다. 이것은 17, 18세기의 예술적 경향으로 몇 세대를 통해 살아남았던 바로크 양식과 별로 다르지 않다. 물론 이 책의 시각 중 하나는 무엇이 변하고, 무엇이 변하지 않을지를 언제나 우리가 예상할 수 있는 것은 아니라는 점이며, 바로 이 이유에서 기술의 힘은 더욱 강해진다. 하지만 분명한 것은, 이 기술의 영향은 컴퓨터 인터페이스의 전통적인 범위 너머로 확장될 것이고, 이는 마치 르네상스 시대의 원근법이 플로렌스나 로마의 프레스코 양식과 바실리카 양식 이상으로 변했던 것과 비슷하다는 사

실이다. 나는 그런 예상불능의 파생효과와 변화를 앞에서 그려보고자
했다. 독자는 그 시도가 그럴듯해 보이는지 아닌지를 판단할 수 있을
것이다. 물론 우리에게 최종적인 답변을 주는 것은 그 마지막 평가다.

　　형태가 발전하면서 세부적인 내용은 변할 수도 있지만, 인터페이
스 매체에서 몇 가지 광범위한 주제와 상황(다음 시대 정보 공간에 대
한 지적이거나 저속한 경험을 지배하게 될 주제들)을 정하는 것은 가능
하다고 생각한다. 이미 몇몇 독자들은 앞 부분의 글을 읽고 다른 주제
들을 인식할 수 있었을 것이다. 이 책에서는 글의 의미를 분명히 하기
위해 해당 분야를 어느 정도 지배하고 있는 주요 증거들만을 다루려고
했다. 물론 다른 미디어에서 그런 주제에 관한 반박은 흔한 것이고 그
런 문제들은 논쟁의 중심이 되어 하나의 예술적 흐름으로 오래도록 남
는다. 예를 들어 소설은 엘리엇과 헨리 제임스가 후기 빅토리아 시대의
정신적 삶을 모든 측면에서 탐험하기 시작한 이후 심리학적 깊이라는
악령과 계속 싸워왔다. 언젠가 D.H. 로렌스는 가장 중요한 사건들이 등
장인물의 머리 속에서 일어나고 있는 소설을 쓴 최초의 작가는 조지 엘
리엇이라고 말한 적이 있다. 물론 내성적 성격과 사회적 모습 사이의
투쟁은 모더니즘의 핵심이며, 이것은 공허하고 상업성에 물든 무수한
K마트 리얼리스트*, 다른 포스트모더니즘 작가들에게까지도 확산됐다.
적어도 소설 집필 시대는 그런 분할에 대해 불안해했으며, 현대 소설에
서의 내면과 외부 사이의 긴장관계는, 대부분의 미국 고등학생들도 문
학적 주제로 언급조차 않고 당연시하게 되었다. 그러나 그 주제 자체는
여전히 우리가 소설을 하나의 형태로 이해하는 방법에 엄청난 영향을
미치고 있다.

　　현존하는 인터페이스 매체의 문제—그리고 이것은 우리가 인터페

* 저가의 상품을 대량 판매하
어 소비를 유발하는 K-mart
방식처럼 다량의 글로 상업적
성공을 추구하는 작가들

이스를 매체로 진지하게 받아들이는 데 어려움을 겪는 하나의 이유기도 하다—는 그것을 평할 만한 언어가 없다는 점이다. 우리의 평가 기준은 이 인터페이스가 사용하기 편리한가 그렇지 않은가, 라는 낮은 수준의 질문으로 귀결된다. 거기에는 언제나 사이버 게으름뱅이들의 '그것이 멋진가?' 라는 의외의 반응이 있기 마련이지만, 이 부분이 일반적으로 비평이 멈추는 지점이기도 하다. 앞 장에서 말했던 것처럼 인터페이스의 부족한 점은 상상의 깊이나 복잡함이 아니라, 단지 기본 용어말고는 우리에게 인터페이스를 다룰 비평적 용어가 우리에게 없다는 데에 있다. 다음에 이어지는 논의는 적어도 앞으로 십 년 동안 인터페이스 매체를 쥐고 흔들게 될 몇 가지 주요 반대 관점을 그려보고자 하는 시도다. 그 주제들이 앞으로 등장할 수많은 인터페이스 예술가의 세세한 작업에 의해서 채워질 원형이라고 생각해보자. 그들의 노동과 통찰력은 인터페이스 매체의 새로운 진보를 파악하고, 그 완전한 전성기를 보기 위해서 꼭 필요하다. 엘리엇이『플로스 강변의 물방앗간(1860)』에서 썼듯이, "현재의 완전한 인식은 새로운 경험에 의해 서서히 전달된다. 그 경험은 오래된 경험에 의한 감명보다는 약할 수밖에 없는, 미미한 단어들로 묘사될 수 있는 것이 아니다."[2]

공간적 깊이 대 심리적 깊이

1994년 봄, 브로더번드 소프트웨어는 로빈 밀러와 랜드 밀러의 고전적인 인터랙티브 어드벤처 게임 〈미스트〉를 출시했다. 이 게임은 우아하면서도 모호할 정도로 보르헤스적인 특사를 지식인 문화에 보내는 듯한 게임 세계를 보여주었다. 금세 최초의 "성인을 위한 비디오 게임" 그리고 "CD-ROM의 율리시즈"라고 불리게 된 〈미스트〉는 주로 예술

1994년 Red Orb Entertainment에서 개발한 1인칭 시점의 어드벤처 게임 〈미스트〉

영화나 문학 전기물을 대상으로 했던 일종의 사색적이고 진지한 분석을 불러일으켰다. 밀러 형제는 비정상적인 숭배자, 디지털 시대의 개성파 영화감독인 데이비드 린치와 톨킨을 합한 인물처럼 보였다. 그러나 그런 과대포장은 곧 반대에 부딪혔고, 그 해 11월 퓰리처상을 받은 바 있는 평론가 마이클 더다는 『워싱턴 포스트』에 게임의 과장된 예술적 명성에 대한 긴 글을 실었다. 더다는 오락으로서 〈미스트〉가 화려한 배경과 그 풍부함에 비하여 별로 빠르지 않은 평범한 게임 진행의 혼합물이라고 주장했다. 한편 예술작품으로서 〈미스트〉는 전혀 가치 없는 것이라고도 평가했는데, 더다는 "캐릭터는 그저 하찮기만 하고" "언어는 거의 존재하지도 않으며, 줄거리도 진부하다"고 했다. 달리 말하면 게이머들은 〈미스트〉에서 멋진 그래픽이 잘 적용된 화려한 섬을 바라겠지만, 파격적인 디지털 예술 형태를 갈망하는 예술애호가들이라면 〈미스트〉의 제한된 성격을 생각해서 그 CD를 구입하지 말아야 할 것이다. 더다는 만약 정신적 심오함과 문학적 복잡성을 추구하는 사람이라면, 제임스와 윌리엄 포크너의 작품이 주는 아날로그식 즐거움을 찾는 편이 더 나을 것이라고 제안하였다.

물론 더다의 말에는 중요한 요점이 있다. 〈미스트〉의 캐릭터들은 그들이 등장하는 디지털 영화 클립만큼이나 어설프고 낮은 해상도를 보였고, 드문드문 등장하는 글들은 겨우 수준을 유지하며, CD-ROM에 나타나는 모든 행동의 대사들은 순진한 척하는 이상한 영어 억양으로 엉망이었다. 만약 이것인 0와 1로 만들어진 『율리시즈』라고 가정한다면, 조이스 소설의 인식론적 깊이와 레오폴드 블룸이나 스티븐 디달루스의 횡설수설하면서 멍한 생각의 중심에 존재하는 지성은 어디에 있단 말인가? 흥미롭게도 더다의 비평에서는, 전통적인 소설의 깊이 있는 의식에 대한 버커츠의 찬미와 일맥상통하는 점을 발견할 수 있다.

문화가 빠르게 전자화됨에 따라 우리는 고립된 개인들의 사회인 과거의 우리와 점점 더 멀어지고 있다. 우리는 서둘러 온라인 세계로 들어가고 이에 대한 자연적인 귀결로 개성이라는 생각은 공격당할 수밖에 없다. (…) 적어도 부분적으로라도 일종의 조직 의식 안에서 우리 모두가 살게 될 시대에는 (…) 단단한 주관적인 의식으로 들어가기 위한 주문은 점점 더 드물어질 것이고 심지어 모두 사라질지도 모른다.[3)]

더다의 비평을 보면서, 버커츠가 묘사한 경험의 적용이 과연 빈약하고 미발달한 〈미스트〉의 캐릭터들과 상징적으로 대등하다고 보는 일이 옳은가, 라는 의문이 생길 것이다. 결국 우리는 그 가치를 인정할 만한 해답을 얻는다. 만일 글로벌 네트워킹이라는 집단의식이 '자기중심적 관념'을 버리도록 했다면, 밀러 형제가 만들어낸 창조물의 공허한 정신적 삶에 우리가 만족한다는 사실이 놀라울 것도 없다. 영구적으로 연결되어 있는 부정적인 힘들이 자아에 대한 우리의 인식을 깎아내고 있기 때문에 우리는 예술의 한계를 인식하지 못하고 있다.

이것은 흥미로운 이야기인 것 같지만 사실은 그릇된 전제에 기초하고 있다. 대부분의 현대 인터페이스 디자인과 마친가지로 〈미스트〉는 주로 공간적 경험에 기초한다. 만일 〈미스트〉에 뭔가에 몰입되는 듯한 느낌이 있다면, 그것은 장소로의 몰입, 미지의 땅을 탐험하는 이상한 최면 상태의 느낌, 방향을 잃었다가 다시 찾는 느낌으로의 몰입일 것이다. 〈미스트〉가 주는 미학적 즐거움은 우연과 혼란이 두드러지는 건축 계획의 즉흥적 환경—파리 외곽 빌레트 공원의 설치미술이나 맨해튼의 허드슨 강변 공원에 흩어져 있는 전자 조각 같은 환경—에 가까운 것이다(물론 좀 유치한 예로 디즈니 월드에 빽빽하게 배치된 놀이기

구도 있다). 만일 〈미스트〉의 허구 세계에 실제 같은 캐릭터들이 없다
면, 이는 그 세계 자체가 그 안에 거주하는 캐릭터보다 더 중요하기 때
문일 것이다. 〈미스트〉의 캐릭터가 수준이 낮다고 비난하는 것은 사무
실 건물에 감정적인 정교함이 부족하다고 트집 잡는 것과 같다. 우리는
건축가들이 건물에서 인간 의식을 제대로 재현할 것을 기대하지 않으
면서, 왜 인터페이스 디자이너들에게는 그 이상을 기대하는가?

　　이러한 차이는 세가의 〈고슴도치 소닉〉 같은 최근의 인기 있는 비
디오 게임 형태에서 분명하게 볼 수 있다. 이 게임들의 시각적 도상과
이야기 구조는 말 그대로 만화이며, 10년에 걸친 변화를 통해 이뤄진
것이다. 1990년대 초 처음 출시되었을 당시 "지구상에서 가장 빠른 게
임"이라고 선전되던 〈고슴도치 소닉〉은, 복잡한 수수께끼나 손가락을
긴장시키는 능숙한 손놀림 묘기에 시간을 낭비할 필요가 거의 없었다.
빠르게 움직이면서 번쩍이는 배경을 빠른 속도로 지나가고, 그러는 동
안 튀고, 떨어지고, 총을 쏘게 되어 있었다. 〈고슴도치 소닉〉의 불행한
중독자들은 이 모든 행동을 하기 위해 화면 위 캐릭터의 동작을 조종할
방법이 극히 적었다. 실제로 "점프"와 "빨리 가기"라는 두 개의 옵션만
있었고, 그 두 개의 수많은 조합으로 화면 위에 흥미로운 새 행동이 일
어났다. 하지만 제어 방법이 충분치 못하다는 것이 장애물로 여겨지지
는 않았다. 전체적인 게임의 핵심(게임의 엄청난 성공을 가져온 요소)
은 움직임과 '빠른' 행동이 주는 순수한 즐거움이었기 때문이다. 당신
은 〈고슴도치 소닉〉을 올라타는 기구처럼 생각하면서 갖고 놀지는 않
는다. 〈고슴도치 소닉〉의 유전 정보는 보드 게임보다는 롤러코스터에
더 가까웠다. 물론 그 게임 안에는 앞으로 더 나아가는 단계가 있었고,
때때로 함정이나 비밀통로가 있기도 했지만, 그것들은 대체로 의자에
앉아 노는 과거 게임의 관례적 성격에서 물려받은 퇴화한 요소였다. 결

아케이드 게임 〈소닉〉 시리즈
(위) Sonic the Hedgehog(1991), 소닉의 첫 출시작.
(가운데) Sonic the Hedgehog3 & Knuckles(1994), 소닉 시리즈의 최대작
(아래) Sonic the Hedgehog 3D(1996), 3D 형식의 버전

국 게임은 디지털 공간에서의 돌격과 격렬한 움직임에 관한 모든 것이 었는데, 이제 게임을 위한 퍼즐이나 줄거리는 필요하지 않았던 것이다. 게임은 이야기 때문이 아니라 환경적인 이유에서 관객들을 사로잡았다. 이후에 나온 블록버스터 게임들—닌텐도의 과장된 3D 게임 〈마리오 64〉 같은—은 그저 〈고슴도치 소닉〉의 주제를 변형하여 조작성을 좀더 발전시켜 추가한 것일 뿐이다. 공간이 문제였던 것이다. 그 외의 모든 것은 중요하지 않았다.

물론 기계 혐오주의자들에게 이것은 그 매체에 대한 만족할 만한 변명이 되지는 못할 것이다. 정신적 심오함이라는 아이디어를 이미 포기했다고는 해도, 〈고슴도치 소닉〉 및 그와 유사한 게임이 보여주는 무의미한 가속도에는 뭔가 도가 지나친 것이 있다. 속도에만 한정된 예술 형태는 롤러코스터와 각성제 정도의 미학적 단계에 머무를 수밖에 없다. 오늘날 수많은 기술 해설서들이 말하는 것처럼 그런 평가는 절반 정도만 옳다고 할 수 있다. 우리가 만약 계속 〈고슴도치 소닉〉을 모방만 한다면 미래에 대한 전망은 없을 것이다. 세가와 닌텐도의 정보 공간은 이 분야의 앞선 지표일 뿐이며, 미래에 대한 전망은 오늘날의 보다 평범한 방법을 통해 드러나게 될 것이다. 1902년 〈달세계 여행〉*에 탄성을 질렀던 관객들은 그 작품에 뭔가 잠재된 것이 있다는 점을 느낄 수는 있었지만, 작품 속의 신경질적이고 깜빡이는 이미지들이 결국 〈시민 케인〉과 〈현기증〉 (또는 〈주라기 공원〉) 같은 작품으로 발전될 것이라고 예상할 수는 없었다. 소닉과 마리오는 앞으로 이루게 될 엄청난 아류작들의 바탕이 되는 게임으로, 단지 먼저 등장한 초기 단계의 제품일 뿐이다. 소닉과 마리오의 후손들이 어떤 모습으로 나타날지 예견할 수는 없지만, 그 모습에 상관없이 탐험적이고 공간적인 그 매체의 특성이 (정보-공간의 '촉각에 관한') 전통 방식에 매우 중요한 영향을 줄

* <Trip to the Moon(1902)>: 프랑스의 초창기 영화 실험가로 공상세계의 이야기를 처음으로 영화화했던 조르주 멜리에스 Georges Méliès(1861~1938)가 1902년 발표한 특수효과로 가득한 영화

것이라는 점은 확신할 수 있다.

사회 대 개인

모든 위대한 상징적인 형태는, 개별적인 존재와 그 존재를 규정하는 큰 범위의 공동체 사이의 갈등을 드러내고 있다. 그 갈등은 작품 표면에 직접 드러나기도 하고 잠재된 채 묻혀 있기도 하다. 대부분의 건축물은 보다 거대한 사람들의 집단 취향에 자연스럽게 이끌린다. 이는 추상미술이 개인적이며 주관적인 명상에 중심을 두고 있는 점과 비교될 수 있다. 물론 예외도 있긴 하다.[†] 그렇지만 좀더 흥미로운 점은, 하나가 다른 것들과 분명하게 구별되도록 그 형식이 고정되어 있지 않는 경우에서 쉽게 볼 수 있는 사례들이다. 예를 들어 영화에는 정신적인 심오함과 사회적 외향성이 공존하는 전통이 있다. 베르히만의 〈페르소나(1966)〉가 보여주는 냉랭한 정신적 풍경과 올트먼의 〈내쉬빌(1976)〉이나 〈숏 컷(1993)〉에서 뒤틀린 인물 상호 간의 이야기가 함께 존재하고 있는 것을 보면 알 수 있다. 대부분의 훌륭한 영화들은 두 가지를 잘 조화시킨 것들이다. 찰스 포스터 케인의 출판 제국의 엄청난 사회적 성공이 로스버느의 잃어버린 어린 시절과 비교되고, 〈클루트(1971)〉에서의 어마어마한 국제적 음모가 제인 폰다가 심리치료사의 소파에서 자기 문제를 말하는 사소하고 솔직한 장면과 대조된다.

오랫동안 인터페이스 매체는 대부분 개인에 관한 면에 초점을 맞춰왔다. 퍼스널 컴퓨터도 그러했다. PC는 한 명의 개인이 사용하도록 디자인된 것으로, 바로 이런 이유로 인해 대부분의 현대 그래픽 인터페이스들이 책상과 비공개적인 사무실이라는 이미지에 크게 의존해왔다.

263

그런 상징적 기교는 세상에 올바르게 알려지기는 하지만, 상상력 풍부한 방법이 우리를 폐쇄적으로 만들었다는 사실을 누가 알겠는가. 데스크탑 메타포의 정의에 따르면, 이것은 단일체적 체계다. 그것은 프로이트의 사례 연구처럼 개인적인 정신에 속하며, 그 정신성은 보다 사회적이며 상호적인 방식으로서의 정신성을 생각하기 어렵게 만들 수도 있다. 인터넷을 오래 사용한 사람들은 인터넷 폭발이 실리콘 예언자라고 불리는 수많은 이들을 가려버린 것에 대해 끊임없이 얘기한다.† 아마도 가상 데스크탑의 성공이 이런 근시안적 해석에 영향을 주었을 텐데, 마치 제로섬 게임처럼 한 모델의 성공으로 그와 유사한 혹은 반대되는 다른 것에 대한 반응까지 추정하는 것이다. 분명히 어느 정도 기본적인 수준에서는 독립된 방의 언어로 생각하는 행위가 공공적 공간의 언어로 생각하는 행위보다 좀더 어려워질 수밖에 없다.

현대 그래픽 인터페이스라는 도구를 사용하여 커뮤니티를 표현하는 일이 점점 더 어려운 것으로 판명난 것은 흥미로운 일이다. 확장된 메타포에 대한 수많은 시도들이 있었다. 가상의 "도심"으로 열려진 〈매직 캡〉의 3D 사무실 공간은 온라인상의 모든 사용자 움직임을 보여주었고, 애플의 e-월드 서비스는 "마을 광장"이라는 메타포로 약간의 시험을 해본 적이 있다. 두 디자인 모두 시판할 때 엄청난 광고를 퍼부었지만 곧 흐지부지되고 말았다. 모순적인 것은 오늘날까지도 가장 흥미롭고 발전된 가상 공동체들 가운데 몇몇은 1970년대의 공간에서만 나타났던, 텍스트 기반 인터페이스에 의존하고 있다는 점이다.† 이것은 오늘날의 지배적인 디자인 관행이 문자의 힘을 과소평가하고 있다는 또다른 증거라고 볼 수도 있지만, 또한 다음 세대 인터페이스 디자이너들이 해답을 모색하는 과정에서 발생할 수 있는 문제에 대한 신호로 보아야 할 것이다.

이미 **VRML** Virtual Reality Modeling Language 세계관과 〈궁전〉의 떠다니는 원형이 새로운 메타포의 출현을 제안하긴 했다. 하지만 대부분의 그런 가상공간들은 단지 일종의 견본 또는 아직도 입증되어야 할 필요가 있는 개념의 증거라는 느낌을 준다. 사람들이 과연, 자신들이 타이핑하며 대화하는 공간이 살아 있는 환경들(화려한 가구, 고딕 양식의 방들, 반짝이는 도시 불빛)로 둘러싸이기를 진정 원하는가? 혹은 그것들은 단지 부수적인 이득에 불과한 존재로, 실시간 대화라는 주 기능을 산만하게 하는 것은 아닌가? 최근의 가장 유망한 디자인은 더욱 그럴듯해 보이는 마을 광장과 메뉴체계의 모형을 보여주고 있다. 여기서는 2차원적이고 고정된 프레임의 우스운 페이지로 이루어진 환경들이 제거됐다. 마이크로소프트는 〈코믹스채트〉라는 훌륭한 제품을 내놓았는데, 이것은 만화 캐릭터의 얼굴로 스크린에 표현된 채팅 참가자들이 대화상자 안에서 대화를 써나가는 모습을 보여주는 제품이다. 만화 메타포에는 눈을 끄는 무언가가 있다. 바로 메타포가 적절한 '수준'에서 이루어진 것이라는 느낌이다. 만일 실시간 대화의 언어가 반드시 간략화된 것이어야 한다면, 거기에는 시각적으로 평면화된 만화 메타포가 유일하게 알맞은 것이다. 과도하게 장식된 연회장에서 일어나는 대화방의 가벼운 대화는 스프레이로 그린 낙서를 루브르 미술관 벽면에 (장 미셸 바스키아의 '수준'으로) 그리는 일과도 같은 의미다. 시각적 메타포가 놀랍다고는 해도, 그 상황은 대화를 억누를 뿐이다.

주류 대 전위

인터페이스를 예술의 위치로 가장 빠르게 끌어올리기 위해선 기능적인 인터페이스 하위문화(주류에 반대하여 작업하는 이질적인 집단의 디자이너들)의 발전보다 좋은 것이 없다. 시종일관 자기 스타일을 고집하는 전위파가 최초로 등장한 것은 18, 19세기 유럽의 대도시였고 가장 대표적인 곳이 파리였다. 하위문화와 주류라는 두 세계는 불안하지만 그 발생 초기부터 관계를 형성하며 존재해왔다. 혁신을 향한 전위의 성향은 대안을 상상하기도 어려운, 이제는 너무나 흔해빠진 지배문화의 더 보수적인 성향에 대한 견제와 조화의 시스템으로 상호 존재했다. 만약 때때로 인터페이스 매체의 예술적 열망을 받아들이기 어렵다면, 선명한 하위문화가 부족했다는 사실에 적어도 부분적인 책임을 돌려도 될 것이다. 이것은 발명가들과 제작자들을 분간할 수 없는 초기 형성기에 놓인 어떤 매체에도 일어날 수 있는 상황이다.[†] 인터페이스 디자인은 자신들의 통찰력으로 한푼도 벌지 못했던 고집불통의 몽상가들(엥겔바트와 테드 넬슨이 떠오른다)에 의해서 많은 부분이 이루어졌지만, 대부분의 인터페이스 디자인 혁명은 대중을 목표로 한 것들이었다. 이 개념은 여전히 상업적인 성공을 가장 중요하게 여기고 있다. 실리콘 밸리의 벤처 투자자들에게 예술을 위한 예술이라는 대안은 열려 있지 않은 것이다.

그러나 벤처 자본에 의해 탄생한 기술적 진보가 이 모든 것을 바꿔놓을 것이며, 그 진보는 입구를 막는 장애물이 없는 웹에서 가장 많이 일어날 것이다. 제록스 팍의 시대에는 인터페이스 디자인을 위해 총체적인 분야의 연구가 필요했고, 새로운 정보 공간을 위한 관객을 찾기 위해선 엄청난 분류 방법이 필요했다. 웹에서는 가장 최근의 시각적 메타포들이 아주 적은 비용으로 유통되는 길을 찾을 수 있다. 이는 보다 실험적인 형태들(대중을 즐겁게 하기보다는 새로움을 추구하는 데 더 관심이 있는 형태)이 자연스럽게 이런 환경에서 번성하게 될 것임을 의미한다. 웹에 의해 가능해진 자가 출판 혁명에 대한 많은 언급에서, 웹

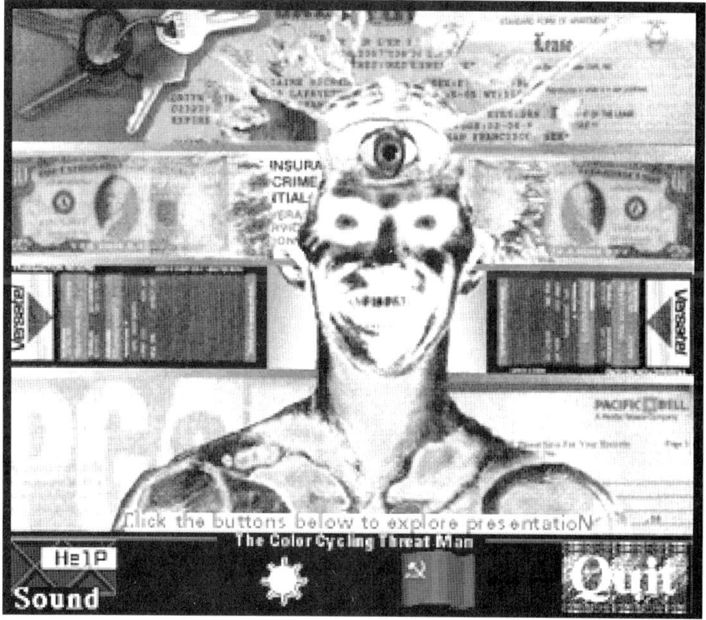

제이미 레비의 플로피 디스크 전자 잡지 〈cyber rag〉(위)과 인터랙티브 아트 시
리즈 중 하나인 〈Threat Man〉(아래)

은 수백만의 전문가들이 거실에 앉아 일하는 국가라는 평등주의적 꿈 (또는 악몽)으로 제시되기도 한다. 그러나 HTML으로 나타난 진정한 혁명은 인터페이스 디자인의 민주화라고 하는 편이 좋을 것이다. 정보를 그려내는 일은 더 이상 프로그래머 같이 특별한 사람들에게만 제한되지 않을 것이며, PC를 어느 정도 편안하게 사용하는 사람들이 자신의 생각을 친구와 동료들과 나누는 일이 가능해질 것이다. 이런 보다 열린 시스템으로 인해 진정한 인터페이스의 전위가 나타날 것이다. 그 등장의 징후들은 무한하게 순환하는 〈석〉의 하이퍼링크, 웹진 〈워드〉를 위해 제이미 레비가 디자인한 전자 멀티미디어 '설치', 그리고 레이브 문화와 윌리엄 깁슨의 소설에서 영감을 받아 온라인에 나타난 환각적인 VRML에서 찾아볼 수도 있을 것이다.

인터페이스 하위문화의 출현은 의심할 여지 없이 그 매체에 새로운 정통성을 부여할 것이다(적어도 애호가들과 고급문화의 큐레이터들은 그럴 것이다). 그러나 이러한 외부로부터의 인정뿐 아니라, 디지털 전위는 또한 인터페이스 디자인의 기본 규칙에 중대한 반전을 가져올 것이다. 주류에 반대하는 인터페이스 하위문화는 혼란스러운 정보 공간에 고의로 순응하기보다는 그 공간을 어리둥절하게 만들기 위해 디자인된 환경을 제시하는 방향으로 나갈 것이라는 말이다. 하위문화 음악이 선율에 대한 우리의 기대를 불협화음과 비상식적인 선율 체계로 파괴하는 것처럼, 새로운 인터페이스는 혼란을 향해 갈 것이다. 설사 그런 이유 때문이 아니더라도 당황스러운 첫 만남에 적응하는 새로운 방법은 될 것이다. 렘 쿨하스나 프랭크 게리가 지은 왜곡된 포스트모던 공간들이나 리처드 로저스가 지은 건물의 안과 밖이 뒤바뀐 것 같은 퐁피두 센터를 떠올려보자. 그것은 우리의 예상을 간섭하는 모든 전위의 본질에 존재하는 것으로 우리로 하여금 끊임없이 억측하게 하며, 대체로 이제 사람들은 끝없이 새로움을 추구하는 그런 순환에 익숙해지고 (심지어 싫증나기까지 하고) 있다. 역사상 어느 문화도 이렇게 적극적으로 전위적 흐름에 동화되지 않았었다. 디즈니와 파격적인 건축물 사이의 관계 또는 MTV가 언더그라운드 비디오 편집 기술을 강탈하는 현상을 보아서도 알 수 있다.

이 모든 제안은 인터페이스 디자인의 미래에 대한 그럴듯한 청사진을 제시한다. 하위문화가 혁신들을 만들어내고, 지배문화가 대중에게 팔릴 만하다고 생각되는 형태로 그 하위문화의 혁신들을 변화시킬 것이라는 점이다. 그러나 그런 전환은 그리 쉽게 이뤄질 것 같지는 않다. 인터페이스 디자인 분야가 너무 오랫동안 사용자 편의라는 원칙에 지배당해왔기 때문이다. 일부러 사용자를 당황하게 하는 정보 공간은 나쁜 디자인이라는 이유로 퇴짜를 맞기 마련이다. 그것은 마치 스트라빈스키의 〈봄의 제전〉의 소음을 두고 당시 비평가들이 격렬하게 비난했던 사실과 유사하다고 하겠다. 공학 제품으로서의 인터페이스 디자인은 반드시 명쾌함과 조화라는 관점에서 작업이 이루어지지만, 일단 그 전문가들이 자신을 예술가로 여기게 되는 순간 이 가치는 점점 더 축소된다. 1세대 인터페이스 디자이너들이 항해 가능성이라는 첫 번째 원칙을 극적으로 파기한 행위는 분명 디지털 제도권의 비웃음을 사겠지만, 그들은 이후의 디자이너들에게 완전히 새로운 가능성의 공간을 열어주기도 했다. 도스 사용자들은 맥의 데스크탑 메타포를 비웃었다. 애플의 보고 느끼는 프로그램이 너무 쉬워서 논리적인 소프트웨어의 진보라기보다는 초보자 연습용처럼 보였기 때문이다. 미래의 인터페이스 하위문화는 지나치게 '어렵게' 됨으로써 전통주의자들의 비위를 거스를 것이다. "사용자에게 적대적"이란 말은 이상한 목표처럼 들릴지도 모르지만 그 속뜻은 이 분야가 약간은 역설적으로 사용될 수도 있다는 것이다. 이제까지 잠시나마 관객을 공격하지 않고서 진정한 예술의 단계에 도달한 매체는 없다. 심지어 사용자 친화성이라는 인터페이스 디자인의 원칙하에서도 어느 정도의 예외 없이 예술의 경지에 이를 수 는 없다.

하나 또는 여러 개의 인터페이스

인터페이스 하위문화들의 보다 불가사의한 공간이 끝내 정복될 수 없거나 이해될 수 없다면 그것들은 그리 멀리 가지는 못할 것이다. 12음계의 음악이나 추상표현주의가 초기 관객들에게는 소음이나 공허한 낙서처럼 여겨졌을지라도, 결국 관객들은 그 예술에 대한 안목을 키웠다.[†] 사용자들은 파격적인 정보 공간 때문에 처음에는 당황하겠지만, 그 가운데 가장 흥미로운 디자인들에 결국 점차 익숙해질 것이다. 사용자들은, 마치 배멀미를 이기는 방법에 익숙해지는 것처럼, 여러 번의 시도를 통해서 각각의 새로운 공간에 적응하는 방법을 배워갈 것이다. 적응을 시도하다보면 처음 받았던 당황스러운 느낌은 점차 덜 위협적으로 느껴지면서, 그것을 장애물이라기보다는 하나의 도전으로 받아들이게 될 것이다. 이런 적응력은 비디오 게임과 함께 자라난 어린이 세대에서는 이미 나타나고 있다. 이 세대들은 새로운 정보 공간으로 들어가는 데에 확실히 대담하다. 사용 설명서를 읽는 대신, 그들은 보다 즉흥적이며 직접 손으로 익혀가면서 새 게임의 특성들을 배워갈 것이다.[†] 이 어린이들은 직접 해보고 경험하면서 배우고, 그런 모험심은 과거의 다른 디지털 공간 체계를 해결했던 경험에서 온다.

하지만 이런 다중 인터페이스라는 (각자 나름대로의 논리와 내규를 가진) 개념은 우리가 알고 있는 인터페이스 디자인의 특징과 반대되는 것이다. 일관성은 이제까지 현대 그래픽 인터페이스의 지배적 원칙이 되어왔다. 애플은 제록스 팍의 데스크탑 메타포를 업무용 제품으로 전환시켰다는 점에서 명성을 얻었지만, 그것은 어쩌면 단순한 정보 공간의 일관성에 대한 칭찬 정도의 가치가 있는 것일지 모른다. 모든 인터페이스 디자인의 기초적 원칙에서, 예상 가능한 속성은 명쾌함만큼이나 중요하다. 세계에서 가장 강력한 시각적 메타포를 만들 수 있더라도 각각의 응용 프로그램마다 그 메타포가 동일하게 보이지 않는다거나 사용자가 반드시 새로운 프로젝트마다 인터페이스 언어를 새로 배워야 한다면 메타포의 힘은 매우 위태로워질 것이다. 애플은 "파일"과 "편집" 메뉴를 모든 행위에 일관되게 적용되도록 하자고 강력하게 주장함으로써 몇몇 개발자들을 소외시켰지만, 결국 그런 원칙은 엄청난 보상을 받았다. 맥을 오래 사용한 사람들에게 "저장" 명령은 전화번호를 누르는 것처럼 생각할 필요도 없이 아주 자연스러운 행위이며, 그런 식의 익숙함은 글의 일부를 복사하거나 문서를 인쇄하는 것까지 확장된다. 이제 우리는 이런 관계들을 당연히 여기고 있지만, 사실 이것들은 어렵게 얻어진 것들이다. 그것들을 가능하게 하기 위해서는 엄격한 인터페이스 프로토콜 세트가 필요했었다.

이런 예상 가능성(공유된 관례에 의한 일상적인 단조로움)은, 인터페이스 디자이너들의 자극적인 하위문화가 능력을 발휘하게 되면 사라진다. 차별성과 새로움은 대부분의 디지털 시대의 관심사에서 핵심적인 원동력이지만, 인터페이스 디자인 세계에서는 차별성과 새로움이 오히려 진정한 장애일 수 있다. 주류에서의 성공에 관심이 있는 정보 설계자들은 두 가지의 경쟁 속에서 나뉘게 된다. 명백함과 혁신의 매혹적인 노래처럼, 존재하는 관계를 확고하게 만들려는 열망이 새로움을

271

추구하고자 하는 열망과 싸우고 있는 것이다. 이런 관점에서 전통적인 프로그래머들의 문제는 간단하다. 새로운 특성들은 그들이 많은 메모리나 빠른 작동 속도를 필요로 하더라도 언제나 소프트웨어 프로그램의 환영을 받았다. 그러나 새로운 인터페이스의 관례는 받아들여지는 과정에서 때때로 새롭다는 이유로 거의 극복할 수 없는 정도의 반대에 부딪히기도 한다. 현재까지 구체화된 관점에서 보자면 인터페이스 디자인 분야는 반복된 양식, 기준의 깊은 매력, 관례, 예상 가능성을 추구하는 성향을 당연하게 받아들이고 있다. 이 분야를 움직이는 동력(어떤 것도 저항할 수 없는 하나의 규칙)이 있다면, 그것은 습관이라는 힘이다. 만일 사용자가 무언가를 하기 위해 한 가지 방법을 익혔다면, 뒤이은 소프트웨어들은 그와 동일한 규칙을 따라야만 한다. 사용자가 똑같은 일을 하는 방법을 두 번씩 배우게 하는 일은 결코 없다.

　　만일 당신의 주된 목표가 사용하기 편리함에 있다면 그것이 최고의 규칙이다. 그렇지만 당신이 보다 도전적이며 표현적인 가능성을 찾고 있다면 당연히 보다 다양한 디자인 옵션을 원할 것이다. 이 두 충동 사이의 갈등('습관이라는 힘' 대 '새로움의 충격')은, 보다 모험적인 인터페이스 디자인에 대해 애매하고 끝나고 마는 수많은 논쟁 때마다 등장했었다. 수년 전부터 포토샵 전문가 카이 크라우제가 설립한 메타툴즈라는 회사는 놀라운 인터페이스 디자인을 자랑하는 전문가용 그래픽 소프트웨어를 판매하고 있다. 여기에서는 일반적인 메뉴 슬라이더가 떠다니는 원형 그래픽으로 대체되었고, 각 원형들은 아른거리는 현란한 표면으로 덮여 있다. 툴 바는 고르지 않은 표면의 만화경 같은 화면 위를 순환한다. 스크롤 바와 배경색은 프랙탈 풍경과 만델브로트 집합에게 자리를 내주었다. 크라우제의 디자인 감각을 지지하는 이들과 비난하는 이들로 편이 나뉘었다. 당신이 오래된 그레이트풀 데드 포스터 사진이나 무질서한 수학의 반복적 이미지를 좋아하지 않는다면, 분명히 메타툴즈의 인터페이스에 거부감을 가질 것이다. 그러나 여기에서 문제가 되는 것은 단순히 감각만이 아니다. 크라우제는 베르미어나 르 코르뷔지에의 시각 언어로 윈도우를 꾸밀 수도 있었겠지만, 새로운 언어로 윈도우를 만들었다는 단순한 이유로 몇몇 사용자들을 불쾌하게 만들었던 것이다.

인터페이스 매체는 그런 비난을 실제적인 장점으로 받아들이기에는 아직은 미숙하다. 특히 스크롤 바나 클로즈 박스 같은 기본적 디자인 요소에 대해 비난이 집중되면 더욱 그렇다. 그러나 애플과 마이크로소프트는, 앞으로 내놓을 운영 체계에서 사용자들이 다른 회사 제품으로 자기 컴퓨터의 보고 느끼는 방식을 크게 바꿀 수 있도록 하는 플러그인 인터페이스 모듈을 지원하겠다고 약속했다. 대부분의 웹사이트에 '어떤 것이나 가능한' 이런 디자인 철학이 더해지면, 인터페이스 디자인의 미래는 이전보다 다양해질(그래서 예상하기가 더 어려워질) 것이다. 아마도 이런 변화와 그것이 보장하는 미학적 해방을 받아들여야 할 것이라고 나는 생각한다. 일관성 있는 보고 느끼기 방식은 기술 발전에서 시작 단계의 하나로, 정보 공간의 항해를 파괴하는 방법으로 여겨질 것이다. 관객이 점차 그 환경에 익숙해지면서 마치 힐리우드 공포영화가 지나치게 일정한 충격 요법에 의존하는 것과 마찬가지로, 디자인에서도 지나친 규칙성에 대해 우리는 편안하기보다는 오히려 따분함을 느낄 것이다. 물론 관객은 그 영화를 '이해'는 하겠지만, 그렇다고 해서 끝까지 영화를 보고 싶어한다고는 확신할 수 없다. 인터페이스 매체의 초기인 지금은 일관성이 계속 우리에게 확신을 주었다. 지금부터 십 년쯤 후에는 이같은 일관성이 어쩌면 단점으로 느껴질지도 모른다.

메타포 대 시뮬레이션

일관성 있는 사용자 인터페이스를 만드는 쉬운 방법 한 가지는 실제 세계의 체계와 관례를 그대로 따르는 것이다. 물론 이것은 제록스 팍의 데스크탑 메타포에 숨어 있는 기본 논리였다. 화면이 우리 주변의 물리적 물체들(휴지통, 폴더, 창문)을 비추는 일종의 거울이라 생각한다면, 우리는 이미 마우스에 다가가기도 전에 그 게임에서 앞서가고 있는 것이다. 왜냐하면 그 물체들이 어떻게 작동할지에 대해 우리가 이미 예상할 수 있기 때문이다. 다른 말로 하면 시각적 메타포라는, 그 총체적 개념은 매우 일반적인 인터페이스의 일관성 원칙이 확장된 것인데, 이 경우는 이것이 화면 자체의 경계 너머에 투영된 것뿐이다. 폴더가 실제 세계의 폴더처럼 꼼꼼하게 문서를 저장하는 것과 마찬가지로 휴지통은 실제 세계의 휴지통과 같은 기능으로 작동한다. 그러나 2장에서 보았듯이 실제 세계의 관례에 대한 맹종은 한계에 도달한다. 비트의 세계에 적용되기에 원자의 세계는 너무나 한계가 많기 때문에 보다 유연하고 넉넉한 메타포는 정교한 시뮬레이션보다 더욱 좋아 보이는 것이다.

또 메타포 자체의 사실성이라는 문제도 있다. 실제 세계에서 이미지를 빌려오는 일이 상당한 진보일 수도 있지만, 메타포가 그 본질과 너무 가까우면 전체적인 화면에서의 경험이, 마이크로소프트의 〈밥〉의 가상 거실 공간처럼 김빠지고 지루해 보일 수도 있다. 대부분의 컴퓨터 사용자들이 회사 사무실 같은 곳에서 일한다는 사실 때문에 그 공간에 맞춰 인터페이스를 만들도록 제한할 필요는 없다. 오히려 현대 인터페이스는 그런 고역에서 벗어나는 길을 제공해야 한다. 우리는 가상의 메뉴체계가 아니라 메뉴체계가 무의미한 존재가 되는 가상세계가 필요하다. 그 세계는 정보 시대의 무감각해져버린 반복 노동에 대한 해독제가 되는 세계다. 현대 인터페이스의 표현력이 성장함에 따라 디자이너들은 사무실 삶의 실물과 똑같이 현실을 흉내내려는 유혹을 느끼겠지만, 그 유혹은 저지되어야만 할 것이다.

코비스의 〈레오나르도 다 빈치〉 CD-ROM을 위한 인터페이스 디자인은 이런 측면을 완벽하게 드러내고 있다. 지금까지 만들어진 가장 우아하고 유익한 멀티미디어 제품의 하나인 '레오나르도'는 이 르네상스의 대가와 그의 시대에 대한 엄청난 정보를 담고 있으며, 두 개의 어려운 디자인 문제에 맞서고 있다. 몇 개의 선택된 전시, 강의 그리고 시간별로 어떻게 레오나르도 다 빈치의 작품을 보여줄 것이며, 어떻게 CD-ROM 자체의 전반적인 모양을 보여줄 것인가. 첫 질문의 답은 간단하다. 사용자가 탐험할 수 있는 가상 미술관을 짓고 그 안에 스케치, 회화, 청사진 등의 종류로 납득할 수 있게 분류한 방을 만든다. 그것은 인터페이스 시뮬레이션의 고전적 사례이기도 했다. 화면에 나타날 예술가의 작품은 엄숙한 갤러리의 원형 마당 주위를 둘러싼 여덟 개의 방에 들어 있다. 코비스는 가상 갤러리 공간을 화면 위에 재현하는 데는 아주 훌륭했지만, 그 시뮬레이션은 좀 강압적으로 보였다. 인터랙티브 미디어의 훌륭한 기능성은 이 생각에서 저 생각으로, 이 이미지에서 다른 이미지로 링크를 만들고 연결하는 능력에 있다. 그런데 왜 레오나르도의 작품이 가진 다양한 표현을 서로 다른 방에 나눠 격리시키고 있는가? 실제 세계의 미술관에서는 분리된 방이 필요하지만 가상공간에서 분리된 방들은 이례적인 현상으로, 원자 세계에서 물려받은 흔적인 것이다.

외양적으로 보다 복잡해 보이는 전체 CD-ROM을 어떻게 보여줄 것인가의 문제에 대해서 코비스 디자이너들은 단순함을 선택했다. 아주 복잡한 시뮬레이션을 만드는 대신, 그들은 보다 시적인, 다소 진부하기도 할 수도 있는 나무에서 유추한 이미지를 만들었다. '레오나르도'는 거대한 참나무를 그린 유화로 시작하는데, 나무 몸통에서 굵은 가지 두 개가 뻗어나와 있다. 이미지에 마우스를 갖다 대면 CD 내용의 개요가 반짝이며 나타난다. 글은 커서의 끝에 선명하게 나타났다가 곧 사방으로 흩어지면서 사라진다. 이 효과는 일종의 광채를 암시하는데, 이것은 서류 정리함을 뒤적이는 일보다는 어두운 방에 밝은 빛을 비추는 일에 더 가깝다. 이로써 초점을 어디에 두어야 하는지를 미리 지시하지 않으면서도 아주 훌륭하게 시각적 측면에 중점을 둘 수 있었다. 나무의 형태는 또한 의미론적 가치가 있기도 하다. 레오나르도와 그의 시대에 대한 대략적인 "소개"는 나무의 몸통에 놓여 있고, 두 개의 가지들은 CD-ROM 자체 내의 주요한 두 흐름—다 빈치 작품의 전반적인 전시와 보다 자세한 레스터 코덱스의 전시(3장에서 말한 〈매직 렌즈〉를 포함하는)—을 나타내는 것이다. 초기 화면에서 초록빛 광채로 표현된 나무는, 디스크의 다른 부분을 탐색하면 곧 아이콘 크기로 작아져서 각 화면 오른쪽 위 구석에 깔끔하게 자리잡는다. 다시 한 번 커서를 이미지 위로 가져가면 전반적인 정보 공간의 주요 구획이 나타나고 한 번의 클릭으로 각 부분으로 들어가게 된다.

현대 인터페이스 디자인에 있어 메타포와 시뮬레이션 사이의 긴장 관계에 관심이 있는 사람들은 여기에서 흥미로운 교훈을 얻을 수 있다. '레오나르도' CD는 레이저로 새겨진 표면 위에 엄청난 양의 데이터를 저장하고 있다. 레오나르도의 삶과 문화에 대한 네 개의 작은 기록영화, 레오나르도의 과학적 탐구에 대한 슬라이드쇼 형식의 전시 열 개, 대량의 사본 전시 그리고 예술작품 전시. 특별한 정보 지도의 몸체가 나무라는 시각적 메타포 위에 너무나 훌륭히 묘사되어 있기 때문에, 그리고 아이콘 자체가 너무나 일관적으로 사이트 전체에서 나타나고 있기 때문에, 디스크 정보 공간 내에서 방향 감각을 잃는 일은 거의 없다. 당신의 생각은 자연스럽게 한 부분 한 부분에 머무르게 되고, 이들 부분 사이에 존재하는 관계(물리적이며 또한 의미론적인)는 언제나 분명하다. 오히려 항해하기 가장 어려운 공간은 예술작품 갤러리다. 이곳은 360도로 회전하는 중심 시점과 팔면체의 디자인으로 이루어져서 당신이 어떤 곳을 향하고 있는지를 즉각적으로 감지하기가 어렵다.[†] 달리 말하면 물리적 장소의 정교한 시뮬레이션이, 추상적 관계 링크에 기초한 시각적 메타포보다 못한 정보를 주면서 더 서툴게 작동한다는 것이다. 갤러리는 레오나르도 다 빈치에게 바치는 멀티미디어 기념물로서 이상적인 장식품처럼 보일지도 모르지만, 단순한 나무의 메타포가 훨씬 더 효과적인 결과라는 사실이 판명되었다. 현대 미술이나 삼류 소설에서처럼 인터페이스 디자인에서도 실제 삶에 충실하다는 것이 때로는 장애가 될 수도 있다.

분열 대 통합

내가 처음으로 방문했던 웹사이트 가운데 하나는 거대한 룰렛 회전판을 보여주는 것이었다. 그 회전판을 클릭하면 그것이 돌면서 웹으로 무작위로 연결되고, 때로는 그 사이트의 구조로 빠져들어 묻혀버리기도 한다.[†] 당시 그 회전판은 웹의 초기 구현을 위한 완벽한 전형으로 보였다. 방문자에게 아무것도 제공하지 않으면서 그들을 완전히 당황하게 만드는 특권만이 있었다. 이 시시한 게임에는 어떤 목표도 없고, 궁극적인 목적지도 없었다. 룰렛 회전판에 운을 맡기는 것은 표적을 맞추기 위해서가 아니라 당신이 길 잃기를 원하기 때문이다. 길을 잃고 헤매는 것 또는 적어도 어디로 향하는지 아는 것 이상의 즐거움이 목적이었다.

디지털 룰렛 회전판은 첨단 기술문화의 번쩍이는 카지노처럼 모든 사람들이 한 테이블에 모인 것은 아니지만, 그와 아주 특별한 동질성을 갖고 있다. 그들 중 몇몇은 열렬한 지지자들이며, 다른 몇몇은 기계혐오자들이다. 또 몇몇은 게임에 참여하지 않는 단순한 구경꾼으로, 때때로 그들은 '문제가 있는 친구'를 빼라고 요구하기도 한다. 그럼에도 불구하고 그들 모두가 공유하는 생각은 한 가지 믿음—언제나 인식되는 것은 아니지만 그래도 존재하는—즉, 디지털 시대는 분열의 시대라는 믿음이다.

이것이 자연스러운 방향이다. 우리는 비트와 패키트 안에서 생각하기 시작하였고, 정보 공간을 통해서 우리 생각들이 흩어지고 우연한 만남과 운 좋은 기회를 기대하면서 그런 방향에 자신을 맞추는 것이다. 버커츠가 소설의 중심적 정보라며 좋았던 과거를 그리워하는 동안, 세리 터클은 온라인 공동체와 MUD를 오가면서 '다중적인 자아'를 생각해냈다. 데이비드 쉔크는 "데이터 안개"가 우리 일상을 침략한다는 사실을 슬퍼한다. 많은 스팸 메일들과 뉴스들로 인해 정작 진정한 문제는 보지 못하게 된다는 것이다. 카마일 패그리아는 헤드폰으로 롤링 스톤스의 「엑자일 온 메인 스트리트(1972)」를 들으며, 텔레비젼의 〈하드 카피〉를 보며 동시에 워드프로세서로 열심히 타이핑하는 다중작업 기술을 찬양했다. 심지어 지배적인 인쇄 디자인 철학조차도 이런 정신분열적 현상을 반영하고 있다.† 이 모든 위협과 절대적 지지 이면에는 0과 1이 적어도 모뎀과 브라운관을 통해 우리에게 다가오는 세계의 더

† 〈레이건〉의 애매하고 복잡한 모습. 혹은 『와이어드』의 지나치게 감각적인 "마인드 그레네이드"의 초기 페이지들도 그렇다.

분열된 경험 쪽으로 변함없이 사람들을 이끈다는 원칙이 있다.

이같은 일반적 인식에 동조하지 않기는 어렵다. 우리 일상이 역사상 이전 어떤 시기보다도 많은 자료로 가득하다는 것을 누구도 의심하지 않으며, 이런 경향이 점점 더 거세지고 있음을 암시하는 증거가 그득하다. 점점 더 짧은 간격으로 뉴스들을 볼 수 있고,† 대부분의 시각적 오락에서 이상적 관객이란 계속 관심을 가지면서 혼란을 덜 느끼는 서퍼들이다. 보통 사무실 직원이 하루에 마주치는 비트의 전체 숫자는 절대 헤아릴 수 없다. 그리고 대부분의 온라인 만남의 익명성은 당신에게 디지털화된 인격체 만들기를 '시도'하라고 권유한다. 그 시도 대부분이 유치한 대화방에 대한 호기심이라는 형태로 나타나기는 하지만 말이다.

그 모든 혼란과 과부하와 다양성의 저항에서도 인터페이스는 존재한다. 대체로 우리는 그래픽 인터페이스가 마치 디지털 혁명의 논리적인 최고 정점이나 영광스러운 정상인 것처럼 이야기하지만, 사실 인터페이스는 대부분 정보 시대에 의해 드러난 힘을 '중화'하는 역할을 한다. 나는 분열된 정보로 갈피를 잡지 못할 때마다 컴퓨터 앞에 앉아 늘 하던 일(이메일 확인, 데스그탑 정돈, 웹에 로그온)을 하면서 무엇이 '진짜로' 일어나고 있는가에 집중한다. 왜냐하면 진짜로 일어나는 일은 화면 위에서가 아니라 기계 내부에서 또는 인터넷이라는 광활한 장소에서 일어나는데, 실제로 그 세계에서 무슨 일이 벌어지고 있는가는 상상할 수 없기 때문이다. 실제로 일어나고 있는 일은 마치 전 세계의 디지털 자동차가 단일 마이크로칩의 회로 위에서 움직이는 것처럼, 수억만 개의 작은 전기 박동이 실리콘 관을 통해 움직이고 있는 것이다. 그리고 그 모든 박동은 그 자체가 더 큰 모양과 형태를 조직하여, 통합

† 그렇지만 뉴스거리가 전혀 발생하지 않을 만큼 짧은 간격은 아니다.

된 신호, 기계언어, 명령체계를 만들게 된다. 눈에 보이지 않는 이런 언어 가운데 몇 개는 곧 그 자신을 빛이나 오디오 웨이브 형태로 변화시켜 집단적으로 내 컴퓨터에서 넷이라는 거대한 구조로 옮겨간다. 그리고 넷에서 그것들은 셀 수 없는 분리된 단위로 흩어지고 또 그들의 목적지에서 재결합하기 위해 수천 개의 다른 마이크로칩 위에 자신의 길을 만든다.

그러나 화면에서는 윈도우가 열리고, 대화상자가 나타나고, 밝고 활기에 찬 목소리가 메일이 도착했다고 알려준다.

여기에는 뭔가 중요한 것이 있다. 최근 우리 사회를 휩쓰는 정보의 큰 파도는, 마이크로칩과 광섬유 내에 숨어 있는 '실제' 비트 공간의 지나친 무질서 때문에 지루한 지옥처럼 보인다. 그러나 우리는 그 세계의 어떤 것도 거의 볼 수 없다. 우리와 그 세계를 계속 떼어놓으려는 용감한 중개인과 무의미한 것이 될 수도 있는 것에 의미를 부여하려는 번역가를 만들어놓았기 때문이다. 세계가 이처럼 많은 0과 1, 정보의 비트와 바이트를 수용했던 적은 없었다는 사실을 부인하기 어렵다. 같은 의미에서 그것 모두를 이처럼 쉽게 무시했던 적도 없었으며, 화면에서 터무니없이 축약된 견본만을 다뤘던 적도 없었다. 결과적으로 이것은 그 단어의 두 가지 의미에서 우리가 '통합적인' 형태로 인터페이스를 생각해야 하는 이유다. 이것은 날조된 것이고, 실제 사실을 스쳐 지나가는 가짜 풍경이며 그리고 (아마도 가장 중요한) 분리된 요소들을 연관된 전체로 한데 모으는 통합을 위해 노력하는 형태다.

이런 측면에서 디지털 시대의 분열된 의식에 대한 그 모든 과장된 표현들은 설득력이 떨어지는 것으로 보인다. 결국 평론가들은 현재의 빨라진 속도를 애석해했는데(또는 기뻐하거나), 사실 디지털 시대의 혼란스럽고 분열된 자아들은 19세기 초반 산업혁명 시대부터 성장하기 시작했다. 19세기 파리의 아른거리는 거리에서 길을 잃고 "지각이라는 재능을 타고난 변화무쌍한 것"이 되어가는 보들레르를 생각해보고, 조이스의 캐릭터들이 성서적 인용과 광고 문구 사이를 오가면서 방황하는 것을 생각해보자. 경주용 자동차의 속도와 기관총의 파괴력을 위해 "모든 문학작품에서 '나'를" 제거하는 마리네티의 시를 생각해보자. 개념적 혼돈(당신 주변에서 빠르게 움직이며 당신을 한꺼번에 천 가지 방향으로 향하게 하는 세계라는 느낌)은 수백 년을 거슬러 올라가는 근원이며 현대의 심오한 관습이다. 우리만의 역사적 순간을 구별하게 만드는 것은, 그런 경향에 저항하고 통합과 이해 가능성을 통해 분열과 과부하와 싸우기 위해 특별히 고안된 상징적 형태다. 인터페이스는 전체를 보기 위한 한 가지 방법이다. 아니면 적어도 화면의 눈부신 샛별이 만들어낸 별의 그림자를 보는 방법이다.

가공되지 않은 정보와 화면에 나타난 신비한 존재 사이의 간극을 생각해볼 때(이는 내가 피하려고 노력하는 일이다. 이것이 우주시대를 생각하는 것보다 암담하고 어렵기 때문이다) 일어나는 흥분에는, 이상하게도 종교적이며 활기 넘치는 (그리고 뭐리한) 메타\#를 그 저변에 있는 더 광범위한 진실에까지 이르게 하려는 감정이 있다. 대성당은 천국이 지상의 규모로 축소된 '상상할 수 있는 무한함'임을 기억하자. 중세적 사고방식은 무한한 신성함을 담을 수는 없었지만, 그 자체를 샤르트르 성당이나 생쉴피스 성당의 웅장한 첨탑 수준으로 표현할 수는 있었다. 인터페이스는 절반은 그 정체를 드러내고 절반은 숨기면서, 비교 가능한 간접적 시각을 정보 공간에 제공하고 있다. 인터페이스는 정보의 대부분을 보이는 곳에 두어 당신이 정보를 느낄 수 있게 한다. 이렇게 "정보의 대부분"을 보이는 곳에 두는 이유는 그것이 단일한 사고방식만으로 상상하기에는 너무나 다양하다는 단순한 이유 때문이다.

인터페이스 디자인의 정신적인 반향은 처음에 들리는 것만큼 유별난 생각이 아니다. 움베르토 에코의 운영 체계와 세계 종교 사이의 '비교와 대조' 실험은 그것이 처음 등장한 1994년, 디지털 시민들 사이에서 널리 전파되었다. 이백 년 전 낭만주의자들이 가졌던 마터호른의 의미가, 정보 공간과 인터닉*의 구조가 신세대 예술가에게 가지는 의미로 엄청나게 확대된 것을 보고, 좀더 진지한 비평가들은 "기술적 웅장함"이라는 개념을 말했다. 사실 이것은 단어 자체의 가치만을 평가하는 환상과도 같다. 실리콘 밸리의 창시자들이 시도하고 있는 새로운 종류의 화면 속 '아바타'는 천사를 뜻하는 불교 용어에서 빌려온 것이다. 나는 이 주제에 대한 가장 그럴듯한 비유가 토마스 핀천의 1990년 소설 『바인랜드』에 나오는 것이라고 생각한다.

* 도메인 이름의 등록 및 유지관리 책임을 맡고 있던 조직으로 현재는 ICANN으로 통합되었다.

> 만일 0과 1의 양식이 인간의 삶과 죽음의 양식을 '닮은' 것이라면, 만일 개인에 대한 모든 것이 0과 1의 긴 줄에 의한 컴퓨터 기록으로 표현될 수 있다면, 어떤 종류의 창조물이 삶과 죽음의 긴 줄로 표현될 것인가? 그것은 천사, 작은 신, UFO에 탑승한 어떤 존재와 같이 적어도 인간보다 한 단계는 높은 존재일 것이다. 그런 존재의 이름을 가진 캐릭터를 단지 하나만 형성하기 위해서도 여덟 명의 인간의 삶과 죽음이 필요할 것이며, 그 존재의 완벽한 신상명세서를 만들기 위해서는 세계 역사의 상당 부분이 필요할지도 모른다.[4]

넷 혹은 우리의 마이크로프로세서에서 진정한 종교적 가치가 발견된다고 암시하는 것은 아무것도 없다. 어떤 뉴에이지 신비주의는 디지털 기술을 포용하고 있는 것처럼 보이기는 하나, 대부분의 현대 컴퓨터는 매우 세속적인 발명품이다. 그래도 인터페이스의 상징적인 몸짓을 통해서 무한한 자료의 우주를 이해하는 행위, 즉 '상상할 수 있는 무한함'이라는 전체 기획은 대부분이 체계적인 종교의 메타포, 이해 가능한 이야기와 평행선상에 있는 것이다. 그것들은 레이몬드 윌리엄스가 정의한 '감정의 구조' 측면에서 유사점을 공유하고 있는데, 무질서한 우주에 대한 느낌을 메타포로 다시 한 번 규칙적인 것으로 만들고자 하는 것이다. 정보라는 제단을 더욱더 숭배하게 되는 세계, 즉 '상징적 분석가'와 디지털 몽상가가 가끔 새로운 계급의 성직자나 예언자로 보이는 세계에서는, 인터페이스 디자인의 시각적 메타포가 아마도 결과적으로 원래의 종교체계를 거부하지 않으면서 힌두교나 기독교와 필적할 만한 풍부함과 깊이를 확보하게 될 것이다. 비잔틴 제국은 남부 유럽과 아시아의 많은 부분을 거의 천 년 동안 지배했는데, 8세기와 9세기 동안 그리스 정교 의식에서 아이콘의 역할을 두고 서로 죽고 죽이는 잔인한 전쟁에 휘말렸다.[†] 아이콘은 신성함에 대한 적절한 대용물이었을까 또는 왜곡되거나 그릇된 우상이었을까? 그것이 우리를 천국에 가깝게 만들었을까 아니면 지옥으로 떨어지게 했을까? 이와 똑같은 곡조를 오늘날 첨단 기술 문화라는 교향곡에서도 들을 수 있는데, 물론 배경으로 부드럽게 흐르면서 세속적인 내용으로 변하긴 했어도 예전과 같은 선율이다. 또 다른 어떤 바람이 앞으로 디지털 세계에 불어닥칠지 모르지만 그런 정신적 반복어구는 점점 더 커질 수밖에 없다.

서문에서 나는 이 책을 기술 열광주의와 기계 혐오주의라는 두 종교의 중간에 위치한 '비종교적'인 것으로 본다고 말했고, 대체로 그 본래 시각을 철저하게 지키려고 노력했다. 인터페이스 매체에 정신적 차원이 있다면, 그것은 교리나 해명이 없는 신비주의와도 신에 대한 믿음

† 현대적 단어인 '우상파괴'는 이 논쟁에서 비롯되었다.

(또는 불신)과도 아무런 관계가 없다. 이것은, 생각하기에는 너무나 거대한 무엇인가를 생각하려 시도하는 전체적 구조와 관련이 있고, 우리 자신을 위해 그 생각을 완성하는 데 도움을 주려는 목적으로 제작한 장치와 관련이 있다. 역사 내의 다른 형태들도 이와 비슷한 난처한 입장을 겪었다. 디킨스와 발자크는 근대 대도시의 우글거리는 군중들을 오백 페이지로 압축시켜 표현하려고 했고, 뉴욕시의 라디오 방송국들은 계속해서 "우리에게 22분을 주면, 우리는 당신에게 이 세계를 보여줄 것이다"라고 소리치고 있다. 그러나 이런 형태들은 적어도 다른 수단을 통해 경험될 수 있는 세계를 재현한다는 점에서 인터페이스보다는 편안한 입장에 있다. 발자크와 디킨스의 세계를 보다 본질적으로 경험하기 위해서는 센 강을 따라 걷거나 대법원의 공문서 보관소를 슬쩍 볼 수도 있다. 소설은 개인적 삶의 규모를 초월하는 사회적 흐름들(산업화, 도시 인구 폭발, 전염병)을 보여주지만, 실제 생활에서 그런 흐름을 만나기 위해서는 여전히 도시의 거리들을 직접 탐험할 수밖에 없다.

몇 가지 중요한 예외를 인정하더라도 종교적 신념의 장치를 이해하게 하는 것은 그리 쉽지 않았다. 신을 경험하기 위해선 일반적으로 어떤 종류의 중재가 요구된다. 대부분의 인간들은 신과의 직접적인 교류가 신과의 관계를 망쳐버릴지도 모른다는 생각을 갖고 있기 때문이다.† 바로 이 점이 현대 인터페이스가 체계화된 신념의 관습과 겉치레에 대해 강력하게 반응하는 부분이다. 두 가지 모두는 상상에 의한 체계로서 명쾌한 아이콘과 일정한 형식을 통해서만 느낄 수 있는, 보이지 않는 힘이 지배하는 세계에 존재한다. 인터페이스 디자이너들은 '사용자 망상'에 대해 말하지만, 또한 그곳에는 현대 데스크탑에 대한 '유예된 불신'도 많이 존재한다. 이는 만일 당신이 부정적인 태도를 제거한다면 오래된 믿음만이 그곳에 남게 된다는 사실을 의미한다. 아마도 그렇게 되어야 할 것이다.

인터페이스는 효율이라는 미명하에 세계로 도입되었고, 이제는 진정한 예술 형태(과도기 양식)로 떠오르고 있다. 이 모든 것은 오십 년이 채 안 되는 기간에 일어난 혁명이다. 오십 년 후에 우리를 기다리는 것이 무엇이라고 누가 말할 수 있겠는가? 종교와의 유사점은 그같은 규모에서 볼 때는 설득력이 떨어지는 듯하다. 오늘날까지도 화면의 아이콘에는 마치 십자가나 성인들의 삶과 비슷한, 부정할 수 없는 흥미로운 성격이 있다. 새로운 세기에 그런 흥미로움이 얼마나 확장될지를 예상할 수는 없지만, 그 잠재력을 낮게 평가해서는 안 될 것이다. 우리의 인터페이스는, 무분별함과 실리콘과 빛으로 지어진 기억의 궁전을 피하라고 우리에게 말해준다. 인터페이스는 계속해서 우리가 정보를 생각하는 방법을 변화시킬 것이고, 우리 또한 좋은 방향으로 '그리고' 나쁜 방향으로 변할 수 밖에 없을 것이다. 달리 다른 어떤 방향이 또 있겠는가?

머리말: 전기의 속도

1) McLuhan, Marshall, *Understanding Media: The Extensions of Man*, Cambridge: MIT Press, 1996, p. 353.

비트맵핑

1) Woolley, Benjamin, *Virtual Worlds*, London: Penguin Books, p. 138.
2) Spence, Jonathan D. *The Memory palace of Matteo Ricci*, New York: Penguin, 1984, p. 13.
3) Nelson, Ted, *Literary Machines*, Self-published, 1981.
4) Dickens, Charles, *Hard Times*, New York: Penguin, 1985, p. 65.
5) Lynch, Kevin, *The Image and the City*, Cambridge: MIT Press, 1960.
6) Rheingold, Howard, *Tools for Thought*, New York: Simon and Schuster, 1985.
7) Céline, Louis-Fernand, *Journey to the End of Night*, Trans. Ralph Manheim, New York: New Directions, 1983, p. 194.
8) Marinetti, Filippo Tommaso, *The Futurist Cookbook*, New York: Chronicle Books, p. 89.
9) Mitchell, William J., *City of Bits*, Cambridge: MIT Press, 1995.
10) Rushkoff, Douglas, *Media Virus*, New York: Ballantine, 1996, p. 23.
11) Eliot, George, *Middlemarch*, New York: Penguin, 1965, p. 846.
12) 조이스에 대한 심도 있는 분석을 위해서는 *Signs Taken for Wonders*에 실린 Franco Moretti의 에세이 "On Literary Evolution"을 보라.
13) Gould, Stephen Jay, *Full House*, New York: Harmony Books, 1996, p. 21.

데스크탑

1) Levy, Steven, *Insanely Great*, New York: Penguin, 1994, p. 61.
2) Kay, Alan, "User Interface: A Personal View" from Laurel, Brenda, ed. *The Art of Human-Computer Interface Design*, New york: Addison-Wesley, 1990, p. 189.
3) Pennington, Harvard, "Of Mice, Windows, Icons, and Men", *Creative Computing*. Vol. 10, No. 11, p. 215.
4) *Forbes*, February 13, 1984.
5) Bonner, Paul, "The Desktop Envioronment", *Personal Computing*, August, 1984, p. 72.
60 Kay, p. 199.
6) 오스만과 모제스의 관계를 더 알고자 하면 Marshall Berman의 *All That Is Solid Melts Into Air*을 보라.
7) Baudelaire, Charles, *The Painter of Modern Sife and Other Essays*, Trans. Jonathan Mayne, New York: Phaidon Press, 1964, p. 8.

윈도우

1) Turkle, Sherry, *Life on the Screen*, New York: Simon and Schuster, 1996, p. 168.
2) Derrida, Jacques, *Margins of Philosophy*, trans. Alan Bass, Chicago: University of chicago Press, 1984.
3) Borges, Jorge Luis, *A Personal Anthology*, New York: Crove Press, 1967, p. 51.

4) Darwin, Charles, *The Origin of Species*, New York: Random House, 1993, p. 210.

링크

1) Dickins, Charles, *Great Expectation*, New York: Washington Square Press, 1964, p. 228.
2) Dikins, *Great Expectations*, p. 374.
3) "우리가 생각하는 대로 *As We May Think*"에서의 모든 인용들은 애틀랜틱 먼슬리의 웹사이트 http://www.theatlantic.com에서 옮겼다. 원문은 1945년 7월에 수록되었다.
4) Joyce, Michael, *Afternoon, A Story*, Watertown: Eastgate Systems, 1993.
5) Suck에서의 모든 인용들은 웹사이트 http://www.suck.com에서 옮겼다.
6) Stevens, Wallace, *Selected Poems*, New York: Vintage, 1967, p. 20.

텍스트

1) Gibson, William, *Neuromancer*, New York: Ace Books, 1984, p. 23.
2) Gelenter, David, *Mirror Worlds*, New York: Oxford, 1991.
3) Dolnick, Edward, "The Ghost's Vocabulary", *The Atlantic Monthly*, October 1991.

에이전트

1) McLuhan, p. 121.
2) "Agents of Alenation"의 모든 인용들은 http://www.voyagerco.com에서 옮겼다. 브레인 테니스 논쟁에서의 인용들은 http://www.braintennis .com에서 옮겼다.
3) Editors, "Push!", *Wired Magazine*, February 1997.

상상할 수 있는 무한함

1) Baldwin, Neil, *Edison: Inventing the Century*, New York: Hyperion, 1995, p. 85.
2) Eliot, George, *The Mill on the Floss*, New York: Penguin, 1986, p. 230.
3) Birkerts, Sven, *The Gutenberg Elegies*, Boston: Faber and Faber, 1994, p. 202.
4) Pynchon, Thomas, *Vineland*, New York: Viking, 1990, p. 45.

지난 수년간, 이 시대의 패러다임인 '정보'의 중요성을 언급한 책들은 수를 헤아릴 수 없이 많이 출판되었다. 인터넷을 위시한 다양한 미디어의 발전으로 소수가 점유하던 정보가 대중들에게 공개되었듯이, 이제는 '인터페이스'라는 개념을 통해 누구나 정보를 가공하는 기술을 가질 수 있게 되었다. 더 나아가 인터페이스의 영역이 일상적인 삶으로 확장되면서, 단지 정보를 다루는 문제뿐 아니라 정보의 전달 과정이 사용자의 생각과 행동 양식, 사회 전반의 발전 방향에 영향을 끼치게 되었다. 맥루한의 표현을 빌리자면, 구텐베르그 시대의 인쇄 매체 인터페이스는 시각에 편중된, 부분적이고 선형적이며 순차적인 사고를 발전시켰지만, 최근의 전자 매체 인터페이스는 다양한 감각을 통합하는 다중적이며 비선형, 비순차적인 하이퍼텍스트적인 사고를 촉진시킨다.

다차원적인 미디어 환경 속에서 살아가게 된 현대 사회에서는 각각의 미디어 수단에 대해 내용과 형식, 메시지와 전달 방법, 예술과 기법과의 관계 등을 체계적으로 이해해야 할 필요성이 대두되고 있다. 이러한 맥락에서 인터페이스는 가속화된 사회 속의 미디어와 인간을 매개시키는 수단인 동시에 인식의 틀을 제공하는 통로로 파악되어야 한다. 우리는 미디어가 너무 다양하고 빠르게 발전해서 미디어의 발명자와 사용자를 구분하기도 어려운 시대에 살고 있다는 점, 그리고 인터페이스가 인간의 지성 영역뿐 아니라 감성의 영역에 접근하고 있다는 점을 명심할 필요가 있다. 이제 더 이상 인터페이스는 기술적 영역의 '기술 솔루션 technical solution'이 아닌, 인간의 지성과 감성까지도 아우르는 '총괄 솔루션 wholistic solution'의 영역에 자리잡아야 하는 것이다.

후기 산업사회의 해체와 더불어 나타나고 있는 포스트모던적인 문화 환경과 디지털 혁명의 기술적 환경, 그리고 정보 사회가 대두하면서 뒤따르는 새로운 패러다임은 먼저 인터페이스를 어떻게 규정할 것인가 하는 문제에 직면하게 될 것이다. 우리가 잊지 말아야 할 점은 이들 경계의 구분 역시 모호하며 언제든지 '분열과 융합fission and fusion'의 상호작용 안에서 경계가 해체되고 통합되는 상호 교환적인interchangeable 성격을 띠고 있다는 것이다. 따라서 인터페이스의 핵심에는 정보사회화와 디지털 혁명에 대한 철학적 이해와 정보사회학적 접근이 필수적인 요소가 되어야 한다.

『무한상상, 인터페이스』는 현재 우리가 알고 있는 인터페이스의 기원을 확실하게 이해시켜주며, 인터페이스 구성 요소들의 역할을 상세히 서술하고 있다. 물론 이 책은 난해한 기술서가 아니라, 각 장의 제목을 보는 것만으로도 인터페이스의 개념을 그려낼 수 있을 정도로 수월하게 읽힌다. 이 책을 읽으면서 일반적으로 사용되는 많은 인터페이스 도구들의 초기 개발 과정과 그로 인한 개인과 사회의 관계 변화를 흥미롭게 묘사하는 저자의 통찰력에 감탄하면서, 미래의 발전 방향을 상상해보게 될 것이다. 나는 또한 인터페이스 관련 종사자들에게도 평소 그들이 겪고 있는 문제들에 대해 시원한 대답을 줄 것이라 확신한다. 인터페이스 디자인에 관심이 있는 사람들은 확실한 개념과 기초 지식 그리고 종종 받곤 하는 기술적 인터페이스와 사용자 인터페이스의 역할에 대한 곤란한 질문에 대답할 수 있는 지혜를 얻게 될 것이다. 특히 인터페이스의 나아갈 방향은 무엇인가, 인터페이스의 완성을 위해 무엇을 어떻게 해야 하는가를 고민해본 사람들은 아주 유용한 지식을 얻을 것이다. 인터넷의 발전으로 대중화에 성공한 웹사이트 디자인은 '정보의 공유'라는 확실한 수혜를 베풀었지만, 인터페이스 디자인이라는 말을 웹사이트를 위한 전유물로 연상케 하는 오해를 불러일으켰다. 저자가 말하는 인터페이스 디자인이란 시각 디자인에 한정된 것이 아니라, 인터페이스의 개념적, 방법적, 시각적 설계 전반을 통칭하는 표현이다.

책에 인터페이스에 대한 전문용어, 인명, 지명들이 많이 포함되어 있어, 원래의 뜻을 최대한 반영하기 위해 영어를 그대로 옮긴 부분이 많고, 경우에 따라 하나의 단어를 상황에 따라 다른 말로 표현하였음을 밝힌다.

끝으로, 이 책이 이해 가능한 글이 되도록 많은 조언을 해주신 이경희씨, 몇몇 난해한 표현과 영화·문학에 대한 역자의 지식을 바로잡아주신 이교동 선배, 그리고 너그러움으로 작업의 끝을 기다려주신 김수기 선배님께 진심으로 감사의 뜻을 전한다.

2003년 3월

류제성